刑事司法中情理法融通研究

赵宇峰 著

中国政法大学出版社

2024·北京

声　明　1. 版权所有，侵权必究。
　　　　2. 如有缺页、倒装问题，由出版社负责退换。

图书在版编目（CIP）数据

刑事司法中情理法融通研究 / 赵宇峰著. —北京：中国政法大学出版社，2024.3
　ISBN 978-7-5764-1061-7

　Ⅰ.①刑… Ⅱ.①赵… Ⅲ.①刑事诉讼－司法制度－研究－中国 Ⅳ.①D925.204

中国版本图书馆CIP数据核字(2023)第167701号

出版者	中国政法大学出版社	
地　址	北京市海淀区西土城路25号	
邮　箱	fadapress@163.com	
网　址	http://www.cuplpress.com（网络实名：中国政法大学出版社）	
电　话	010-58908435（第一编辑部）58908334（邮购部）	
承　印	固安华明印业有限公司	
开　本	880mm×1230mm　1/32	
印　张	10	
字　数	225千字	
版　次	2024年3月第1版	
印　次	2024年3月第1次印刷	
定　价	59.00元	

前　言

　　随着近年来一些引发了巨大舆情反弹的刑事案件的发生，本书认为刑事司法中应当实现情理法融通已经成为关于刑事司法的共识之一。刑事案件关乎生命与自由的特点使得其本身就具有较高的社会关注度，而现代传播方式的飞速发展则很容易将这种关注度急剧拉升，作为未经专业司法训练的普通民众，其评判这些案件的标准往往是"国法""天理""人情"是否实现了统一，"法不外乎人情"与"法律之内应有人情"这样的理念也是中国传统司法的追求。

　　本书首先关注了刑事司法中情理法融通的本土法治资源，当代中国的刑事司法不能断然拒绝传统司法中的有益养分，实际上传统司法中以理服人和以情动人的特点正是当代中国刑事司法中最为欠缺的，我们有必要溯源中国司法传统，发掘刑事司法中情理法融通的本土法治资源。第一，本书从"人情""天理""国法"的概念入手思考这三者的定位与关系，一般来说，如果严格按照法律条文来作出裁判，其结果在大多数情况下都能符合大多数人关于"天理""人情"的一般感觉，只有在僵化地适用法律条文从而违背了常人理解的"正义"时才能转向"天理""人情"寻求实质正义。由于缺乏确凿无疑的标准可资借鉴，刑事司法中的情理法融通作为一种司法的政策或者导向，当然会遇到一些阻碍。滥觞于东方的情理和发源于西方的自然法在理念上的差异、刑事司法中的情理法融通与罪刑法定之间的关系、刑事司法中如何面对民意等都是现代刑事司法中情理法融通的困境。

第二，刑事司法中不论是"法不容情"还是"法内容情"，都应当立基于基本的法理。本书认为，刑事司法中情理法融通当然应当理念先行，确立情理与司法的良性博弈、以人为本的司法理念以及以和为贵的衡平理念都有益于找到法律与情理之间的最大公约数。形式正义与实质正义是刑事司法中两个不同的维度。对实质正义的坚持意味着更重视刑事司法背后所蕴含的价值，更关注刑事司法的合目的性；形式正义则侧重于对规范的遵守。本书认为，刑事司法中的形式正义与实质正义的目的都统摄于正义之下，我们一方面要警惕形式正义所带来的僵化司法不良后果，另一方面也要注意坚持实质正义可能带来的对规则的破坏。

第三，刑事司法中情理法融通自有其价值内涵。刑事司法必须弘扬和体现文明的、先进的、符合人心向背的价值取向。刑事司法中情理法融通的价值内涵之一就是对公平正义的追求，经由刑事司法实现的正义至少包括程序正义和实体正义两个方面。实体正义和程序正义并不是非此即彼的适用，二者只不过是对程序和结果的着重点不一样，但都统筹于司法正义这一个总体目标之下。刑事司法中情理法融通的价值之一还在于实现个案正义，因此我们不能站在价值认可的角度仅仅论述必要性而罔顾个案正义实现的路径。恢复性司法对公平正义的实现有独特价值，且在司法实践中已然开始了热切的探索。刑事司法中情理法融通的价值更在于可以弥补刑事法律规范的固有缺陷，普通民众共同认可的情理具有沁润人心的作用，有利于刑事司法真正实现公平正义。在刑事司法中亦会出现法律逻辑和生活逻辑背离的情况。根据法律逻辑得出的司法结果并非一定就符合生活逻辑，如果司法结果常与生活逻辑相背离，其当然不利于司法权威的建立。刑事司法中情理法融通也契合了刑事司法的内在要求，是真善美在刑事司法中的直接显现，能够增强刑事司法的公众认同并且建立司法权威。

本书也看到了刑事司法中情理法融通的现实挑战。普世情感与司法结果的悖离就是其现实挑战之一，这具体体现在互联网时代下舆论与刑事司法的冲突以及普世情感与独立审判的关系。情理法融通之下的同案同判与个案公正的关系也是现实存在的挑战。同案同判作为刑事司法所应当恪守的基本原则，是司法者在裁判案件时的义务，但是这种义务并非是没有限制条件的绝对适用，在某些特定个案中，对同案同判原则的绝对遵守可能会导致普通民众对正义的怀疑。本书认为应当在个案正义的实现遇到危机的情况下，为实现个案正义留出一定的空间。另外，如何实现社会效果和法律效果的统一也是刑事司法中情理法融通必需正面的现实挑战。我们应当警惕的是因社会效果的泛化适用所导致的被架空的法律效果，法律效果是实现社会效果的前提，社会效果的实现也必须在法律效果的框架之内，也唯有确立这样的原则才不会冲击我们尚未完全成熟的法治思维和法治理念。

第四，本书思维的落脚点是对在刑事司法融入情理法的路径加以考查。本书认为首先就是社会主义核心价值观的融入。将社会主义核心价值观融入刑事司法的方法论指引可以从以下几个方面展开：其一，社会主义核心价值观融入刑事司法的前提是遵循法治思维，社会主义核心价值观融入刑事司法应当遵循的法治思维也意味着法律规则优先，应当通过对法律解释的运用以实现社会主义核心价值观融入刑事司法。其二，本书认为，确立情理法融通的标准、发布指导案例、培育法律职业共同体等是刑事司法中情理法融通的实践路径。其三，刑事司法中融入情理法应当注重说理。公平正义是说理的根本目的，公众认同是说理的基本要求，背离了普通民众所理解的天理人情就难以被普通民众真正认同。应当从普通民众的角度出发，以暖慰人心的情理进行说理。从普通民众的角度出发，对司法结果进行评判的第一标准是其是否"合情合理"。司法者在基本规则之内以暖慰人心的情理作为说理的依据之一会促使司法得以真正走进普通民众的内心。

赵宇峰

2023 年 12 月

目 录

绪 论 ……………………………………………………… 1

第一章　刑事司法中情理法融通的传统法治资源 ……… 22
　第一节　相关概念的辨析 ……………………………… 24
　第二节　刑事司法视野下"情"与"理"关系之辨析…… 40
　第三节　东西方法治传统视野下的情理法融通 ……… 59

第二章　刑事司法中情理法融通的法理阐释 …………… 77
　第一节　司法理念之先行 ……………………………… 77
　第二节　刑事司法中情理法融通的法理基础 ………… 93
　第三节　刑事司法中的形式正义与实质正义 ………… 110

第三章　刑事司法中情理法融通的价值内涵 …………… 123
　第一节　刑事司法中的情理法融通符合正义的要求 … 124
　第二节　弥补刑事法律规范的固有缺陷 ……………… 139
　第三节　契合刑事司法的内在要求 …………………… 158

第四章　刑事司法中情理法融通面临的挑战 …… 174
第一节　普世情感与司法结果的悖离 …… 174
第二节　情理法融通之下的同案同判与个案公正 …… 192
第三节　社会效果与法律效果的统一 …… 204

第五章　刑事司法中情理法融通的实践路径 …… 222
第一节　社会主义核心价值观的融入 …… 222
第二节　刑事司法中情理法融通的基本规则 …… 240
第三节　刑事司法中情理法融通说理的应有姿态 …… 260

结　论 …… 278

参考文献 …… 283

绪 论

一、问题的提出

(一) 刑事司法中情理法融通何以成为新问题

在司法适用中实现情理法融通并不是一个新的问题,在传统司法理念的映照下,没有人会怀疑在司法中应当树立通情达理、合法的目标。实际上,"天理""国法""人情"三位一体的观念深深镌刻在每一个中国人的血液和灵魂之中。纵使我们取道西方法律制度和理念已成共识,法律规范体系的建立也确实基本上脱胎于大陆法系国家,但是,在反观司法实践中我们屡屡遇到的法律难以解决的问题时,对于实质正义何以实现的思索就显得尤为重要。相较于民商事案件,刑事案件往往更加具有社会影响力和舆论传播力,近年来在刑事司法中出现的一些引发巨大舆情的个案,如陆勇代购抗癌药不起诉案、天津大妈摆摊被控非法持枪案、山东于欢辱母案等,都一次次告诉我们,在刑事司法过程中如何实现情理法融通的问题从未走远。一个值得注意的现象是,最高人民法院主办的《人民法院报》在2019年集中发表了"于成龙判词中的情理法""执行工作也讲究情理法的融合""以法为基 探求情理法最佳契合点""好判决要讲究情理法的融合""情理法交融让司法更有温度""情理法与实质主义的法律思维""司法公正的实现与情理法之融合"等以情理法融合作为主题的文章。这显然意味着，近年来引发巨大舆情反弹的个案，已经引起了司法系统的高度关注，推动最高人民法院主办的《人民法院报》以理论探讨的方式展开对司法实践的指导。从法律适用的角度出发，这些案例并没有太多可供指摘的地方，法官作为经过良好法律训练的专业人士，一般不会在个案的审判中明显地违背现行法律，但是案件裁判结果却在情感上触及了中国传统观念的底线，舆论沸沸扬扬的结果不仅仅是公民对个案的发声，更可能会伤及公民对于法治何以实现的信心。所以，我们无法回避在刑事司法中如何实现情理法融通的问题，甚至，近年的判例以及司法实践告诉我们，随着网络传播力量的发展，它又一次回到了刑事司法应当重点关注的领域。刑事司法实务中不断出现的合法却不合情或者不合理的案件成为我们"问题意识"的起点，站在这样的起点上，我们发现，虽然既有的学者思索成果已然很丰富，但是这些成果基本上都停留于学者的书斋案头，并没有从理论设想转化为司法标准，随着社会的飞速发展以及传播方式的更新，对于在刑事司法中实现情理法融通的问题的思考显得更为重要。

提及刑事司法中的情理法融通，很多人会自然地联系到中国的司法传统，毋庸置疑，情理法融通是传统中国司法中最为鲜明的特征，清末修法第一人沈家本曾一针见血地指出："无论新学是还是旧学，都不外乎'情理'，不能为法而舍情理。"[1]

---

[1]（清）沈家本：《历代刑法考》，中华书局1985年版，第2240页。

虽然中华法系退出了历史的舞台，相关的制度框架也已看似消失，但是情理作为存在中华法系肌理深处的重要要素，其在数千年的司法传统中一直扮演着不可或缺的角色，时至今日，受到千年儒家文化滋养的中国人对法律问题的切入点往往也是其是否合乎情理，盖因"不同族群有各自不同的对美好生活方式的追求，从而形成了丰富多彩的情理民俗。从这个意义上说，法治绝不仅仅是一套形式理性规则的堆砌，而且还是因承载了公意性情理而呈现的制度文明。"[1]对于疑难复杂案件的评判标准，司法者往往基于现行立法，但是司法结果要面对的却是社会各阶层、具有不同背景不同学历的普通群众，如果这些普通群众一直质疑司法裁判的结果，无疑不是法治的本意。当下中国正处于社会转型期，在中国的千年历史上，法治从来没有被提升到如此高度，我们对法治的渴望也从未如此热烈过，法治理想的实现，在当代中国，显性的法律制度自然是前提和必要，但是情理作为中国传统法治文化中的基因组成，也是我们在法律适用中绕不过的重要因素，因为，我们已经看到了忽视情理法融通的结果，司法实践中近来频现的引发巨大舆情的个案一方面能够证明情理法融通的重要性，也从另一个维度反映了普通群众对于公正正义何以实现的迫切期待。

（二）选题的意义

自清末至今，中国法律制度多是强制性的"变法"，由于这样的强制性与普通民众的习惯差别较大，所以其很难真正为人们从内心接受，更毋论将其作为行为准则。法律文本在刑事司

---

[1] 汪习根、王康敏："论情理法关系的理性定位"，载《河南社会科学》2012年第2期。

法实践中的作用和地位毋庸置疑，但是传统法治文化以及情理角色在实现实质正义方面也有着现实意义，在刑事司法适用中适当关注以人为本的价值理念依然是司法实践中的重大课题。在刑事司法适用中糅合情理法当然是司法公正的重要环节，我们应当回溯本土法治文化中值得珍视的资源，树立正确的刑事司法理念。

"法治是人类文明发展到一定阶段后的产物，是人类文明进步的结晶，人类的一切文明成果都可以以这样或那样的方式回溯到人性的研究。"[1]在《论语·子路》篇中就出现了"父为子隐，子为父隐，直在其中矣"的表达，这也就是"亲亲相隐"的来源，且这种精神也被司法实践坚定地贯彻下去。秦律也提及："子告父母、臣妾告主，非公室，勿听。而行告，告者罪。"《汉律》亦云："亲亲得相首匿"。清代的《刑案汇览》中的"仁""法外施仁""尽""情悯""恩"等描述，表现了司法官员和皇帝的同情心理。中国古代司法将人性的刻画揉进了判决结果当中，由于法官普遍受到了良好的儒家文化的浸润，法官在判词中作道德化的夹叙夹议成为一种常态，其在说理方式上也会力求动之以情、晓之以理，最后才会绳之以法。中国古代司法无不体现出以人为本的天理、国法与人性的有机结合，对于中国古代的司法裁判而言，情理法亦属于三位一体的关系，可统筹于实体法的范围。[2]但是随着时移世易，今天的刑事司法文书更加追求的是逻辑性与精密性，司法适用的过程往往应循着固定的格式与模板，刑事司法适用对法治的人性基础关注

---

[1] 刘斌："法治的人性基础"，载《中国政法大学学报》2008年第2期。
[2] 范忠信、尤陈俊、翟文喆编校：《中国文化与中国法系——陈顾远法律史论集》，中国政法大学出版2006年版，第277页。

不足。作为普罗大众感情的集中体现和文化传统的内在机理，人性无疑反映了法律文化一脉相承的传统社会观念。因而在具体刑事司法过程中，不仅要考虑具体法律规范的适用，还要以符合人性的"天理""人情"作为内在支撑。事实上，古代刑事司法的效果并不尽如人意，但是其中最为显著的以情动人、以理服人的特点正是我国现代刑事司法中最为欠缺的部分，我们有必要挖掘本土法治资源中的人性基础，增强司法文化自信。正是诸如"亲亲相隐"这样符合人的自然属性和社会属性的人性外化于刑事司法过程之中，刑事司法才能从抽象走向具象，从公众的被动接受走向公众的主动遵守。相较于高度抽象且离日常生活较远的法律条文，普通民众当然更容易接受从自己朴素情感出发的非成文规范，所以刑事司法适用法律的过程不应跳脱出人的本性，更不能与人的主观情感相背离。逻辑严谨地表述精密的法律文本当然是司法过程中应当坚守的底线，因为法律本身就是用来遵守的而不是用来解释的，但是在法律适用的结果违背了基本的人性之时，符合人性的天理人情往往更能沁润人心。如同台湾学者杨奕华所言："追根究底，法律的存在，法律的演变蜕变，实乃人的生存所呈现的一种文化现象，法律之源于人、游于人、依于人，法律之以人为本，以人的社会生活为经纬，诚毋庸置疑。"[1]

在萨维尼看来，与语言、习俗等相类似的是，法是一个民族精神的体现，甚至和一个民族的命运密不可分。[2]回溯我国

---

[1] 杨奕华：《法律人本主义——法理学研究诠论》，汉兴书局有限公司1997年版，第24页。

[2] 参见[德]弗里德里希·卡尔·冯·萨维尼：《论立法与法学的当代使命》，许章润译，中国法制出版社2001年版，第7～12页。

封建时代的法律传统,"厌讼"思想根深蒂固地存在于官方和民间的话语体系中,在《易经》中早就有了"讼则凶"的说法,孔子也主张"必使无讼乎。"无须讳言,"无讼"是古代中国司法传统中一以贯之的价值取向。从民间到官方都对"争讼"持排斥的态度,在宗法伦理色彩浓郁的中国古代,诉讼的兴起在一定程度上等同于教化的失败。"无讼"是崇尚和谐理念的传统社会教化清明的标志之一,而"争讼"则可能意味着人心不古。古代官吏"听讼"的目的也不在于定争止纷,更多的是通过裁判案件的导向努力实现从"争讼"到"无讼"的转变,在这样的司法文化传统影响下,以和为贵的衡平观念从众多司法理念中脱颖而出,并成为本土法治资源中重要的养分来源。传统司法"以和为贵"的价值追求使得司法裁判官员在裁判策略与个案二者之间通过追求两造平衡以解决纠纷,诚如梁治平所谓:"视古人书判清明者,既具引法条,照例行事,又不拘泥于条文字句,而能够体察法意,调和人情,其所为之判决,因事而异,极尽曲折委婉,这绝不是一味抱持常经所能做到的。"[1]在深受儒家文化影响的中华法系下的司法目标,是力图使司法者作出的"判决"除了能解决纠纷之外,更重要的是通过道德教化达到"政通人和"的社会状态。由此,"听讼惟明、持法惟平"成为评价官员正直与否的重要标准,这样的价值导向使得乡土社会的民间秩序与国家法制制度在彼此之间实现了微妙的平衡,也使得国家层面的制度与乡土秩序实现了有机契合。以和为贵的衡平观念成为维系我国古代社会官民话语沟通的基本要素,同时也成为我国传统司法文化中的显著标志。

---

〔1〕 梁治平:《法意与人情》,中国法制出版社2004年版,第249页。

在刑事司法过程中简单堆砌法律规定的做法所引发的极大反弹让我们认识到，刑事司法适用不仅要关注法律本身存在的诸如冰冷的法律规定等显而易见的问题，还要关注法律规定背后所蕴藏的人文精神和人性光辉。就刑事司法的应然状态而言，除了关注犯罪构成要件之外，确立情理法相融通的理念成为一种必要。应当在刑事司法适用中确立以人为本的法治观念，以人的自然属性为出发点，以人的社会属性为归宿，以承认人性在刑事司法中的作用为前提，构筑我国刑事司法的价值基座。刑罚作为高悬于公民头顶的威慑性手段，其在现代刑事司法理念中应当是手段而非目的，在禁绝刑讯逼供和保证程序正当已成共识的今天，单纯的威慑作用已非刑事司法的全部意义所在，若刑事司法本质不具有正义、自由、人权等具有人文关怀的属性，那么刑事司法结果也会缺乏相应的价值观导引，也很难真正发挥刑法的"善良公民的大宪章"的作用。

二、研究综述

在刑事司法中实现情理法融通并不是一个新近出现的问题，实际上关于"情理法"的研究成果已经相当丰富了，国内外学者都已早早地开始了对这一问题的关注和研究，学术前辈和先行者的研究成果成为我们思考的起点，站在巨人的肩膀上来总结过往经验以启迪论题的未来是我们继续前进的源泉和动力。从目前既有的研究成果看，日美学者的著述颇丰（特别是以滋贺秀三为代表的日本学者），由于日本文化受到了中国文化的深刻影响，因此这样的思考和论述更具有启发意义。滋贺秀三作为其中的代表人物，其在《中国法文化的考察》和《明清时期的民事审判与民间契约》等著作中不仅把传统中国的"情理法"观念与欧洲的法治观念进行了比较研究,还试图对"情理"给出定义,他认为的"情理"是一种"常识性的正义衡平感觉";[1] 认为"所谓的'法'即是国家的制定法。如判语所云之'律载'、'例载'等即是适用法律的前导语,以引出具体或部分的法律条文。而'情理'是情与理的连用。'理'即是道理,是思考事物所必须遵循的原则,也是事物之间必然的关系。相较于'理','情'的涵义要更为宽泛——其一是指情节或者情况,这是对于案件情况的客观描述;其二是指'人情',一般是指普通人的普通情感;其三是指情谊、情面,也即普通人之间的交互作用的关系。"[2] 滋贺秀三的研究主要基于对清朝司法实践的观察,他认为清代的地方官吏在处理民事纠纷的时候更多的是依据情理,并未彰显法律的作用,当然法律本身也是情理的一种表达方式。滋贺秀三的学生寺田浩明总结国家法"归根结底也就是'情理'二字。"[3] 此恰如滋贺秀三所作的比喻:"国家的法律或许可以比喻为情理的大海上时而可见的漂浮的冰山。"[4] 但是滋贺秀三的这一观点却被人诟病为"西方中心主义"。美国学者黄宗智在其代表作《清代的法律、社会与文化:民法的表达与实践》中提出:"在介于国家和民间的第三

---

[1] 参见[日]滋贺秀三等:《明清时期的民事审判与民间契约》,王亚新、范愉、陈少峰译,法律出版社1998年版,第13~14页。

[2] 参见[日]滋贺秀三等:《明清时期的民事审判与民间契约》,王亚新、范愉、陈少峰译,法律出版社1998年版,第24~38页。

[3] 参见[日]滋贺秀三等:《明清时期的民事审判与民间契约》,王亚新、范愉、陈少峰译,法律出版社1998年版,第128页。

[4] 参见[日]滋贺秀三等:《明清时期的民事审判与民间契约》,王亚新、范愉、陈少峰译,法律出版社1998年版,第36页。

领域中，首先'理'的意义在社区调解中更接近通俗意义上的一般人的是非对错意识，即道理，而非儒家理论中的抽象的天理。同样，'情'指的是人情或人际关系，它强调的是在社区中维持过得去的人际关系，而非儒家理论中与仁这一概念接近的道德化的同情心。"[1] 黄宗智的本土化视域研究，使得对中国传统法律的研究不再去反证西方文明，而是开启了从自身角度审视中国传统法律文化的新路径。但是不得不说，国外学者对于情理法的思考都有着西方本位主义的影子，很难深入中国传统司法的肌理去探寻情理法在传统中国司法中的定位和价值。同时，国外的法理学家和社会学家都对这一问题有所涉及，本书在文献综述部分将会系统阐释该等法理学家和社会学家的研究成果。

对于在刑事司法融入情理法的研究，国内法律史学界和法理学界都有所涉及，中国政法大学李德顺教授、刘斌教授对于这一问题亦有所关注。梁启超认为："在程度幼稚的社会，固不能无所托以定民志，而况夫既持'道本在天'之说，则一切制作，自不得不称天而行。"[2] 这样一来，有"天"作为起点，对最高理性的信仰就有了寄托。按照陈顾远教授的理解，中国也有自然法思想，认为"中国固有法系源于天意而有自然法精神"。[3] 按照这个思路，"天理"或等同于西方自然法之"正义"。

---

[1] 黄宗智：《清代的法律、社会与文化：民法的表达与实践》，上海书店出版社2007年版，第11页。

[2] 梁启超："中国法理学发达史论（1904）"，载《法律文化研究》2014年第00期。

[3] 陈顾远：《中国法制史概要》，商务印书馆2017年版，第52页。

刘斌教授认为，法治作为人类文明发展的智慧结晶，体现和反映我们对于人性的研究。"因为法的起源脱离不开人性，法因人而生，人在先，法在后，人是法的逻辑起点，法是人类活动的结果。"[1]和谐也是中国传统法治的评判尺度和精神内核，在以和为贵的衡平理念的观照之下，刑事司法应当将和谐作为法理和情理应有的追求目标，这也能使人民群众从内心深处更加接受和理解刑事司法的说理。和谐既是现代法治文明的标识，也是法治文化的价值追求，如同台湾学者杨奕华所言："追根究底，法律的存在，法律的演变蜕变，实乃人的生存所呈现的一种文化现象，法律之源于人、游于人、依于人，法律之以人为本，以人的社会生活为经纬，诚毋庸置疑。"[2]

当代中国法学界的陈忠林教授、顾培东教授、张中秋教授、霍存福教授、范忠信教授等也都对情理法这一颇具东方色彩的问题进行了系统的阐释。陈忠林教授侧重从"常识、常理、常情"的角度探讨"理"之"经验法则"在法运行中的当代价值；而王人博教授、顾培东教授和侯欣一教授侧重从研究"舆论民情"的角度，探讨"公众情感"在法运行中的当代价值。[3]以张晋藩、梁治平、张中秋、霍存福、范忠信、俞荣根为代表的法史学学者则从不同层面、不同角度关注情理法文化精神及其对中国法治建设的影响。例如，梁治平教授著有《法意与人情》《法律文化解释》；俞荣根教授著有《儒家法思想

---

[1] 刘斌："法治的人性基础"，载《中国政法大学学报》2008年第2期。

[2] 杨奕华：《法律人本主义——法理学研究诠论》，汉兴书局有限公司1997年版，第99~100页。

[3] 杨秋生："当代中国法学学者情理法观的文化思考"，吉林大学2018年博士学位论文。

通论》；霍存福教授著有《中国传统法文化的文化性状与文化追寻——情理法的发生、发展及其命运》；范忠信、郑定、詹学农著有《情理法与中国人》。[1]在法律文化解释的层面上，具有较为丰富的侧重于对情理法文化进行分析的研究成果、并且明确从文化模式角度开展研究的是范忠信教授、俞荣根教授和霍存福教授。范忠信教授较早地提出了"天理、国法、人情一体"的"支配性法观念"的观点；[2]俞荣根教授提出了天理、国法、人情是一个"三角型链"的法文化观念的观点；[3]霍存福教授则从中华族群的法文化性状，即从维持中华族群存在秩序的规范以及适用这些规范内在规律所呈现的根本性品格和显著特征的角度，对情理法这一法文化模式进行了深入阐释。[4]梁治平提出："视古人书判清明者，既具引法条，照例行事，又不拘泥于条文字句，而能够体察法意，调和人情，其所为之判决，因事而异，极尽曲折委婉，这绝不是一味抱持常经所能做到的。"[5]费孝通先生在《乡土中国》一书提出了"差序格局"的概念[6]，在熟人社会中，人与人之间的关系相对固定，在熟人之间法律的作用则退而其次，反而通过发挥宗族等社会组织的作用来解决纠纷是更为被接受的首要选

---

[1] 杨秋生："当代中国法学学者情理法观的文化思考"，吉林大学2018年博士学位论文。

[2] 范忠信、郑定、詹学农：《情理法与中国人》，北京大学出版社2011年版，第297页。

[3] 俞荣根："天理、国法、人情的冲突与整合——儒家之法的内在精神及现代法治的传统资源"，载《中华文化论坛》1998年第4期。

[4] 霍存福："沈家本'情理法'观所代表的近代转换——与薛允升、樊增祥的比较"，载《华东政法大学学报》2018年第6期。

[5] 梁治平：《法意与人情》，中国法制出版社2004年版，第249页。

[6] 参见费孝通：《乡土中国》，人民出版社2008年版，第25~34页。

择。在这种熟人社会中,崇礼重德的儒家文化的地位往往甚于成文法的规定,恢复或维持熟人之间的和谐关系成为首要目标,以和为贵的思想贯彻于熟人社会交往的始终,在这样的思想主导下,司法官员也会将"以和为贵"作为其心目中最高的衡平理想,在衡平理想的关照之下,"以和为贵"成为手段和目的的二元一体。张晋藩先生、俞荣根教授、张中秋教授、梁治平教授、许章润教授在如何实现事实、规则与法意的圆融这个问题上的观点一致,即一定要用中国人自身的民族特色的法意,也就是用中国的法思维关注中国的人生问题,解决中国的现实问题,合理安排中国的人生秩序。霍存福先生从法史学和法理学的角度对情理法的产生、发展及其归宿进行了细致的梳理,认为"法律的情理化以及法律理解的情理化是古人对法律精神和法律基础的文化追寻,情理法是中国法文化的文化性状。"[1] 邓勇博士认为,作为"古代法律生活的常见要素,天道天理是古代法律的精神基础,人情民心是古代法律的人文关怀。因而情理精神是古代法律无时不在的'灵魂'。"[2]

范忠信教授认为,中国人的法观念是一个复合的、多元的观念体系。一说到"法",中国人很自然地把它看成是"法上之法"("天理""礼")、"法中之法"(律条、律例)、"法外之法"(伦常之情、人之常情)的总和。范忠信教授的"法律史研究的'文化解释'使命——兼论传统法律史研究的局限性"

---

〔1〕 霍存福:"中国传统法文化的文化性状与文化追寻——情理法的发生、发展及其命运",载《法制与社会发展》2001年第3期。

〔2〕 邓勇:《试论中华法系的核心文化精神及其历史运行——兼析古人法律生活中的"情理"模式》,法律出版社2010年版,第122页。

一文,是对梁治平教授所著的《法律的文化解释》的持续展开。范忠信教授认为:"法律史研究的目的,主要就是对一个国家或民族的法律进行文化解释。"[1]其强调"法律的文化解释"就是研究法律史的使命,认为"如果把社会对先前法律文化遗物的需要比作移栽植物的话,那么我们法律史学者就不应只是当移栽树木的人,而应当是植物学家和土壤学家,任务是分析历史那块土地上的特定植物的生命机理,分析今天社会土壤的有机化学构成之理,这是一些非常基础的科学研究工作。这就是法律史研究的'文化解释'使命。"[2]

"情理"作为案件审断的依据和价值基础是历史中的实存事实。何勤华教授在对清代《刑案汇览》《驳案新编》《樊山判读》的判例进行详尽考察的基础上,从实证角度指出成案、习惯法、情理、律学著作等是执法者判案的重要依据。[3]王志强先生通过对《名公书判清明集》的判词进行研究,亦认为法律与伦常等其它裁判依据在书判中的交互作用,"情理"构成执法者裁判的根本价值取向。对于"情理"的涵义,王志强先生指出:"情,包括书判中的'情'和'人情',前者作为裁判依据主要指事实真相和由此体现的主观动机,后者则主要指通行的观念。理兼指'理'和'天理','理'主要相当于逻辑和惯例,'天理'本指天道或人之本性,在书判中主要指家族关系、

---

[1] 范忠信:"法律史研究的'文化解释'使命——兼论传统法律史研究的局限性",载倪正茂主编:《批判与重建——中国法律史研究反拨》,法律出版社2002年版,第291页。

[2] 范忠信:"法律史研究的'文化解释'使命——兼论传统法律史研究的局限性",载倪正茂主编:《批判与重建——中国法律史研究反拨》,法律出版社2002年版,第297页。

[3] 何勤华:"清代法律渊源考",载《中国社会科学》2001年第2期。

尤其是亲子关系。"[1]顾元博士也采相同观点,其认为:"'理'或'天理'或指天道、人之本性,或指逻辑和惯例,主要意指自然规律与纲常名教的基本准则,一般通过儒家经义表现出来,其重要程度更甚于法律,具有一定的确定性。情是指案件的情节,更多的时候是指伦理色彩很浓的'人情',包含人情世故,地方风土人情,风俗习惯;有时也指代'情理'一词,具有逻辑推理和普遍规律性的道理之意。一言以蔽之,'情理'是传统司法的价值取向。"[2]"情理"渊源于"天理",以"天理"为最高依据。"应天理"就是指"国法"应"顺民情""从民心"。[3]肖晖博士进一步指出,"以情理为导向进行案件的裁判是中国传统判决理由的实质所在,传统中国的司法官更关心的是理和情,而不是法,如果将情、理、法三者作一个层次划分的话,理据于金字塔的顶峰,情位于第二层次,法不过是处在第三层次而已。"[4]

就情理司法的合理性而言,郭忠先生认为:"情感并非只能是任性的和不公正的,并非不能作为法律价值的终极来源。从中国儒家的传统哲学思想出发,一种'中和'的情感是可能通过修身渠道获得的,它可以称为'情理'。以修身作为治国根本,实质上是奠定社会形而上的价值基础的根本。情理可从修

---

〔1〕 王志强:"南宋司法裁判中的价值取向——南宋书判初探",载《中国社会科学》1998年第6期。

〔2〕 顾元:《衡平司法与中国法律传统秩序——兼与英国衡平法相比较》,中国政法大学出版社2006年版,第106~135页。

〔3〕 俞荣根:"天理、国法、人情的冲突与整合——儒家之法的内在精神及现代法治的传统资源",载《中华文化论坛》1998年第4期。

〔4〕 肖晖:"中国判决理由的传统与现代转型——以民事判决为中心",西南政法大学2005年博士学位论文。

身中被发现,并进入日常生活的正义认知中。在法律推理中,情理可以弥补现代法律的价值亏空。"[1]谢晖先生在其博士论文中以中国古典的法律解释为视角谈及"情理"问题,认为"传统的法律解释具有浓重的'情理交融'特点,这样做的结果是为了使'解释'对于诉讼两造而言具有可接受性。因而解释过程中的'实用理性'特征便凸显出来。传统法律解释的'情理交融'和'实用理性'特征的具体实现是以主体的参与为出发点,这就形成了法律解释中的实践互动。实践互动的一个基本前提是参与主体间的'妥协意向'。借此,古典的法律秩序才得以更好地呈现。……天理、人情和国法的内在关系问题。其间形成了三位一体规范逻辑结构。"[2]

汪习根教授在"论情理法关系的理性定位"一文中,对情理法关系的历史逻辑进行了梳理,并在对"情"和"理"进行内涵分析的基础上,对情理法的关系进行了理性定位,重点是对"情"的两个类别——情意和情感进行了辨析,对"理"的四个类别——原理、定理、公理、道理进行了描述。[3]对"情理"和"法理"的关系进行理性定位的代表性学者有郭星华教授、范愉教授、杨立新教授和孙笑侠教授。在阐释情理法的关系时,其都是将"情""理"连用,把"情理"和"法理"作为两种不同的法思维模式来进行论述。例如,郭星华教授认为:"情理"以实

---

[1] 郭忠:"法理和情理",载《法律科学(西北政法学院学报)》2007年第2期。

[2] 谢晖:"中国古典法律解释的哲学向度",山东大学2004年博士学位论文;亦可参阅谢晖:"中国古典法律解释中的目的智慧——追求法律的实用性",载《法学论坛》2005年第4期。

[3] 汪习根、王康敏:"论情理法关系的理性定位",载《河南社会科学》2012年第2期。

质理性为特性,而"法理"以形式理性为特性;范愉教授认为法律是理性的产物,同时也是情感的产物;霍存福教授注意到,民法学家杨立新教授曾以"法理与情理"为题,就民事案件中经常遇到的情理和法理问题,撰文进行过专门讨论,集中谈了法理和情理的关系以及人们应当怎样对待法理和情理两个问题。[1]

将情理融入刑事司法并不仅仅存在于学者书斋案牍的设想或者思考之中,实务中已然出现了相关的实证案例作为支撑。被称为惠阳"许霆案"的"广东于德水案"的判决书一度被称为"伟大判决",该案法官在一审判决书中进行了极具人文色彩的说理。[2]法律适用的结果并不总是精准无误的,更不可能符合所有主体的诉求。更不容忽视的是,我国法治文化传统的价值维度是"无讼"的表象、"厌讼"的内核,情理法的融通是我国传统法治的重要成分。因此,自法治浪漫主义退潮之后,在法治建设和个案裁判的过程中,我们渐渐认识到单纯采用法律手段的局限性。我们法治观的面向之一就是理性认识到法律功能的局限性,回归到对法治运行所需要的文化背景和社会条件的研究,以合适的方式回归到在刑事司法中融入情理法的进路的思考。

---

〔1〕 杨秋生:"当代中国法学学者情理法观的文化思考",吉林大学2018年博士学位论文。

〔2〕 参见广东省惠州市惠阳区人民法院(2014)惠阳法刑二初字第83号刑事判决书:纵观本案前行为合法后行为违法的全过程,我们认为,被告人犯意的基础动因在于一念之间的贪欲。欲望人人都有,眼耳鼻舌身意,人有感知就会有欲望,所以欲望是人的本性,它来自于基因和遗传,改变不了,因而是正常的。同时,被告人取了钱带回老家,除了给弟弟一些钱,剩下的也一直不敢乱花,这说明他对社会管理秩序还是心存畏惧,在其被抓获之后,被告人随即全部退清所有款项,我们觉得,这孩子心存良知。我们也不能确认和保证本判决是唯一正确的,我们唯一能保证的是,合议庭三名法官作出这一细致和认真的判断是基于我们的良知和独立判断,是基于我们对全案事实的整体把握和分析,是基于我们对法律以及法律精神的理解,是基于我们对实现看得见的司法正义的不懈追求。

三、研究的重点及难点

由于刑事司法的社会公众关注度高,社会影响大,在其中实现情理法融通的问题更加值得关注,一个不恰当的刑事判决极其容易形成社会舆论的极大反弹。情理法融入刑事司法的问题早已经引起了国内学者的竞相思考,学者们的研究主要集中在以下三个方面:其一,许多学者从规范的角度入手,思考情理法对于法律适用的制约或者说补全功能,着重阐明了情理法的内容。鉴于这一主题与司法实务的联系相对紧密,诉讼法的专家对于这一问题也有所关注。其二,是以情理法作为切入点去研究传统法律文化。学者们在研究唐律、明律、清律的基础上对情理法进行了系统性梳理,希望通过情理法的研究去挖掘法律文化中值得借鉴的有益养分,发现传统中国法律文化中的内涵。其三,学者们也有采取将法理学和法史学甚至社会学进行结合的交叉学科的研究方法,以多元的视角和思路对情理法进行深入的探究。虽然研究得出的成果非常丰富,但是我们发现这些研究更多的是停留在原则层面的宏大叙事,强调情理法在司法适用中的重要性,考虑更多的是情理法在司法适用中的应然性。这些研究的内容:其一,关注的焦点往往都在于论证情理法融通的重要性,缺乏对于司法实务的观察与体悟,对情理法融入刑事司法的规则构建涉及较少,而这恰恰是情理法融入刑事司法的重点与核心要义所在,对于规则的构建也能够指导各级法院如何在疑难复杂案件中衡平情理与法理法的关系。其二,对于情理法在司法适用中的重要性,往往是通过梳理千年的法律文化而得出的结论,以法律史学作为研究进路的比较多,但是其缺乏社会学、法哲学等视角的考察,没有用中国本位的立场去思考中国的人生问题，也就很难阐释清楚情理法对于当代中国的司法实践所具有的重要作用。以上这两点是在刑事司法中实现情理法融通的研究重点和难点所在，我们需要广泛收集刑事司法实践中的个案进行实证研究，在实证研究的基础之上拓展理论研究的深度，进而再反过来助力司法实践。

四、研究思路与研究方法

本书拟首先对本土法治资源进行回溯性研究，文中对于情理法融通的思索当然应基于传统法治资源，面向现代法治实践而展开，并且对于作为普遍意义的"人情"、生发于文化传统的"天理"和本应稳固的"国法"进行概念上的辨析。然后本书希望通过梳理不同时代背景下的情理法涵义，兼而比较情理法与自然法的异同。虽然情理法是三位一体的关系，但是廓清情理和法律的分离与融汇也尤为重要。既然述及刑事司法中情理法的作用，当然也应从法律儒家化、德治与人治之争等角度关注情理法的文化背景。对本土法治资源进行系统地整理和解析后，本书将目光投向了刑事司法中实现情理法融通的法理重述。司法理念的更新对于在刑事司法中实现情理法的融通自然有所裨益，而刑事司法中情理与法理的关系并不总是对立或者分离，也有着互动和协调的一面，这样的互动和协调，恰恰是情理法能够融入刑事司法的关键所在。对于情理法在刑事司法适用中的争议或者讨论，实质上也是形式正义与实质正义的争鸣，是取道实体正义还是程序正义的选择。情理法在刑事司法中的融通要具备价值关怀的目标是应有之义。本书拟从社会主义核心价值观的核心，即公平正义着手，从司法温度的现实呼唤出发，论证此等价值关怀既能有效弥补刑事法律规范的固有缺陷，也契合刑事司法的内在要求。由于近年来集中出现了一些引起了巨大争议的案件，导致通过实证研究去思考如何在刑事司法中实现情理法融通成为一种必要。本书发现普世情感与司法裁判结果的悖离、通情达理与独立审判的法治原则的冲突、罪刑法定与同案同判的追求、社会效果和法律效果的难以统一，实际上都是横亘于在刑事司法中实现情理法融通的现实挑战。当然，如果没有这样的现实挑战，在刑事司法中融入情理法也就没有了争议和障碍。虽然障碍和挑战是现实存在的，但是本书仍然应当进行方向追问，即在刑事司法中融入情理法的实践路径是什么？本书认为首先应当是对社会主义核心价值观的强调；其次通过立法或者指导案例等方式确立相应的原则或者规则；再次应当重视刑事司法文书的说理，以公众认同作为说理的基本要求，兼以情理暖慰人心。本书还认为应当致力于法律职业共同体的培育。不论是法律职业共同体的权利本位之确立还是司法者法治文化意识之养成亦或是律师法治素养的提升，其实都是从刑事司法的主体角度所做出的努力。

本论文主要采取多学科综合研究法、实证分析法、比较分析法等方法进行研究。

1. 多学科综合研究的方法。由于与本题相关的基础性研究包括何谓国法、天理、人情等涉及法学、社会学、政治学、管理学等多学科的知识，所以只有运用多学科综合研究的方法才能对本题进行有效的梳理与论证。

2. 理论分析结合实证分析的研究方法。本书在收集域内外既有研究成果的基础上，结合个案分析，借助大量的第一手资料，作进一步梳理和论证，实现事实根据和理论依据的有机统一。

3. 比较分析的研究方法。本书将对国内外不同国家和地区进行横向与纵向的比较分析，吸取有益的经验做法。

五、拟创新之处

本论文属于跨学科研究的领域，在刑事司法中融入情理法的研究，不仅仅涵盖法律制度建构的问题，同样需要将研究视角投射入社会学、心理学等学科，既要体察刑事司法的实务，也要观乎人文化成天下。在研究方法上，需要综合使用文本分析以及实证研究的方法，以司法实务中发生的典型案例为研究对象和切入点，在系统梳理已有的研究成果的基础之上，力图呈现传统中国情理法融通的基本模式，以期溯源传统法治资源从而为现代刑事司法提供有益借鉴。

本论文的创新之处不仅仅在于在研究方法上横跨多个学科，更在于对刑事司法中实质正义的进一步纵深探索，也即在刑事司法的基础上向前再走一步着力于以情理法实现实质正义的研究，从西方法治思想中寻找有益的助力，更从本土法治资源中汲取养分。纵观国内学者对于情理法融入刑事司法不同方面的解读，多限于对实质正义的应然表述，虽然这一命题已经提出多年，但是实务中不断出现的个案告诉我们，这么多年的情理法融入刑事司法的实践并不顺利，需要对情理法融入刑事司法的路径进行重新思考，凸显天理、国法、人情的交融关系在刑事司法中的重要作用和地位。

本论文通过典型案例剖析了刑事司法中情理法融通的现实挑战后，从程序法与实体法、形式正义与实质正义、罪刑法定与同案同判、法律效果与社会效果等不同角度出发，去印证或者反证此等挑战是现实存在的，也是较难逾越的。通过对当代中国情理法何以融入刑事司法的冷静观察,辅以一定的实证研究,从对社会主义核心价值观的强调、原则与规则的框定、说理应有的姿态等角度入手,有针对性地提出在刑事司法中融入情理法的可行技术和方法。

第一章 刑事司法中情理法融通的传统法治资源

自春秋战国之始，传统中国关于社会治理模式的争论就已经百家争鸣、层出不穷，"法家"思想逐步占据了上风并且得到了秦王朝的青睐，商鞅变法奠定了秦统一天下的制度基础，法家创造性地提出了"以法治国"的理念。[1] 自汉代以来，由于儒家学说确立了绝对主导的地位，法律儒家化的进程也随之展开。特别是在董仲舒大力提倡"春秋决狱"的司法理念后，司法官员在案件审理过程中常常弃成文法典不用而引用儒家经典作为审理依据，这就是"情理断狱"的理论渊源。"到唐代，礼法完全融通在一起。自唐朝至清代，一直延续着礼法融合的传统。"[2] 法律儒家化一直持续到了晚清，这样的历史沿革使得"礼法结合""德主刑辅"思想牢牢镌刻在中国传统司法的肌理深处。实际上，司法者对于个案的审理是否符合情理法融通的原则往往才是首位的考量因素，绕过成文法典达至情理法融通

---

[1] 必须要明确的是，此时的"以法治国"和我们今天所谈及的法治还是有着本质区别的，法家所提出的"以法治国"还是将法当作治国的工具，而非今日所言的治国的依据，既然法只是工具，那当然仍属于人治的思维范畴而非法治的思维范畴。

[2] 赵晓耕主编：《观念与制度：中国传统文化下的法律变迁》，湘潭大学出版社2012年版，第17页。

甚至成为司法官员施行仁政的一种体现,司法过程中的"情"与"理"的关系在中国司法传统中是剪不断理还乱的关系。目前学界的通说倾向于将"情""理""法"解释为"天理""国法""人情",且认为不能将三者关系予以割裂,这种"三位一体"[1]的关系有机和谐地构成了中国古代司法传统的主要特征。张晋藩先生在提及"天理""国法""人情"的关系时指出:"从董仲舒到程朱理学家不仅沟通了天理与国法,而且还从天人感应出发,将天理、国法、人情三者联系起来,以国法为中枢使三者协调统一,以确保社会有序、国家稳定。……天理体现为国法,从而赋予国法以不可抗拒的神秘性。执法以顺民情,又使国法在政权的保证推行之外,还获得神权、族权和社会舆论的支撑,因而更具有强制力,这正是天理、国法、人情三者统一的出发点和归宿。"[2]这也说明,"天理""国法""人情"实为一体的观点有着儒家思想作为其理论来源。在中国古代司法传统中,不论是在立法层面还是在司法层面,情理法融通都是重要的评判标准,"通情""达理""合法"向来都是司法官员所秉持的最高追求。在"天理""国法""人情"之间向来没有壁垒分明的界限,正是这样互相融通的关系构造了中华法系特有的司法传统。对中国传统司法的观察和研究也无法绕过"天理""国法""人情"的范畴,所谓"礼之所去,刑之不取"

---

[1] 范忠信教授在《情理法与中国人》中首次提出了情理法是"三位一体"的概念,他认为"天理""国法""人情"三位一体是古代中国占据支配地位的法观念。俞荣根教授则把"天理""国法""人情"三位一体的观念比喻为情理法的"三角型链",并认为这个"三角型链"是维持古代中国政治法律体系稳定的文化密码。霍存福教授则从情理法的内在结构角度出发,强调这三者的结构是三位一体的,但是以情为先。陈顾远先生也指出,天理国法人情,实为三位一体,都属于法的范围。

[2] 张晋藩:《中国法律的传统与近代转型》,法律出版社2005年版,第93页。

"法不外乎人情""上稽天理,下揆人情"便是对上述三者之间"剪不断,理还乱"的关系的真实表达。[1]既然述及刑事司法中的情理法融通,那么我们自然应该把目光投向作为基础概念的"情""理""法",且在凝练基本概念的基础上结合时代背景,体悟在不同时代背景下"情""理""法"所具有的不同内涵,深刻认识到正是这样的理念发展,才能更好地助推司法实践的进步。

第一节 相关概念的辨析

一、作为人之常情的"人情"

刑事司法中的情理法融通当然应当关注"情"的内在蕴涵,林端教授将"情"的含义总结为"客观层面上的事情、情况、情节等以及主观层面上的感情、心情、人之常情、亲情等含义。"[2]可见,"情"的内涵和外延都很广阔,但是在古代中国社会中,伦理亲情不论是在法律上还是事实上都拥有着至高无上的地位。"'情'的语义从'潜而有欲'到'良善之别'是与人对'性'及性'善恶之辨'的理解有着密切关系……但无论是'好恶之情'还是'事实之情'都离不开'人'这一主体。"[3]我们当然无法离开"人"的作用而孤立地看待"情"的内在蕴涵。不

---

〔1〕 崔明石:《话语与叙事:文化视域下的情理法》,法律出版社2017年版,第44页。

〔2〕 参见林端:《韦伯论中国传统法律:韦伯比较社会学的批判》,中国政法大学出版社2014年版,第87—89页。

〔3〕 崔明石:"话语与叙事:文化视域下的情理法",吉林大学2011年博士学位论文。

论是"好恶之情"还是"事实之情",实际上都是"人"作为主体而生发的"情",我们对于刑事司法中情理法融通的"情"的研究当然也不能脱离"人"。正如滋贺秀三所言:"'情'是一般人认为的自然感觉、想法和习惯,或是应该尽量使良好的人际关系得以维持或恢复的价值观念。"[1]而刑事司法中的"情"也相当于作为普通民众的人之常情。人之常情就是一种自然情感的流露,是人的本能和本性的集中体现。中国古代司法还讲求重视行为人主观动机的"原心定罪",也就是司法者应当秉持具有人文关怀的"此情可悯",这样的怜悯之心自然是"人情"的表现形式之一。

《名公书判清明集》作为南宋中后期知名官吏书写公文或者撰写判决的汇编,该书中共有372处提到了"情",有73处直接提到了"人情"。这其中涉及"情"的部分多是用来述评案件或者对刑罚适用结果的解释。《名公书判清明集》中有一判词"执同分赎屋地"生动地体现了"情"对于案件司法适用结果的巨大作用:"毛汝良典卖屋宇田地与陈自牧、陈潜,皆不止十年,毛永成执众存白约,乃欲各赎于十年之后。"原案的知县认为10年已经超过法定赎回期限,"坐永成以虚妄之罪"。永成上诉至府后,上一级司法官员吴恕斋认为该案"于法意人情,尚有当参酌者",吴恕斋遂判决:一是尽管毛永成提起的诉讼已超过法定时限,但是参酌人情,"将屋二间及大堰有祖坟桑地一亩,照原价仍兑还毛永成为业"。二是根据国法,"其余黄土坑

---

[1] 参见[日]寺田浩明:"日本的清代司法制度研究与对'法'的理解",载[日]滋贺秀三等著,王亚新、范愉、陈少峰译,《明清时期的民事审判与民间契约》,法律出版社1998年版,第123页。

山、童公沟田、梅家园桑地,并听陈潜等照契管业。"[1]虽然原案的知县准备"坐永成以虚妄之罪",但是上一级判官吴恕斋认为基于"人情",应当给予毛永成适当的分赎。明代刑部尚书刘惟谦在《进明律表》中指出:大明律"上稽天理,下揆人情,"[2]也就是大明律实际上也是要体现人情的。清代跨度百年的《刑案汇览》收录各类案件共计9200余件,基本上可以管窥清代刑事案件的处理思路和方法。杨一凡先生认为,《刑案汇览》真实地记载了清代司法审判的中的文牍档案,这些清代司法制度的实证资料对于我们了解清代的司法实践和诉讼程序都大有裨益。通过对这些资料的研究亦可以解决目前存在的法制史方面的争议。[3]《刑案汇览》中关于"人情"的内容比比皆是,开篇《刑案汇览》的序中就明确:"夫决狱断刑必衷律例。禅垂邦法,为不易之常经。例准民情,在制宜以善用。"[4]而在《刑案汇览》9200余件案件中,每一个案件中几乎都有"情"的表达,这里的"情"包括了血缘亲情、民情、世情等各个方面的内容。从《名公书判清明集》到《刑案汇览》,我们可以看到"情"实际上是中国古代司法中的"历时性"的问题,更为明显的是,封建时代的衙门匾额上都会上书:"天理国法人情",这是传统中国司法价值倾向的直接体现。高悬于头顶的匾额时刻提醒司法官员,对正义的追求当然不能忽视人情的作用。梁治平先生在其代表作《法意与人情》中认为:"中国文化的精

---

〔1〕 参见《名公书判清明集》卷六·户婚门·赎屋:"执同分赎屋地"。

〔2〕 (明)刘惟谦:"进明律表",载《大明律集解附例》。

〔3〕 (清)祝庆祺:《刑案汇览》(全编),杨一凡等点校,法律出版社2007年版。

〔4〕 (清)祝庆祺:《刑案汇览》(全编),杨一凡等点校:法律出版社2007年版,"刑案览序"。

神特质,正包括了缘情设教这一项。法律自然也不应与人情相悖……中国古代法官的裁判常常是相通的,但是都建立在人情之上,这正是对于法律精神的最深刻的理解。"[1]中国古代司法过程中诸如"法不外乎人情""法应体现人情"等理念早已经从官方表达走向了真实的司法实践,且在法律与人之常情发生冲突时,往往都是法律做出让步。清人汪辉祖指出,"故遇愚民犯法,但能反身自问,自然归于平恕。法所不容姑脱者,原不宜曲法以长奸;情尚可以从宽者,总不妨原情而略法。"[2]可见,"原情略法"已经不再是司法理念了,而成为司法裁判的技术和方法。

刑事司法实践中情理法融通的"情"通常被理解为"人情",从封建社会向现代社会转型的过程中,学术界和实务界对于"人情"的第一反应往往都是排斥或者拒绝,不论是"下揆人情"还是"原情略法",都已不为现代司法实践所接受。"人情"这一称谓就意味着对于"情"的理解离不开作为主体的人,既然"情"与作为主体的人密切相关,就意味着"情"存在不确定性,个人的好恶当然和每一个人的经历、背景、感受等相关联。和"情"相关的诸如情感、情绪等之间并没有分明的界限,且情感或者情绪往往带有一定的主观性,这当然和个体自身的经历与感受密切相关,没有一个稳定不变的客观标准。在中国传统文化的浸润下,我们对于情感认知的复杂程度远超西方社会,"仁""义""礼""智""信"等中国传统社会的核心观念实际上都可以归属于情感的范畴。钱穆先生说过:"西方人

---

[1] 参见梁治平:《法意与人情》,中国法制出版社2004年版,第236~239页。
[2] (清)汪辉祖:《学治臆说》。

重知，中国人重情。"[1]滋贺秀三直接断言："'情'字的含义及其作用则颇具多面性，因为难以说明。而且，可以说这正是解明中国情理一词的关键所在。"[2]也有学者对司法语境下的"情"进行了分类，认为"情"有"人际关系（人伦）、公序良俗、事实情节和人之常情四层含义"。[3]有学者将亲情、敬、乐、"四端"之情、喜怒哀乐之情、诚信等都归于情感范畴。[4]我们发现不仅"情"的范围模糊，而且其范畴开始扩大，正是这样的特性使得学术界对于"情"在司法中的作用并不总是赞许。

最高人民法院在2010年12月修订印发的《中华人民共和国法官职业道德基本准则》第八条中规定："坚持和维护人民法院依法独立行使审判权的原则，客观公正审理案件，在审判活动中独立思考、自主判断，敢于坚持原则，不受任何行政机关、社会团体和个人的干涉，不受权势、人情等因素的影响。"[5]《法官行为规范》第三条也明确规定："敢于坚持正确意见，自觉抵制权势、金钱、人情、关系等因素对审判活动的干扰。"[6]既然法院的规范性文件已经申明司法活动不能受"人情"的影响，那么何来的情理法融通呢？所以我们自然应该重新审视我

---

〔1〕 参见钱穆：《晚学盲言（下）》，生活·读书·新知三联书店2010年版，第1311页。

〔2〕 [日]滋贺秀三等：《明清时期的民事审判与民间契约》，王亚新、范愉、陈少峰译，法律出版社1998年版，第37页。

〔3〕 崔明石：《话语与叙事：文化视域下的情理法》，法律出版社2017年版，第70页。

〔4〕 参见蒙培元：《情感与理性》，中国人民大学出版社2009年版，第138～140页。

〔5〕 参见《中华人民共和国法官职业道德基本准则》第八条之规定。

〔6〕 参见《法官行为规范（试行）》（法发〔2005〕19号）第三条第二项之规定。

们理解的"情"在司法活动中的应有涵义。我们思考的路径可以沿着崔明石博士将司法语境下的'情'分为的人际关系（人伦）、公序良俗、事实之情和人之常情而展开。人际关系下的"情"是基于宗族伦理而形成的世故人情，公序良俗之下的"情"则是基于共同的生活背景而形成的习以为常的习俗，事实之情是指个案中的事实情况，人之常情则是指普通人的正当情感。对于当代刑事司法过程中"情"的理解当然有别于日常生活中的世故人情，刑事司法中的"情"不是个人之间的私情，更不是熟人之间的"情面"，是人民群众在长期的共同生活背景之下所形成的"人之常情"。[1]这种理性的司法认知对于我们正确地理解刑事司法过程中的"人情"具有重要的借鉴意义，我们应当跳脱出对"人情"的传统阐释，从多个层面和角度去理解刑事司法裁判中的"人情"。刑事司法裁判中的"人情"首先应当根植于人的天性并取得了绝大多数民众的主动接纳，这里所说的"人情"当然不是人之私情，而应当体现的是人的正当感情，法律与人的正当情感不应成为对立关系，"当法律与人的正当情感发生冲突时，做出退让的不应当是人的正当情感，而应当是对法律的修正。法律应当顺应和保护人的正当情感，惩罚那些违背人的正当情感的邪恶行为。"[2]刑事司法中情理法融通的"人情"其次也应当是凝聚着普通民众普遍共识的人之常情，这种人之常情显然与人情关系具有完全不同的意蕴，它是普通民众的正当情感，这种人之常情使得普通民众对案件的评

---

[1] 参见韩轶：司法公正的实现与情理法之融合，载《人民法院报》2019年5月27日，第02版。

[2] 刘斌：" '亲亲相隐'与'大义灭亲' "，载《社会科学论坛（学术评论卷）》2008年第9期。

判并不需要具备专业的法律知识,只需要根据自己的直觉和"朴素的正义观"就能做出判断。这样的人之常情与人之私情相对立,人之私情体现为个人的意志和想法,也可能表现为具体个案中不同法律主体的个别情感倾向,人之私情可以是朋友之间的友情,也可以是亲情或者同学之情等,正因为这样的人之私情会影响司法的公正,所以我们才需要回避制度。之所以要在刑事司法中实现情理法融通正是因为个案的结果与人之常情相违背,也唯有人之常情才能够使得司法的形象生动起来,司法的结果具体起来。

二、文化传统中的"天理"

如何在刑事司法中实现情理法融通的关键,当然包括厘清"理"的传统意蕴和当代内涵,为刑事司法中的情理法融通提供理论来源。辞书《说文解字·玉部》云:"理,治玉也。"其意思是理是剖璞石而发现玉的方法。而《说文解字·玉部》进一步注解曰:"战国策:郑人谓玉之未理者为璞,是理为剖析也。玉虽至坚,而治之得其理,以成器不难,谓之理。凡天下一事一物,必推其情至于无憾,而后即安,是之谓天理,是之谓善治。此引申之义也。郑注《乐记》曰:理者,分也。许叔重曰:知分理之可相别异也。古人之言天理何谓也?曰:理也者,情之不爽失也。未有情不得而理得者也。天理云者,言乎自然之分理也。自然之分理,以我之情系人之情,而无不得其平是也"。[1]段玉裁的注解已经清晰地表明了在古人的观点中,"理"已经从剖析等义

---

[1] 参见(汉)许慎撰,(清)段玉裁注:《说文解字注·玉部》,上海古籍出版社1981年版,第15~16页。

演进成"天理"的含义,"天理"就是自然之分理,也是人情之所系。清代徐灏所撰的《说文解字注笺》认为:"凡物莫不有理……善言天理者也。"[1]《康熙字典》则在前人的基础之上梳理了"理"的十七种含义:"其一为《说文》之本义,治玉也。徐灏笺曰:物之脉理,惟玉最密,故从玉。《淮南子·览冥训》云:夏桀之时,金积折廉,璧袭无理。注曰:用之烦数,皆钝而无文。其二为管理之意,《说文》(徐注)云:治玉治民皆曰理。《书·周官》云:论道经邦,燮理阴阳。《前汉·循吏传》政平讼理。上述两文皆从此意。其三为治理:《玉篇》云:理,正也。《左传·成二年》:先王疆理天下。注曰:理,正也,即从此意。其四为道理。《玉篇》云:理,道也。《广韵》曰:义理。《周易·系辞》曰:易简而天下之理得矣。《史记·平原君传》谓公孙龙曰:公无复与孔子高辨事也。其人理胜于辞,公辞胜于理,辞胜于理,终必受诎。《皇极经世》云:天下之数出於理,违理则入于术,世人以数而入于术,故失于理也。其五为人性。理,性也。《礼记·乐记》天理灭矣。注:理,犹性也。其六为条理之意。理,条理也。《周易·系辞》曰:俯以察于地理。疏曰:地有山川原隰,各有条理,故称理也。又《说卦》曰:和顺于道德而理于义。《礼记·中庸》云:文理密察。朱子注:理,条理也。其七为举止。《礼记·乐记》理发诸外,而民莫不承顺。注:理,容貌之进止也。其八为文理。《玉篇》文也。《前汉·周勃传》云:纵理入口。《唐书·太宗纪》本心不正,则脉理皆斜。又《增韵》:肤肉之间为腠理,以其有脉理也。《礼记·内则》薄切之,必绝其理。杜甫诗云:肌理细腻骨

---

[1] (清)徐灏:《说文解字注笺·玉部》,续修四库全书本。

肉勹。其九为区分之意。理，分也。《礼记·乐记》云：乐者，通伦理者也。注：理，分也。其十，赖也。孟子曰：大不理於口。十一为料理之意，《广韵》：理，料理。《晋书·桓冲传》冲谓徽之曰：在府日久，当相料理。十二，理为法官之意。《韵会》治狱官曰理。《礼记·月令》云：孟秋之月，命理瞻伤，察创视折。注曰：理，治狱官也。《史记·循吏传》云：李离者，晋文公之理也。十三，理为媒也。《屈原·离骚》：解佩纕以结言兮，吾令蹇修以为理。注曰：使古贤蹇修而为媒理也。五臣云：令蹇修为媒，以通辞理。十四，理为姓氏。《五音集韵》云：皋陶为大理，因官氏焉，殷有理徵。十五，纸名。《博物志》载：南海以海苔为纸，其理倒侧，故名侧理。十六理为国名。《正字通》大理，古滇夷国名。自唐始通中国，正蒙赵杨段四姓，俱皆称帝。至元始臣服中国，称总管，及明而亡，改为大理府，属云南。十七，理与李通。《左传·昭十三年》云：行理之命。注曰：使人也。《周语》云：行理以节逆之。贾逵注小行人也。孔晁注亦作李。《前汉·天文志》云：骑官左角曰理。《史记·天官书》作李。"[1]《康熙字典》作为古代字书的集大成者，其对"理"的解释基本反映了古人对于"理"的理解，其将"理"解释为天下之理和人性，体现了古人思维方式的变化，契合了古人从开始的"治玉"向合乎理性认知转变的过程，这也是现在的"合情合理"说法的来源，因此对古代司法过程中的"理"的理解当然不应脱离上述理论。前述的对"理"深化认知的过程基本反映了"理"的几重含义：首先，条理之意的理解。《康熙字典》已然言明："俯以察于地理。疏曰：地有

---

〔1〕《康熙字典》·午集上·玉字部。

第一章 刑事司法中情理法融通的传统法治资源

山川原隰，各有条理，故称理也。又《说卦》曰：和顺于道德而理于义。《礼记·中庸》云：文理密察。朱子注：理，条理也。"可见，治玉的过程其实也是对条理的区分，条理的区分也意味着秩序的形成。其次，"玉虽至坚，而治之得其理"意味着事情即使有难度，但是从其理切入也会治之得法，这是对条理意义的进一步深化和拓展。最后，从其理切入的再次发展意味着顺从事物本来的性质，也即顺应天理。《康熙字典》的梳理能够较为全面地反映出"天理"的核心，即推其情而后安就是"天理"。

《名公书判清明集》作为南宋中后期的判决汇编，于其中多处提到了人情，而又有19篇判词提及了"天理"[1]，可见"天理"也是中国传统法律文化中的关键词。民间生活中的"天理何在""没天理"都是一种普通民众在遇到不公正待遇时的自然表达，这种自然表达一方面是民间普通百姓的思维定势，另一方面也是司法官员处理案件时的重要考量。真西山在《谕州县官僚》一文称："公事在官，是非有理，轻重有法，不可以己私而拂公理，亦不可徇公法以徇人情。……殊不思是非之不可易者，天理也，轻重不可逾者国法也。以是为非，以非为是，则逆乎天理矣！"[2]"天理"是事物发展的天然道理，是顺应自然的天道至理，是"义理之天"[3]，是最高理性的自然法则。我们从"天理、国法、人情"这样的传统观念中，自然能够看出，"天理"是处于最高位阶的价值理性，甚至超越了反映统治阶级

---

[1] 参见崔明石："话语与叙事：文化视域下的情理法"，吉林大学2011年博士学位论文。

[2] （南宋）真德秀等：《名公书判清明集》卷一《官吏门·谕州县官僚》，中国社会科学院历史研究所宋辽金元史研究室点校，中华书局1987年版，第6~7页。

[3] 程帆主编：《我听冯友兰讲中国哲学》，中国致公出版社2002年版，第48~49页。

意志的国法。这意味着，国法能否得到承认要看其是否契合天理，天理是排在国法之上的价值观念。

"天理"本身暗含了中国传统司法理念中对正义的理解，是不证自明的常理与常识。与"自然法"的内涵相类似，在西方法律传统中，自然法代表着最高的理性，西塞罗认为应该从人性中探究法律的本质，这种人性的本质就是理性。古希腊克里西普对此的论述颇为精当："人们个人的本性都是普遍本性的一部分，因此主要的善就是以一种顺从自然的方式生活，这意思就是顺从一个人自己的本性和顺从普遍的本性；不做人类的共同法律惯常禁止的事情，那共同的法律与普及万物的正确理性是同一的，而这正确的理性也就是宙斯，万物的主宰与主管。"[1]陈顾远教授认为在中国传统司法中也有自然法的思想，"中国固有法系源于天意而有自然法精神。"[2]虽然东西方的法律起源和法治传统不一样，但是二者关于法学的基本观点无非包括神权说、自然法说、分析实证法学以及后来兴起的社会法学派。陈顾远教授认为法家学说将天意和政治相结合，天意和自然法实际上就有相通之处，天意的本质就是自然规律。"顺从一个人的本性和顺从普遍的本性"在传统中国法律文化中就表现为"天理"。诚如范忠信教授所言："在古代中国人的心中，天理是存在于宇宙间的不以人的意志为转移的客观真理、正义或公道。"[3]汪习根教授对"天理"的总结颇为全面："在价值论层面，法理学意义上的'理'意指国家政

---

〔1〕 北京大学哲学系外国哲学史教研室编译：《古希腊罗马哲学》，商务印书馆1961年版，第375页。

〔2〕 陈顾远：《中国法制史概要》，商务印书馆2017年版，第52页。

〔3〕 范忠信、郑定、詹学农：《情理法与中国人》，北京大学出版社2011年版，第279页。

治和法律构成的基本原理。其次，从来源的角度看，法理学意义上的'理'指的是特定国家根据自身实际和本土经验而厘定的定理。再次，从效力论层面观察，法理学意义上的'理'指涉的是事前预设的、不可置疑的，并具有最高决断力的始源性公理。最后，从论证程序考察，法理学意义上的'理'涵摄的是法律论证过程中所体现的内在道理。"〔1〕在现代司法活动中，"天理"可以被理解为常识或者常理，社会普通民众由于共同的生活习惯、共同的文化传承所形成的共同的行为或者思想的规范，能反映普通民众基本的诉求，也是一种约定俗成的公共认识。在司法活动中，法官既是法律职业共同体成员，同时也是社会公共生活中的一分子，司法者对法律规定的内容当然熟稔于心，但显然常识或者常理的外延是大于法律规定的，法律规定当然不应与普通民众的公共认识相悖。在刑事司法中对于情理法融通的研究应当着眼于传统法律文化中"天理"的内核，并结合时代背景发掘其在现代刑事司法中的新意蕴，培养普通民众的法正义感。

三、相对稳定的"国法"

刑事司法的情理法融通中的法实际上不是孤立的"国法"，本书已然申明"天理""人情""国法"并非互不相关的，三者反而是三位一体的关系。亚里士多德对于法治的经典定义为："法治应当包含两重意义：已成立的法律获得普遍的服从，而大家所服从的法律又应当本身是制定得良好的法律。"〔2〕从亚里士

---

〔1〕 汪习根、王康敏："论情理法关系的理性定位"，载《河南社会科学》2012 年第 2 期。

〔2〕 [古希腊] 亚里士多德：《政治学》，吴寿彭译，商务印书馆 1965 年版，第 199 页。

多德对于法治的经典定义中已经能够看到在大家所服从的法律中已经含蓄地出现了情理的要素。这一观点也为日后西方法学理论界中自然法学派和分析实证法学派旷日持久的论战提供了学理上的支点。亚里士多德的"法的统治"与"良法之治"的观点逐渐生发为理想主义法治观，后世所讨论的基调也基本在上述两个法治观点的框架之内。所谓的"法的统治"来源于亚里士多德对150多个城邦进行实证调查研究后得出的结论，即共和政体下实施的法律是没有感情的，人难以克服本性中的感情因素，他认为法律作为一种没有感情的智慧应当是最优良的统治者。[1] 当然，亚里士多德在阐释法治观的过程中也不得不面对一个流传至今的难题，即法律在形式和内容上如何克服所谓的"恶法"。[2] 对于何谓"良法之治"的思考顺理成章地成为亚里士多德法治观的另一个重要方面。他认为符合正义和道德要求的良法是法治的前提，还将正义界分为自然正义和法律正义。亚里士多德的法治观成为西方法学和政治学的营养槽，后世对于法治观的讨论不论双方的分歧多大，几乎都不会直接否定亚里士多德的经典论著。古希腊的斯多葛学派（Stoic）也提出了朴素的自然法观点——自然法代表了理性。公元6世纪初，古罗马的查士丁尼编纂的《国法大全》以及法学家集团的出现极大地繁荣了罗马法的发展，他们所树立的私法的概念和原则成为后世资产阶级"人人平等""天

---

〔1〕［古希腊］亚里士多德：《政治学》，吴寿彭译，商务印书馆1965年版，第163、171页。

〔2〕 亚里士多德援引了人治观念，主张君主政体较为有利的人说，法律只能订立一些通则，当国事演变的时候，法律不会发布适合各种事故的号令。任何技术要是完全按照成文法的通则办事，当是愚昧的。这种观点是主张人治而反对法治的，面对这个问题，亚里士多德的回答是运用理智作为补助，在此基础上，他进一步开始了对于何谓良法的思考。

赋人权"等原则的理论来源。法治虽然也经历了诸如中世纪的附庸于神学以及纳粹的"违反基本道德原则的无效的法"的末法时代，但是总体而言，西方话语体系中的对于法律的认识都能溯源至上述经典理论的范畴。我们能够看出在西方法治思想的源头中，一方面强调"法律是最优良的统治者"，另一方面也阐明法律包含了正义与道德的因素。此后长期存在的自然法学派和分析实证法学派不论之间如何论战，大抵都是讨论良法或者恶法是否属于法律，而不会否认法律在社会治理中的作用。

随着法治现代化进程的展开，对西方法律制度的移植基本上取代了中国传统法律制度，目前的司法理念也几乎来源于西方，但是显然，当代中国的刑事司法实践与中国的传统法律文化产生了理念上的冲突。刑事司法实践中集中出现了引发巨大舆情的个案正是冲突的体现，天津大妈摆摊被控非法持枪案、内蒙古王力军无证收购玉米案、农民采摘兰草案、陆勇代购抗癌药不起诉案其实都是"形式理性"和"实质正义"冲突的结果，这类刑事案件"生动地反映了我国当前司法实践中形式主义的司法逻辑，并由此而与社会公众的常识形成深刻的对峙。"[1]从天津大妈摆摊被控非法持枪案的一审判决结果看，其并没有直接违反法律规定，但是司法的结果却让普通民众在情感上难以接受。正如天津市河北区人民法院副院长后来所言，这个案子在判决之时并没有过多从情理上进行考虑。[2]从刑事司法教义学的角

---

[1] 陈兴良："刑法教义学的逻辑方法：形式逻辑与实体逻辑"，载《政法论坛》2017年第5期。

[2] 参见"法院谈射击摊大妈获刑：判决时从情理上考虑得不多"，载中国日报中文网，http://cnews.chinadaily.com.cn/2017-01/18/content_27993029_2.htm，最后访问日期：2020年7月23日。

度出发,在"国法"的尺度之内使得司法的结果符合普通民众对于公平正义的理解,是刑事司法中的重要问题。

刑事司法中情理法融通的"国法"是以权利义务为核心的规范,它的外在特征表现为严谨的逻辑和形式。法律的主要特征就是形式理性。而这种形式理性要求司法判决是基于法律的内在逻辑推导出来的。但是由抽象的法律推导而来的判决结果本身也可能就是在"形式理性"和"实质正义"之间价值选择的结果。我们在刑事司法中面临的现实困境是,强调逻辑和形式的"国法"并不总能满足所有人对于公平正义的理解,过于注重"人情"和"天理"又会冲击法律的稳定性,这显然不是在刑事司法中实现情理法融通的初衷。现实中也确实有学者发出了这样的质疑:"倘若我们发现中国基层司法的主要运作逻辑既不是法治的逻辑,也不是礼治的逻辑,而是治理的逻辑;不是规则导向的,而是结果导向的,是实用主义甚至机会主义的,我们如何在这样的逻辑上提炼一套关于规则的理论——因为实用主义和机会主义本来就不是遵守规则,而是利用规则。如果这样的司法理论或者法学理论不是关于规则的,而是关于反规则甚至是潜规则的,那它还是司法理论或者法学理论吗?"[1]面对这种现实困境,中国法学家的主流观点是,法律本身的稳定性确实会导致其在面对社会的急遽变化时可能力有不逮,由于司法的过程需要兼顾政治主张、社会舆论、道德背景等要素,这样的司法似乎形而上有余而实操性不足,甚至可能导致司法的过程中存在随意和主观的情况,盖因政治主张可能会变,社会舆论也可能

---

[1] 赵晓力:"基层司法的反司法理论?——评苏力《送法下乡》",载《社会学研究》2005年第2期。

多元化,道德背景也因人而异,那么这样的司法自然缺少具体的实施方法。根据陈金钊教授的观点:"法律调整是通过法律规制思维、支配行为,进而实现对社会矛盾的化解。由于社会复杂多变,促成了三种基本的法治思维模式:一是面对复杂社会,以简约的法律进行调整,即'以简约应对复杂'。二是面对变化的社会,在'以不变的法律应对千变万化的社会'。三是'持法达变',但根据法治要求,需要万变不离其法。这里的'持法'意味着,面对复杂多变的社会,实现法治的目标不能随便改变;法治的精义不变;法律的稳定性、法律意义的固定性等不能轻易改变;面对众多的调整社会关系的规范,规范选择的法律至上不能改变。'达变'包括法律意义的变化,而且也包括法律所调整社会关系的改变。'持法达变'的思维方式能削除权力行使的任意性,克服随机应变所导致的法律的不确定性,维护法律意义的稳定和安全性。"[1]一定时期内的稳定性是法律的本质特征之一,对其稳定性的尊重是法治社会的应有之义,但是文本意义上稳定的法律并不意味着其在司法过程中的僵硬和滞后,实际上也只有相对稳定和可预测的法律才能更好地调整社会关系,社会关系的不断变化发展是客观事实。因此,法律一方面要维持其稳定性,另一方面也要适应不断变化发展的社会。在刑事司法过程中,司法理念和司法原则的适当变通并非完全禁绝,只不过要警惕司法理念和司法原则的随意变化。在刑事司法过程中,"持法达变"地颁行司法解释在实践中并非罕见,例如,最高人民法院发布的《关于贯彻宽严相济刑事政策的若干意见》规定:"对于偶尔盗窃、抢夺、

---

[1] 陈金钊:"法律如何调整变化的社会——对'持法达变'思维模式的诠释",载《清华法学》2018年第6期。

诈骗，数额刚达到较大的标准，案发后能如实交代并积极退赃的，可以认定为情节显著轻微，不作为犯罪处理。"[1]《最高人民法院、最高人民检察院关于办理盗窃刑事案件适用法律若干问题的解释》也规定："偷拿家庭成员或者近亲属的财物，获得谅解的，一般可不认为是犯罪；追究刑事责任的，应当酌情从宽。"[2]基于家庭成员之间犯罪从宽处理的原则，在敲诈勒索罪、诈骗犯罪等侵财类犯罪中，显然在犯罪数额之外的诸如亲属关系以及积极退赔等情节就成了出罪的路径之一。我们看到，在此类犯罪中的立法并没有发生变化，但是在具体的法律适用过程中，通过运用司法解释，使得司法实现了在具体个案中对天理国法人情的结合。总而言之，"持法"自然意味着我们应当尊重业已成文的"国法"，唯有具备稳定性的"国法"才能建立起法律的权威；"达变"则要求我们在尊重"国法"的前提之下，运用开放思维和司法解释等多种方法，杜绝僵化司法或者机械司法的结果出现。

第二节 刑事司法视野下"情"与"理"关系之辨析

一、不同时代背景下的"情"与"理"

在中国古代社会的司法情境下，"情"与"理"可能作为"人情""天理"单独出现，也可能连在一起作为"情理"被使

---

[1] 参见《关于贯彻宽严相济刑事政策的若干意见》第二十条之规定。

[2] 参见《最高人民法院、最高人民检察院关于办理盗窃刑事案件适用法律若干问题的解释》第八条之规定。

用,其在传统社会司法中的出镜率极高。梁漱溟一针见血地指出:"民间纠纷,民间自了。或由亲友说合,或取当众评理公断方式,于各地市镇茶肆中随时行之,谓之'吃讲茶'。其所评论者,总不外情理二字。"[1]顾元教授也认为:"司法官在天理、国法、人情以及社会习俗等的支配和综合作用下,对案件做出合于现实理性需要的适当性处理,是司法官在以儒家伦理为主流的多元思想、意识指导下,受到诉讼的特定语境和技术制约之下,对于裁判方案的合情、合理、合法性反复权衡与最终确定的过程。"[2]国内学者对于情理的适用大抵是一种客观描述事实的情况,但是国外学者在实然描述的基础之上,对于司法适用中的"天理"和"人情"基本上持否定态度。滋贺秀三认为中国古代司法中的"情理调处"实则是司法随意化的表现,是一种"教谕式调解。"[3]马克斯·韦伯则认为中国古代社会的司法具有"卡迪"[4]司法的性质,这样的司法其实是一种恣意专

---

[1] 梁漱溟:《中国文化要义》,上海人民出版社2005年版,第176页。
[2] 顾元:《衡平司法与中国传统法律秩序:兼与英国衡平法相比较》,中国政法大学出版社2006年版,第13页。
[3] 参见[日]滋贺秀三:《明清时期的民事审判与民间契约》,王亚新、范愉、陈少峰译,法律出版社1998年版,第13~14页。
[4] 马克斯·韦伯认为,西方法律是形式——理性的现代意义上的法律,中国传统法律是更加追求实质结果而缺乏理性的"卡迪"司法,中国古代司法缺乏形式理性,其对于实质正义的考量超过了形式正义。滋贺秀三将中国古代司法总结为"父母官式诉讼",这种诉讼自然也缺乏判决的可预测性。国内并非没有学者赞同上述观点,贺卫方教授就认为"当一个官员判决案件的时候无需关注此前的判决,严格地追求一种确定性的要求是不存在的。相反,官员们关注的是个别案件的解决,……所以每一个案件对他来说必然是一个个别主义的处理模式,而不能是严格按照一套规则来处理。……以至于使得整个的司法过程不足以确立一种确定性的东西。"参见贺卫方:"中国古代司法的三大传统及其对当代的影响",载《河南省政法管理干部学院学报》2005年第3期。

断。[1]上述学者的观点不能说毫无道理,但是我们对于传统司法的适度扬弃早已成为共识,我们今天所要阐释的并不是对中国古代司法传统的全盘继承,而是在新的时代背景之下发掘其中的有益养分为我所用,如果有了这样的认识和定位,我们对于不同时代背景之下的"情"与"理"的梳理则是理所应当的。"人情"与"天理"是古代司法中一以贯之的核心理念,但是,不同时代背景下的"人情"与"天理"的含义并不总是一样的,对"人情"和"天理"的理解反映了一定时期的人伦关系、民间感情、社会现实等,在不同的历史时期、社会背景的影响下,司法受众对于司法过程中"人情"与"天理"的认知也有所区别。

"法不外乎人情"这种朴素共识直接表明了在中国传统社会的观念中,法律必须也应当体现"人情",甚至在"国法"与"人情"发生矛盾的情况下,很多人的第一反应是"人情大于国法"。管子主张:"人主之所以令行禁止者,必令于民之所好,而禁于民之所恶。"[2]"政之所兴,在顺民心;政之所废,在逆民心。民恶忧劳,我佚乐之;民恶贫贱,我富贵之;民恶危坠,我存安之;民恶绝灭,我生育之……令顺民心。"[3]所谓的"令顺民心"即指作为法律的"令"要合乎民情人心。另一个法家代表人物许慎也认为:"法,非从天下,非从地生。发于人间,合乎人心而已。"[4]许慎认为法律其实就是合乎人心的世俗人情,跟其他的"天理""天道"都没有关系。力主严刑峻法的

---

[1] [德]马克斯·韦伯:《儒教与道教》,洪天富译,江苏人民出版社2010年版,第86~87页。

[2] 《管子·形势解》。

[3] 《管子·牧民》。

[4] 《慎子·佚文》,转引自[唐]马总:《意林》。此语又见于《文子·上义》和《淮南子·主术训》。

商鞅也认为:"圣人之为国也,观俗立法则治,"[1]"法不察民情而立之,则不成。"[2]商鞅作为法家的代表人物也无法排除"民情"的适用。孔子曰:"道之以政,齐之以刑,民免而无耻;道之以德,齐之以礼,有耻且格。"[3]孔子对古代社会的法律深深打上了人情和人性的烙印。可以说,先秦时期已经初步形成中华法系的基本品格,也即"人情"作为隐性因素在法律的适用中发挥着显性的作用。汉代晁错认为:"其为法也,合于人情而后行之……情之所恶,不以强人;情人所欲,不以禁民。"[4]也即,晁错认为法首先要合于人情,以情的好恶喜欲作为法的评价标准,这样的好恶实际上是基于全社会的普遍价值倾向。汉成帝时期的最高司法官员廷尉朱博出身低级武官,对于西汉的法律条文自然应当不如文官熟稔,但是:"治郡断狱以来且二十年,亦独耳剽日久,三尺律令,人事出其中。"[5]《汉书·刑法志》作为系统介绍西汉时期刑罚适用的著作,能够较为客观地反映汉代司法官员的刑法观:"圣人既躬明哲之性,必通天地之心,制礼作教,立法设刑,动缘民情,而则天象地。"[6]而在个案的裁判时,又要做到:"如得其情,则哀矜而勿喜。"屡屡被提及的"民情"或者"情"在汉代之前实则是"普通民众之情",在等级森严的封建社会,对于"人情"的理解超越了"贤者之情"或者"王者之情",而将其理解为"众人之情",实属可贵。

《唐律疏议》是我国封建时代立法的代表之作。在《唐律

---

[1]《商君书·算地》。
[2]《商君书·壹言》。
[3] 程树德:《论语集释》,中华书局1990年版,第68页。
[4]《汉书·晁错传》。
[5]《汉书·薛宣朱博传》。
[6]《汉书·刑法志》。

疏议》中,"情"共出现282次,涉及的各篇条文共计104条。[1]《唐律疏议·名例》指出:"仁、义、礼、智,根于道心,性也;喜、怒、哀、乐、爱、恶、欲,发于人心,情也。"[2]这里的"情"显然具有主观意志因素,但是这绝非意味着司法者可以不加限制地使用主观意志因素来裁判案件,虽然在司法过程中要"原其本情",但是这样的司法准则也必须遵循一定的要求。《唐律疏议·断狱》中说道:"诸官司入人罪者(谓故增减情状足以动事者,若闻知有恩赦而故论决,及示导令失实辞之类),若入全罪,以全罪论。"[3]如果司法官员会增减情状,这也意味着情状会作用于客观公正的原则,由此司法官员也要承担责任。此处的"情"显然超越了主观意志因素,具有客观事实的意味。唐代法律条文与汉代法律条文有着直接的渊源关系,《唐律疏议》中关于"情"的表述与含义与汉代并无明显区别。宋代在前朝基础之上,其法律形式得到了极大的发展,程颢认为:"先王之世以道治天下,后世只是以法把持天下。"[4]南宋时期的陈亮在横向比较了汉代、唐代、宋代的法律体系后则直言:"汉,任人者也;唐,人法并行者也;本朝任法者也。"[5]按照陈亮的观点,宋朝就已经实现了法治,当然这种法治和当今所言的"法的治理"还是有着本质的区别,但是在封建时代

---

[1] 刘晓林:"《唐律疏议》中的'情'考辨",载《上海师范大学学报(哲学社会科学版)》2017年第1期。

[2] 《唐律疏议·名例》。

[3] 《唐律疏议·断狱》。

[4] (宋)程颢、程颐:《二程集(上册)》,王孝鱼点校,中华书局2004年版,第4页。

[5] (宋)陈亮:《陈亮集(增订本上册)》,邓广铭点校,中华书局1987年版,第124页。

这种认识本身就已经蕴含了巨大的进步。《名公书判清明集》中记载了南宋判官胡石壁的传世判词："法意、人情实同一体，徇人情而违法意不可也，守法意而拂人情，不可也。权衡于二者之间，使上不违于法意下不拂于人情，则通行而无弊矣。"[1] 法意与"人情"虽然同为一体，合乎"人情"的法律也应当是司法的追求，但是法律的权威先于"人情"，司法官员应当在符合法律规定的前提下作出合于"人情"的判决。明清两代，司法理念和司法官员的素养都有所进步，这当然也直接反映出"人情"在司法中的变化。不得不说，这样的司法理念在受到儒家传统文化浸润的封建时代中已属难能可贵，且这一理念到了清代也得到了很好的贯彻。《清史稿·刑法志》指出"今法司所遵及故明律令，科条繁简，情法轻重，当稽往宪，合时宜，斟酌损益，刊定成书"[2]。清末的变法修律也并未彻底否定"人情"在司法中的作用，清末"礼教派"强烈阻挠新法的理由之一就是他们认为旧律顺乎"人情"，新律既违背了"人情"也不符合中国司法传统。我们在司法理念的流变中能看到一条清晰的"人情"发展脉络，秦汉时期奠定了"人情"属于"众人之情"的价值基准，唐代的司法传统中关于"人情"的理解与汉代有着直接的渊源关系，且"人情"兼具了主观意志的因素和客观事实的含义。宋代的"法治"虽然与我们今天言及的"法治"有着本质的区别，但是对于法律权威的尊重已经让"人情"的重要性有所减退。清代变法修律中的论战完成了中国历史上第一次法治观念的启蒙，虽然这并未从根本上终结中国封建社会

---

[1] 中国社会科学院历史研究所宋辽金元史研究室点校：《名公书判清明集》，中华书局1987年版，第311页。

[2] 《清史稿·刑法志》。

司法传统中的情理适用,但是法律和"人情"之间自此从模糊不清的关系转变为逐步分离。

"天理"在中国传统社会中颇具神秘色彩,比如,西汉时期董仲舒提出了"天人合一"以及"天人感应"的观点,认为"王道之三纲,可求于天。"[1]。这样的理论源泉让"天理"看起来具有了神圣的正义性。在中国传统司法实践中,遵循"天理"意味着尊重作为人本身的价值,司法官员在司法实践中爱民如子,适用法律轻缓得当就是遵循"天理",《周易·系辞上》说:"是以明于天之道,而察於明知故……制而用之谓之法。"[2]由此,法律有了明于天道的哲学意味,明于天道也是"天理"的一种表现,法既然可以"制而用之",也就说明法也是"天理"的一部分,这种观念证明了法只是治世的工具而已,我们常常提及的"无法无天"实际上是"无法无天理"。由于董仲舒提出了"罢黜百家独尊儒术",具有浓厚礼法意蕴的情理在司法中的作用逐渐凸显出来,"天理""人情"在司法中的运用实际上真正肇始于汉代。董仲舒认为:"王者承天意以从事,与天同者,大治;与天异者,大乱。"[3]董仲舒首倡的天人感应在主观上是满足封建王朝的统治需要,而天人感应实际上立基于儒家思想。儒家思想自诞生之初就被印上了浓重的伦理纲常色彩,"法天而立道"实际上就是要符合三纲五常,在这样的背景之下,三纲五常成为"天理"一部分。自汉代以后,"天理"作为伦理纲常的核心与"国法"紧密结合。"天理"与"国法"

---

[1] (汉)董仲舒撰,(清)凌曙注:《春秋繁露》卷十二《基义》(下册),中华书局1975年版,第434页。
[2] 《周易·系辞上传》。
[3] 《汉书·董仲舒传》。

第一章　刑事司法中情理法融通的传统法治资源

的密不可分在宋代到达了顶点,盖因朱熹、程颐、程颢等理学大师都出现在宋代,在理学家的力推之下,作为儒家伦理内核的三纲五常便上升成为自然而然的"天理",这样的"天理"在"国法"之中体现得淋漓尽致,伦理化的"国法"在司法中的体现是明辨是非,是人命关天,是刑罚适用的缓重得当,是爱民如子的父母官式司法。朱熹明确提出:"法者,天下之理。"[1]"礼者,天理之节文,人事之仪则。"[2]朱熹基于其对义理之学的推崇将儒家的三纲五常升华成"天理",认为"天理只是仁义礼智之总名,仁义礼智便是天理件数。"[3]"仁义礼智"作为中国古代社会人们的最高行为标准,按照朱熹的观点,只要违反了仁义礼智的行为都是有违"天理",也是为"国法"所不容的,比如司法官员枉法擅断就是与"天理"相悖。时至明清,随着理学的式微,"天理"至高无上的地位有所弱化,但是在"国法"中所体现出的情理观念早已深入人心,是司法的依据之一。在刑事司法中,"天理"受到了相当程度的推崇和维护。明代学者薛瑄指出:"法者,因天理,顺人情,而为之防范禁制也。当以公平正大之心,制其轻重之宜。不可因一时之喜怒而立法。若然,则不得其平者多矣。"[4]法就是在"天理"和"人情"之间起到防范禁制的作用,法律的适用应当秉持公平正义,应当轻重相宜。至清代,具有"国法、天理、人情"相融通特色的中华法系退出了历史的舞台,清代的司法传统当然与前朝不一样。蒲松龄认为:"讼狱乃居官之首务。培阴骘,灭天理,尽

---

[1] 《朱子大全·学校贡举私议》。
[2] 《朱子大全·答曾择之》。
[3] "答何叔京",载《晦庵先生朱文公文集·朱子语类》卷(上)。
[4] (明)薛瑄:《要语》,(清)陈宏谋:《从政遗规》录。

在于此，不可不慎也。"[1]意思是徇私枉法就是灭"天理"，"天理"当然不能灭，这也就"意味着法官要始终保持一种正义的信念，维护社会的公平正义。"[2]这样的思想清晰地表明了清代的司法传统实际上也承继了法律的伦理化。清末的沈家本变法修律在到底是取道新律还是循迹旧法上引发了巨大的争议，中国司法传统中的"天理"和"人情"第一次被拿出来讨论甚至被质疑，守旧派认为新律从根本上动摇了中国司法的根基而应当被抵制。江苏巡抚陈启泰和江西巡抚冯汝骙都以旧律"悉准诸天理人情"[3]为由，呼吁抵制新律。沈家本虽然一直力推法制变革，其本人也认为："新学往往从旧学推演而出。事变愈多，法理愈密，然大要总不外'情理'二字。无论旧学、新学，不能舍情理而别为法也。"[4]通过以上梳理，我们能够清晰地发现"天理"作为中国古代司法中的重要因素，其核心就是贯穿古代社会的伦理纲常。一方面其象征着至高无上的自然法则，另一方面其又具体地表现为维系封建社会的伦理原则。从汉代开始，其从抽象的"天"向最高原则的"天理"转化，进而成为司法者断狱的依据，宋代的理学家将其推向了传统司法体系的顶点。形成于漫长的历史进程中的中华法系在清代的谢幕也证明"天理"这一司法准则发生了变化，虽然"天理"依然是司法中不可或缺的考量因素，但是"国法"显然占据了更加重要的地位。

---

[1] （清）蒲松龄：《聊斋志异·冤狱》。
[2] 王利明：《天理　国法　人情》，载《法制日报》2012年8月1日，第10版。
[3] 故宫博物院明清档案部编：《清末筹备立宪档案史料（下册）》，中华书局1979年版，第859页、867页。
[4] （清）沈家本：《历代刑法考》，第2240页。转引自刘新主编：《中国法哲学史纲》，中国人民大学出版社2005年版，第370页。

二、"情"与"理"在传统司法中的兼顾

虽然我们梳理了"人情"与"天理"在不同时代背景之下的内涵演进路径，但是需要注意的是，"人情"与"天理"在中国传统司法理念中从来都是密不可分的，与司法也并不是二元对立的关系。传统司法语境下的"人情""天理""国法"是一个互动与协调的动态过程，顾元教授提出："司法官在天理、国法、人情以及社会习俗等的支配和综合作用下，对案件做出合于现实理性需要的适当性处理，是司法官在以儒家伦理为主流的多元思想、意识指导下，受到诉讼的特定语境和技术制约之下，对于裁判方案的合情、合理、合法性反复权衡与最终确定的过程。"[1]这种所谓的互动与协调的过程就是展现中华法系独特风格的过程，虽然"天理""国法""人情"是三位一体的关系，但是实际上这三个概念中只有"国法"可以被直接感知，"人情"和"天理"的具象到底是什么并没有确定的可见形态。"天理"让"国法"披上了神圣与权威的外衣，对"天理"拥有解释权的统治者可以藉由"天理"的名义来论证"国法"的正当性，而"人情"的含义也并不总是明确具体的，且不同的时代背景之下三个概念也会发生变化。范忠信教授将"国法"比作一个孤岛，"天理"和"人情"则是孤岛之外的此岸与彼岸，这也就是"天理""国法""人情"的三位一体，这样的三位一体表现在司法中就是我们对于裁判结果的要求是"情理法兼顾"，虽然这样的理想化要求能否得到实现未置可否，但是这

---

〔1〕 顾元：《衡平司法与中国传统法律秩序：兼与英国衡平法相比较》，中国政法大学出版社2006年版，第13页。

样的要求确实反映了传统司法的至高境界。

正是由于威严而稳定的"国法"需要兼顾"天理"和"人情",甚至在一些个案中存在"原情曲法"的现象,在儒家文化沁润下成长起来的司法官员在"天理""人情"与"国法"发生冲突时最后往往会选择"国法"。"合情合理合法"这样的说法本身就反映了人们对这三者的作用及地位的认识,"合法"是除却情理以后的最终考量,这也导致了中国传统社会并不总是"缘法而治",虽然在传统中国司法官员裁判案件时有多重标准,但是其在总体上不会跳脱出儒家的伦理纲常范围。这样的多重标准不意味着混乱失序,一般来说,如果严格按照法律条文来裁判的结果是符合大多数人关于"天理""人情"的一般感觉的,只有在僵化地适用法律条文而违背了常人理解的正义时才能转向"天理""人情"以寻求实质正义,也就是司法实践不能没有底线和限度地向"天理"和"人情"让步,司法应有必须坚守的原则。

(一) 断罪引律令

在司法过程中兼顾"人情"与"天理"似乎与现代刑事司法的罪刑法定原则的要求不相一致,罪刑法定是现代刑事司法中保障人权的首要原则。其实在中国传统司法实践中也出现过具有罪刑法定意义的主张——"断罪引律令",虽然在司法过程中兼顾情理是中国传统司法的共识,但是这并不意味着我们的司法实践没有以法为准绳的传统。"断罪引律令"是晋代三公尚书刘颂提出的,他认为:"人君所与天下共者,法也。已令四海,不可以不信以为教。方求天下之不慢,不可绳以不信之法。"[1]"律

---

[1]《晋书·刑法志》。

法断罪，皆当以法律令正文。若无正文，依附名例断之。其正文名例所不及，皆勿论。"[1]这样的思想实际上与罪刑法定的基本要求具有内在的一致性，更加难能可贵的是，这样的思想并未终于晋代，后世法例中也有关于"断罪引律令"的明确规定，《唐律疏议》规定："诸断罪，皆须具引律令格式正文。违者，笞三十。"[2]在明清的法律中当然也不乏"断罪引律令"的规定，司法官员在评判是非时应该遵守业已成文的法律，如有违反还要受到相应的惩罚。"断罪引律令"的确立，有利于维护司法的公平正义，也是对司法官员裁量权的约束，虽然其受到封建帝制的影响而与现代意义上的罪刑法定有所区别，但是客观上确实对司法实践的发展有着积极的作用。

(二) 情法两平

"断罪引律令"在一定程度上体现了刑事司法的严苛，但是这绝不意味着司法的僵硬，中国传统司法对司法官员的另一个要求就是情法两平。张明敏博士认为："中国古代司法官在裁判时讲情理，并不表明其对法律完全忽视，其最希望的是既依照法律，又考虑情理的因素，使案件的裁判结果'情法两平''情法兼到'。"[3]为了做到情法两平，在传统司法中"引经决狱"则显得尤为重要，也就是在法律没有明文规定的情况下，可以引用儒家传统经典的理念来指导案件的裁判。"引经决狱"要求司法官员不仅要注重法律条文本身的含义，更要充分发现法律

---

[1] 《晋书·刑法志》。
[2] 《唐律疏议·断狱》。
[3] 张明敏："中国传统司法审判制度法文化内涵研究"，山东大学2009年博士学位论文。

条文背后的价值内核，根据《春秋》中"原情定过"所确定的"论心定罪"成为"引经决狱"的重要原则。对行为人作定罪量刑主要根据其原情也就是主观动机来认定，如果主观动机恶劣，即使犯罪未遂也要根据"原情"惩罚，反之，若在客观上违反了法律规定但是其出发点是符合"人情"的就应当对其免予处罚。这样的法律品格决定了在实践中"法无明文规定者，以礼为准绳；法与礼抵触者，依礼处断。"[1]汉代以后，伦理化的司法传统使得情理兼顾成为司法官员内心确信的方法论。中国古代传统的司法官员在接受了完整的儒家教育后，都希望在法律的视野范围之内作出情法两平的判决，实际上，从传世的判词来看，引人赞叹的判词从来不是据引法条清晰明确的，而是兼顾情理进而做到了情法两平。

(三) 亲亲相隐与大义灭亲

"断罪引律令"与"情法两平"是中国司法传统中两个重要的原则，它们分别从严格的法律适用和情法兼顾两个维度构成了中华法系的独有特色。除此之外，中国传统的"以孝治天下"的孝道文化也直接体现在司法中，"为孝屈法"得到褒奖的情形在司法中屡见不鲜，我们不能说这是对成文法的无情反叛，这实际上是孝道文化直接体现在司法中的现实案例。孔子认为："父为子隐，子为父隐，直在其中矣。"[2]这样的亲亲相隐在客观上来说是对法律稳定性的一种破坏，但是由于其符合了传统的伦理秩序进而得到了法律的认可，"自首匿相坐之法立，骨肉之恩废而刑罪多。闻父母于子，虽有罪犹匿之。岂不欲服罪尔，

---

[1] 张晋藩：《中国法律的传统与近代转型》，法律出版社2005年版，第25页。
[2] 《朱子集注》。

子为父隐,父为子隐,未闻父子之相坐也。"[1]亲亲相隐的精神基于儒家经典进入法律规定之中,且在历代法律中都有所体现。为至亲之人隐匿罪行属于人之常情,而亲人之间的互相揭发反而会撕裂人与人之间的天然情感,亲人之间的相互保护也符合人性的基本要求,法律当然不能违背这样的基本要求,"法的起源、发展都脱离不开人性。法因人而生,人在先,法在后,人是法的逻辑起点,法是人类活动的结果。"[2]亲亲相隐实际上使得司法权力在面对亲情伦理时做出了让步,当然这样的让步也是有限度的,历代刑律都明确了谋反等关乎国家利益和统治阶级利益的重罪不适用亲亲相隐。大义灭亲自然是为了更高层面的公平正义而舍弃亲情伦理,在中国传统的家国天下理念的影响之下,亲情伦理当然要为国家利益做出应有的牺牲。大义灭亲的典故来源于《左传》,春秋时期的卫国大夫石碏为了大义,设计将自己助纣为虐弑君夺位的逆子诛杀,这也成了为家国大义不徇私情的来源,这样的大义灭亲客观上维护了封建王朝的统治而成为亲亲相隐的例外。但是我们不得不承认,不论曾经有着多么冠冕堂皇的理由,大义灭亲在现代已经失去了被大肆褒奖的社会基础,大义灭亲违背了人性的正当需求而不应在现代被推崇和鼓励。

三、刑事司法中情理法的理性定位

中华法系绵延千年,其中所蕴含的精神理念早已经深深扎根在了每个中国人的心中,这种独特的法治文化在封建社会构

---

[1]《盐铁论》。
[2] 刘斌:"法治的人性基础",载《中国政法大学学报》2008年第2期。

成了传统司法的独有特色。虽然我们现今的法治几乎都是舶来西方，但是实践证明，西方法治理念下的司法制度精致有余但是并不能总是有效地解决现实问题。我们一方面要着眼于刚性法律规范的完善，另一方面也要回归对情理法融通的柔性关怀。在情理法并不总是高度一致的情况下，这样的柔性关怀更加有益于实现情理法融通。因为"有些事情合情合理合法，有些事情合情合理不合法，有些事情不合理但合情合法，有些事情虽不合情但合理合法，有些事情合情但不合理也不合法，有些事情不合情理却合法，有些事情合理却不合情与法，有些事情既不合情也不合理不合法。"[1]从刘斌教授所总结的情理法的关系可以看到刑事司法中的情理关系的复杂程度，因此我们在厘清"天理""国法""人情"的概念的基础上，重新梳理了"天理""国法""人情"在不同时代背景下的意义演变，而对刑事司法中情理关系的重新审视与思考无疑是建设中国特色社会主义法治体系的重要方面。

刘斌教授将情理法的关系细分为八种，这一分类方法既跟"人情"和"天理"本身难以界定相关，也跟现实社会生活的纷繁复杂有关。我们对上述情理法的八种关系可以作出如下分类：第一是刑事司法对情理的背离。理想中的刑事司法自然应达至情理法融通的境界，但是司法所面对的并不总是立法者预设的社会情况，也正是由于社会的飞速发展迫使根据落后的立法作出的判决可能出现合法但是不合情理的情况。对于在现代刑事司法中是否应当有情理的一席之地或者如何给情理以恰当

---

〔1〕 刘斌:"'亲亲相隐'与'大义灭亲'"，载《社会科学论坛（学术评论卷）》2008年第9期。

的位置一直存在重大争议,毋庸讳言,东西方司法传统存在路线上的巨大差异,东方司法传统的倚重情理的做法在西方司法传统中并未体现得那么明显。西方在经历了启蒙运动后,分析实证主义法学派在与自然法学派的论战中逐渐占据上风,其对于法律规则的重视意味着西方法治进程进入了"绝对严格规则主义"[1]的时代,"国法"成为司法的唯一标准或者依据,对于天理或者人情几乎不予考虑,这样的司法标准或许在西方畅行无阻,但是在思维方式和价值观都不一样的遥远东方,显然稳定的"国法"并不是司法的全部,甚至在传统中国司法中"天理"与"人情"的社会规范作用超过了"国法"。相较于稳定的传统社会,现代社会的价值观念和实践情况当然更为复杂,鸡犬相闻的传统社会大抵是基于乡土的熟人社会,诚如费孝通先生的研究指出,"天理""人情"作为道德规范,其对于社会的规制要甚于法律规则。滋贺秀三说:"中国古代的法律就如同漂浮在情理海洋上的冰山,法理与情理相通,法律的空隙依靠情理来填补,法律的运用尤其靠情理来调节。"[2]在这样的传统影响之下,是否符合"天理""人情"成为刑事司法中不得不考虑的重要因素。实践中,合法却不合情理的情况在刑事司法中并不罕见,这些合法却不合情理的司法结果所引发的巨大争议无疑实证地印证了刑事司法对情理的背离在中国可能会遇到问题。现代社会的迅速发展使得刑事司法所面临的情况远远比传统中国的要复杂,法律作为一种社会治理方式,和道德之间

---

[1] 徐国栋:《民法基本原则解释——成文法局限性之克服》,中国政法大学出版社2001年版,第189~196页。

[2] [日]滋贺秀三等:《明清时期的民事审判与民间契约》,王亚新、范愉、陈少峰译,法律出版社1998年版,第122页。

出现了鸿沟,这样的鸿沟是注重程序和逻辑的现代司法与传统中国的司法理念之间背离的结果。这样的背离在传统中国几乎不可能出现,但是在现代刑事司法中,司法与情理的背离几乎成了一种必然,精密的立法技术和司法所遵循的严谨逻辑所要面对的对象是普通民众,这样的受众群体受传统伦理道德的影响颇深,司法者拥有了智识上的优越地位,其不论是有意还是无意都容易忽视"天理""人情"在司法中的作用和地位,这样的分离实际上也是司法中的常态。我们并不能一味要求所有案件的审理都实现情理法融通,这既不科学也不现实,合乎"国法"还是我们在绝大多数案件中的第一考量,我们也应当适应大多数案件中的国法与情理分离,这是现代刑事司法的基本要求,也是罪刑法定的直接体现。

第二是情理与司法的融汇。既然在刑事司法中对情理的背离并不总是会取得预期的司法效果,流传千年的司法理念也不会在朝夕之间发生改变,加之这也是当代中国法治现代化进程中无法回避的问题,因此,在刑事司法中融入情理无疑是契合当代中国法治文化的可行之路。从西方东渐而来的法律概念、法律体系和传统中国的司法理念之间产生冲突是正常的,我们当然应该契合时代进步的脚步,发现情理中的有益养分和新的内涵。"天理"和"人情"在不同的时代背景之下有着不同的意蕴,其在当代中国自然也应当有着崭新的内涵,特别是在法治中国的顶层设计中,要将社会主义核心价值观揉入"天理"和"人情"之中,要将司法的智慧和中国的问题结合起来,以历史的眼光和现实的角度来全方位思考刑事司法中情理法融通的应然性和必然性,而不能粗暴武断地否定情理在刑事司法中的作用,因为这样的否定"不但割裂了法律赖以生成的社会基础,而且必然导致法律的逻辑因为背离生活的逻辑而被束之高阁。日常生活将以其执拗的秉性对待并撕裂法律的边界,而法律只能徒具外壳,它虽然可能被镂之金石、公之于众,但不可能嵌入民魂、矗立民心。"[1]基于特定的社会基础之上的司法本来就来源于情理之中,只有这样的司法才能够矗立民心从而指导、规范我们的日常生活。在刑事司法中,特别是对疑难复杂案件的审理,实际上就是相对稳定的"国法"和相对主观的"天理""人情"的一种价值平衡。在刑事司法的过程中,控辩审三方基于职能的不同天然存在争议,即使是在认罪认罚的刑事司法活动中,控辩双方对于量刑情节的争议也是允许的。纵然法律规定清晰明确,但是立法者不可能未卜先知地预测所有社会变化,况且这不仅仅是立法者的问题,由于司法者法律素养、社会阅历、个人喜恶不同,司法的结果也可能会出现不同的样态,司法结果作为一个确定的结论呈现出来,其背后自然是司法者在"国法"和"天理""人情"之中做出的选择。就像司法与情理的分离一样,司法与情理的融汇只不过是司法和情理之间的思维方式不同而已,这样的选择在西方可能并不困难,但是在注重实质正义的中国,特别是在冲击了情理底线的案件中就可能会成为问题。坦言之,虽然有不同的观点和声音,但是在法理学界和法史学界,应当在司法活动中实现情理法融汇已经成为大部分学者的共识,张晋藩教授曾言:"法合人情则兴,法逆人情则竭。情入于法,使法与伦理相结合,易于为人所接受;法顺人情,冲淡了法的僵硬与冷酷的外貌,更易于推

---

〔1〕谢晖:"法治思维中的情理和法理",载《重庆理工大学学报(社会科学)》2015年第9期。

行。法与情两全,使亲情义务与法律义务统一,是良吏追求的目标。"[1]张晋藩教授的观点具有一定的代表性,情理作为本土法治资源的一部分,它应当是司法的评价标准之一,司法在本质上其实也是一个价值判断的过程,虽然司法者应当遵循一定的司法规则,但是其实其也是在裁量的过程中表达对某种行为赞许或者谴责的过程。譬如对于个案中是否构成正当防卫行为的认定,司法者虽然大抵上是在现有成文法的框架之内进行裁决,但是不可否认的是其中包含着司法者对于正当防卫这一行为本身的赞许或者否定。司法者的这种赞许或者否定在一定程度上也体现为对情理的认知。

不论是司法与情理的分离还是二者的融汇,其实都是现阶段的司法环境下必须面对的现实情况。从另一个角度看,对于刑事司法中情理的分离抑或是融汇的思考都证明了情理在司法中的重要性,具体无非是在司法过程中哪一种价值处于更高位阶的评判和选择。但是到底什么才是"良法",在不同的时代、不同的文化背景、甚至同一时代同一文化背景之下的不同案件中,都没有一个确凿无疑的标准,这样的分类或者讨论本身就带有一定的主观性。我们这样的分类和讨论当然不是在提倡恢复中国古代的司法传统,这只是对司法现状的一种实然性描述。普通民众的正义观也深深嵌入了情理的因素,普通民众对一些疑难复杂案件的裁判结果发声的本质其实是对刑事司法中情理应有的作用的最好诠释,在这样的案件中,司法者沁润人心的说理其实也是裁判结果最后能否得到普通民众的认同的关键所在,特别是在刑事司法文书几乎全部公开的当下,司法者

---

[1] 张晋藩:《中国法律的传统与近代转型》,法律出版社2005年版,第94页。

拥有裁判的权力，普通民众自然也拥有评判的权利。可以预见，在未来相当长的一段时间内，司法与情理的关系都将是刑事司法关注的焦点问题之一。实践中新近出现的案例已经给了我们答案，至少在当代中国的司法实践中，只有"通过情理对法律的注入和法律对情理的吸纳，法治意义上的'合法性'概念才能转化成为切合中国国情的实质合法性（正当性）观念，古代中国法天理、人情、国法三位一体的复合身位由此方能进化为当下法治合规范性、合价值性与合社会规律性的三重统一。"[1]

第三节 东西方法治传统视野下的情理法融通

情理法融通在古代司法中并不是一个研究问题，而是一个被司法官员推崇的司法方法，在这样的观点影响下，历朝历代都诞生了饱蘸情理法的经典案例，时至今日仍有学者希望从这些经典案例中发掘镜鉴当代司法的有益养分，为当代司法注入中华法系中的温暖底色。现代刑事司法有着引以为傲的严谨逻辑和精密结构，司法实践中对于情理法如何融通并没有确凿无疑的标准可资借鉴，目前有关设想仅存在于学者的书斋思索和实务工作者的呼吁之中。这样的思索和呼唤一方面是因为传统司法的影响深远，另一方面也是因为实务中出现的典型案例让我们不得不重新检视刑事司法中实现情理法融通的必要性。在缺乏明确细致的司法技术的情况下，刑事司法中的情理法融通作为一种司法的政策或者

---

[1] 汪习根、王康敏："论情理法关系的理性定位"，载《河南社会科学》2012年第2期。

导向，当然可能会遇到一些问题，而对于这些问题的认识恰恰是我们能否实现情理法融通的关键所在。

一、情理与自然法的异同

陈顾远先生认为："中华法系为世界最古之法系，有其悠远长久之历史，及卓尔不群之精神，在世界各大法系之林中，独树一帜。"[1]"中国固有法系源于天意而有自然法精神"。[2]根据陈顾远教授的观点，天意与自然法精神也有着暗相曲通之处。虽然东西方法治传统的起源不一样，但是都有着同样的对于公平正义的理解和渴望，在司法中遵循人的本性成为共同的准则之一。"法即天理的观念，有些近似于西方的自然法观念"[3]《不列颠百科全书》对于自然法作出了如下定义："就一般意义而言，它指全人类所共同维护的一整套权利或正义。作为普遍承认的正当行为的原则来说，它通常是'实在法'，即经国家正式颁布并以一定的制裁来强制执行的法规的对称。"[4]从这一定义能看出来，自然法的价值内核就是全人类共同维护的正义，自然法与人类的理性相通，不论是源自于东方的情理观念还是肇始于西方的自然法都承认世界上存在着某种难以名状的真理，这种真理的本质就是公平正义。不论是东方还是西方的司法传统，其对于公平正义的追求都是一样的，二者所不同的是达至

---

〔1〕 范忠信、尤陈俊、翟文喆编校：《中国文化与中国法系——陈顾远法律史论集》，中国政法大学出版社2006年版，第540页。

〔2〕 陈顾远：《中国法制史概要》，商务印书馆2017年版，第52页。

〔3〕 范忠信、郑定、詹学农：《情理法与中国人》，北京大学出版社2011年版，第28页。

〔4〕 中国大百科全书出版社《简明不列颠百科全书》编辑部译：《简明不列颠百科全书》（第9卷），中国百科全书出版社1986年版，第344页。

正义的方式或者思路有所区别。中国传统司法对于实质正义的追求甚于一切,这也是情理入法的原因之一;而西方对于实质正义的追求藉由程序正义实现。这也导致了在中国的司法传统中,"天理""国法""人情"是密不可分的,伦理人情经由儒家经典成为司法官员裁判案件的准据之一,或者说法律的制定者实际上就是饱读诗书的儒家学者,这些学者在接受了儒家经典的教育之后,其在立法中不可避免地带入了伦理色彩。这样具有伦理色彩的法律首先考虑的并不是其是否符合公平正义,而是论证或者演绎在森严的等级制度下立法和司法的合理性。西方的司法传统是试图不断地去定义或者明确什么是"自然法",其探索在本质上不是为了界定自然法的内容,而是在更宏大的层面上思索自然法与制定法的关系,并以此作为依据批判或者肯定制定法。

"天理"作为抽象的概念是最高的自然法则,依据天而存在的理自然是神圣而永恒的。"人情"作为传统中国民间生态的基本要素,其在熟人社会的重要性超越了制定法,是庙堂之外解决纠纷的最为重要的参考标准。当传统中国司法官员援引情理时往往意味着对制定法的突破,或者说只有适用制定法明显不符合普通民众对于公平正义的理解时才有了情理法融通的空间和土壤。情理是传统中国支配社会运行的至高法则,它虽然抽象但是又具象地反映了中华法系影响下的民众对于公平正义的理解和追求,它平之如水地对所有人发生着潜移默化的作用,情理脱胎于至高的天道并超越了制定法成为一种全民认可的观念。自然法的核心理念之一就是"合乎理性",从古希腊开始,人们将宇宙理解为人的理性和神的有机整体,人的理性是连接人和神之间的桥梁,理性就是西方人认为的美德,法律作为一种基本的社会治理方式自然也要合乎理性。启蒙运动之后，自然法中的神学色彩逐渐褪去，人们对宇宙的认知也更加科学，自然法的价值回归到人的理性，这样的变化也导致了旷日持久的自然法学派和分析实证法学派之间的论战，虽然分析实证法学派曾一度占据了上风，但是因恶法亦法而最终导致的结果让我们发现自然法学派对于法律价值本身的研究很有必要。虽然自然法在不同的学派和时代中的含义并不相同，但是谁都不会断然否定公平正义在人的基本理性中的重要地位，而公平正义实际上是制定法之上的价值属性，也是超越制定法的永恒追求。相较于确定的实体法，它虽然源自于世俗生活，但是由于其从宗教信仰演化而来也具有神圣意义。这种形而上的神圣意义和最高存在的情理实际上都是制定法之外的理念所系。自然法的思想实则构成了西方法治思想的理论源泉，美国法学家昂格尔说："法律秩序得以产生的第二个主要条件就是存在一种广泛流传的信念，在不那么严格的意义上，可称其为自然法观念。它包括了一些把规则与描述结合在一起的、普遍适用于各种社会形态的原则。"[1]情理作为中国司法传统中最为重要的因素，在普通民众的心中甚至超越了实体法成为最高的理性，我们在法治现代化的过程中，无法主观地对这一重要的法治文化基因视而不见，而应当深入发掘其当代意义，从而培养普通民众的法治信仰。不论是源自于东方的情理还是滥觞于西方的自然法，实际上都承认法律与上天有着内在联系，因此其具有天然的神圣性。作为更高位阶的"人情"与"天理"契合了自然法则，

---

[1] [美]昂格尔：《现代社会中的法律》，吴玉章、周汉华译，中国政法大学出版社1994年，第68页。

由此也高于实在层面的立法与司法,它是中国人追求公平正义的直接显现,而西方的自然法的终极目的也是追求公平正义。情理和自然法经过长期的理念浸染,在普通民众的日常生活中构建起作为价值判断标准的基座,并形成了评判法律是恶法还是良法的基本逻辑。不论立法还是司法,情理都借由这样的标准和逻辑具备了从合法性走向合正义性的理由。

我们发现,虽然情理与自然法存在着理念上的内在一致性,但是毕竟东西方是两种路径迥异的法治传统,中国传统司法中重要的情理因素与西方法治思想中的自然法相比,二者之间更多的还是差别。我们当然不是说这种差别存在着好坏的区别,它只是思维方式或者是社会治理模式之间的区别,也正是这样迥异的思维模式造成了东西方司法理念上的差异。在儒家思想印照之下的传统司法的内核是伦理纲常,传统司法的第一目的仍是为了论证或者维护封建社会阶级的统治,这样的特性显然已经与现代社会的司法需求不相符了。在传统司法中,法律从未成为治国的依据,反而一直都是治国的工具。工具意义上的司法实际上并不过于关注法背后的价值,法是"庆赏刑威之具"。[1]传统司法中的"国法"与"人情""天理"纠葛不清,这也是在刑事司法中开展情理法融通研究的原因之一,"国法"与"人情""天理"一直并未泾渭分明地区分开来。从本质上看,"人情""天理"的内核就是"王道之三纲,可求于天",[2]这样的"人情""天理"其中蕴含的浓重的伦理色彩为西方自然法思想所不具备。自西方司法从中世纪神学的泥沼中走出后,西

---

[1]《朱子大全·尧典象刑说》。
[2]《春秋繁露·基义》。

方自然法的核心要义是"人人生而平等""程序正义""社会契约"等内容,而包含了情理的中国传统司法甚至可以被定义为"伦理法",这当然是东西方司法传统中显而易见的区别,该区别自然不是先进抑或是落后的评判标准,对于这一问题,陈顾远先生的精辟论述或许可以作最好的注解:"中国固有法系之神采为人文主义,并具有自然法象之意念;中国固有法系之资质为义务本位,并具有社会本体之色彩;中国固有法系之容貌为礼教中心,并具有仁道恕道之光芒;中国固有法系之筋脉为家族观念,并具有尊卑歧视之情景;中国固有法系之胸襟为弭讼之上,并具有扶弱抑强之设想;中国固有法系之心愿为审断负责,并具有灵活运用之趋向。"[1]从陈顾远先生对于中华法系的精彩论述可以看出,中华法系蕴涵的人文精神实际上也是传统司法的文化性状,这样饱含人文精神的司法传统从官方到民间都得到了认可和践行。虽然在现代刑事司法中应当优先考虑"国法"的适用,这是罪刑法定原则的基本要求,但这也就引出了下一个问题,情理与"国法"间的融通或者绝对分离是不是非此即彼的关系,是不是要绝对地排斥情理在刑事司法中的适用。陈忠林教授在梳理了西方自然法学和实证法学后认为,只有坚持以普通民众共同认可的常识、常理、常情作为基础,法律才可能反映人民的意志和自由而得到普遍遵守。[2]情理作为中国本土法治资源中的重要因素,与自然法有类似之处但是之间更多的仍是区别,我们通过管窥情理在中国司法传统中的角色,有

---

〔1〕 范忠信、尤陈俊、翟文喆编校:《中国文化与中国法系——陈顾远法律史论集》,中国政法大学出版社2006年版,第540页。

〔2〕 陈忠林:"'恶法'非法——对传统法学理论的反思",载《社会科学家》2009年第2期。

益于建构其在当代司法中的作用,即便我们的法治体系确实几乎移植自西方,但是源自于中国传统司法的情理作用不能被忽视。当然,我们并不是要试图使当代中国司法打上伦理纲常的烙印,而是希望赋予情理以实在的内容,以情理作为抓手来解决我们在刑事司法中遇到的新问题。

二、情理与罪刑法定原则

罪刑法定原则号称"犯罪人的大宪章",其核心要义就在于保障人权,通过稳定的成文法来界定出罪与入罪的范围,其在制定和施行的过程中并不过多考虑情理的适用。从罪刑法定的本身内涵来看,其似乎也和情理没有交集。刑事司法过程中的合法律性成为司法者最优先考虑的因素,至少在中国当代的刑事司法中,情理似乎愈渐边缘化,但是正义并不是司法者的个人标准而是一定的文化背景之下的普通民众从情理角度出发所认为的正确观念。[1]也正是由于这样的原因,刑事司法实践中有一些判决表面上完全符合罪刑法定的要求,但是却缺乏情理熨贴而导致了普通民众对司法的质疑。近年来,在刑事司法实践中集中出现了一批引起巨大舆情的案件,这些个案虽然不能证明刑事司法出现了问题,但是至少对于我们反思刑事司法何以实现个案正义具有样本意义。在法治中国的顶层设计已然成型的今天,我们却发现诸如陆勇代购抗癌药不起诉案、天津大妈摆摊被控非法持枪案、山东于欢案、内蒙古王力军无证收购玉米案、昆山龙哥反杀案、福州赵宇正当防卫案等案件引发了

---

〔1〕 参见许章润:《法学家的智慧:关于法律的知识品格与人文类型》,清华大学出版社2004年版,第188页。

全民激辩，这样的讨论和激辩是司法者对于罪刑法定的坚守和普通民众对于"天理""人情""国法"的理解路径选择。在互联网和新媒体的推波助澜之下，由这类案件所引发的负面情绪裹挟着民意汹涌而来，对于这一问题的反思，"山东于欢案"具有重要的样本意义。"2016年4月13日，吴学占在于欢母亲苏银霞已抵押的房子里，指使手下拉屎，将苏按进马桶里，逼其还钱。当日下午，苏四次拨打110和市长热线，但并没有得到救助。次日，由社会闲散人员组成的10多人催债队伍来到苏银霞的工厂对其辱骂、殴打。苏银霞的儿子于欢目睹其母受辱，从工厂接待室的桌子上摸到一把水果刀乱捅，致使杜志浩等四名催债人员被捅伤。其中，杜志浩因未及时就医导致失血性休克死亡，另外两人重伤，一人轻伤。2017年2月17日，山东省聊城市中级人民法院一审以故意伤害罪判处于欢无期徒刑。于欢不服一审判决提出上诉。2017年6月23日，山东省高级人民法院认定于欢属防卫过当，构成故意伤害罪，判处于欢有期徒刑5年。"[1]于欢因刺死辱母者在一审中被判处无期徒刑后引发了滔滔舆论，实际上，如果严格地遵循罪刑法定的原则，一审判决无可指摘，但是因为这个案件所涉及的情理因素触及了普通中国人的底线，因此，于欢刺死辱母者不仅仅只是一个法律问题，它上升到了法律视野内的情理问题。二审法院经过开庭审理依法改判于欢有期徒刑5年后，高铭暄教授评论到："于欢案二审裁判文书充分考虑了天理、人情等伦理道德因素，体现了司法裁判遵循'国法'不违'天理'合乎'人情'。"[2]表面来看，这似乎仅仅是个案，但是这样

---

[1] 参见山东省高级人民法院（2017）鲁刑终字151刑事附带民事判决书。
[2] 高铭暄："于欢案审理对正当防卫条款适用的指导意义"，载《人民法院报》2017年6月24日，第02版。

第一章　刑事司法中情理法融通的传统法治资源

引发全民关注的个案却是检验刑事司法实践的试金石，司法者应当考虑的是如何才能让每一个司法案件都符合公平正义的要求，而不能以罪刑法定作为借口和挡箭牌，拒绝刑事司法中的情理法融通。显然，罪刑法定原则不足以解决我们在刑事司法中遇到的所有问题。

　　罪刑法定原则是刑事司法中所必须秉承的重要原则，也是遏制司法机关可能存在的入罪冲动的关键所在。根据《中华人民共和国刑法》第三条之规定："法律明文规定为犯罪行为的，依照法律定罪处刑；法律没有明文规定为犯罪行为的，不得定罪处刑。"[1]从法条本身来看，罪刑法定原则似乎仅仅停留在规则之治的层面，但是诚如亚里士多德所言："法治应当包含两重意义：已成立的法律获得普遍的服从，而大家所服从的法律又应当本身是制定得良好的法律。"[2]法治的要义还应当还包括良法之治，而良法之治要求：司法者必须根据这一要求，结合个案裁判的具体事实与语境，运用科学的法学理论与法律思维，妥善地解释与适用在形式上表现为抽象规则、在内容上反映抽象正义要求的法律规范，追求个案裁判结论的妥当性与裁判理由法律论证的充分性。[3]良法之治既然要求司法符合良善的要求，那么情理作为浸润于中国普通民众内心的重要法治文化传统要素，其在良法之治中当然有着重要的作用，可见，在良法之治的法治思想影响之下，罪刑法定与情理法融通并非是非此

---

〔1〕　参见《中华人民共和国刑法》第三条之规定："法律明文规定为犯罪行为的，依照法律定罪处刑；法律没有明文规定为犯罪行为的，不得定罪处刑。"

〔2〕　[古希腊]亚里士多德：《政治学》，吴寿彭译，商务印书馆1965年版，第199页。

〔3〕　参见张翔："形式法治与法教义学"，载《法学研究》2012年第6期。

即彼的关系。

情理法融通和罪刑法定原则之关系的讨论实际上也是有关实质主义法治观和形式主义法治观孰优孰劣的讨论,[1]刑事司法的过程亦会面临着各种司法理念的权衡和取舍,这样的权衡和取舍是正常的也是必要的,我们需要注意的是现阶段的刑事司法理念是否顺应当下中国的国情和特色,而非是在实用主义的驱动下,陷入对于司法理念的争执与对立中。"天津大妈摆摊被控非法持枪案"、"山东于欢案"等案件的全民发声似乎并不是因为普通民众有多么关心司法,更可能是因为其引发了社会不同阶层对公平正义实现方式的怀疑。"作为一种法律文化因素,情理将伴随刑事司法始终。其实,刑事判决的合情理性与罪刑法定原则并不相悖,相反他们总是有机融合在一个正义的裁判中。"[2]实质主义法治观和形式主义法治观的讨论于短期内不会有盖棺定论的结果,但是如果在刑事司法中奉法条为绝对的圭臬,使得刑事司法的过程变

---

[1] 顾培东在总结了国外学者关于法治意识形态的基础上,将当代中国法治观总结为理想主义法治观与实用主义法治观,参见顾培东:"当代中国法治共识的形成及法治再启蒙",载《法学研究》2017年第1期。陈金钊亦从整合法治思潮的角度展开了对于形式法治和实质法治的研究,并坚定地站在了形式法治的立场对实质法治进行了批判。参见陈金钊:"魅力法治所衍生的苦恼——对形式法治和实质法治思维方向的反思",载《河南大学学报(社会科学版)》2012年第5期。李树忠则认为,中国共产党不断调整治国方式,其从全党共识型的"以党治国"导致"人治弊端"后,开始重视"法制"建设,在实现了"形式法治"的基础上,力图从"形式法治"迈向"实质法治"。参见李树忠:"迈向'实质法治'——历史进程中的十八届四中全会《决定》",载《当代法学》2015年第1期。国内学者从我国自身传统和现实司法实践出发对于实质法治和形式法治的讨论颇多,在此不赘,江必新的观点颇有启发,他创造性地提出确立"经由形式正义的实质法治观"的主张,意图在形式法治与实质法治中寻求一种妥协,消弭两者之间的冲突。参见江必新:"严格依法办事:经由形式正义的实质法治观",载《法学研究》2013年第6期。

[2] 郭百顺:"刑事司法裁判合情理性与司法公信力",载《福建法学》2014年第1期。

得过于程序化和逻辑化，至少在当下中国可能会遇到一些水土不服的问题。可以说"天理""国法""人情"在刑事司法中应当予以融通是普通民众关于法治的共识之一。还有一个需要明确的问题是，我们的法治应当是精英司法还是面向普通民众的司法，我们认为既然法律是为了界定全民的义务、保障全民的权利的，那么其面向的对象自然也是全体民众，而情理恰恰是凝聚了全体民众共同情感的因素之一，司法的过程如果断然拒绝了情理对于国法的沁润作用，以罪刑法定原则排斥情理的关怀，这可能会使得司法者居高临下地具有了先入为主的观念，躲在罪刑法定的知识壁垒后拒绝对个案正义作过多的思考。我们已经看到了由这样的司法理念所导致的结果，罪刑法定原则在诸如"山东于欢案"的这类案件中就遇到了来自普通民众的反对。近年来，司法实践中的一系列正当防卫案件已经激活了《刑法》中的正当防卫条款，在"福州赵宇正当防卫案""退伍女兵反杀案""昆山龙哥反杀案"等案件的催化之下，刑事司法终于及时作出了有力的回应。司法者开始关注在个案中当公力救济缺位时私力救济的恰当性和及时性，司法者的眼光开始离开冰冷的法条本身而关注案件发生时的紧迫性和被动性，司法者开始鼓励法要向不法亮剑，司法者改变了此前以事后的理性推定事发时状况的标准，不再以一个居高临下的超然标准去要求一个有血有肉的普通人在紧急状况下依然要先思考五秒钟。最高人民检察院第一检察厅厅长苗生明在2021年全国两会前夕接受澎湃新闻采访时称："数据显示，2017年至2020年，认定正当防卫不批捕案件合计524件529人，不起诉案件577件585人；认定防卫过当不批捕案件合计156件156人，不起诉89件89人，起诉365件391人。其中认定正当防卫不捕不诉案件呈逐年上升趋势，2018、2019年每年均比上年翻一番。"〔1〕"司法实践中广泛流行的'圣人标准论''事后诸葛论''对等武装论''唯结果论'等司法逻辑思维,使得《刑法》第二十条正当防卫条款在相当程度上沦落为'僵尸条款',正当防卫个案的司法裁判没有彰显司法应有的温度与热度,当然也不可能得到公众的认同、理解与支持。"〔2〕

情理当然是东方法治传统中的重要底色之一,但是这绝非意味着在西方的法治传统中完全没有情理因素,古希腊悲剧《安提戈涅》中有句名言:"法律之内,应有天理人情在。"这样理念奠定了自然法的人本主义基础。自然法学派与分析实证法学派的区别就在于自然法学派强调自然法高于制定法,制定法如果不是以人性作为基础,不符合公平正义的要求,那就是恶法非法,这与法律之中应当有情理的东方法治传统具备类似之处。对于罪刑法定原则和情理关系的思考更多地出现在个案中,但是这些疑难复杂的个案也恰恰是实现司法公正的关键所在。罪刑法定原则既是人权的保障也是对公权力的限制,它不是为了追求整体意义上的法律的稳定而牺牲个案的正义,因为司法所追求的"社会效果和法律效果的统一"实际上更关注个案的正义。在法治社会中,罪刑法定原则的基本要求是尊重法律本身的权威,这一点在司法过程中毋庸置疑,但是这只能保证司法的结果符合法律的规定而无法保证个案同时也符合公平正义的要求。司法过程的最低要求是司法者遵循罪刑法定的基本要求,在法律

---

〔1〕 参见"最高检第一检察厅:羁押率创历史新低,扩大适用取保候审制度",载澎湃网,http://m.thepaper.cn/quickApp_jump.jsp?contid=11495704,最后访问日期:2021年2月28日。

〔2〕 参见梁根林:"罪刑法定原则:挑战、重申与重述——刑事影响力案件引发的思考与检讨",载《清华法学》2019年第6期。

条文本身的框架之下理解和适用法律；其更高要求是司法者在面对个案不正义时充分考量情理因素，在刑事司法中实现情理法融通。刑事司法应当惩恶更应扬善，司法的结果绝非是司法者的孤芳自赏，而更应当考虑作为说理对象的内心感受。特别是在面对着争议极大的疑难复杂案件时，罪刑法定原则的适用也应当融入情理因素，杜绝以危害结果作为评价标准。在依靠司法者的社会经验、阅历、良知，并坚持罪刑法定原则的前提下，统筹法律效果和社会效果的关系，甚至我们提倡在某些疑难复杂的个案中，司法者应当勇于超越固有的思维藩篱，基于一定的价值评判标准对案件进行实证论证，在论证中揉进道德观念、习俗传统、价值判断等实践中的理性。这样的论证当然也不是恣意和没有原则的，我们认为首先要坚持情理释法的主体是司法者而不是普通民众；其次，只有在个案中为了达至公平正义的司法目的，弥补法律本身的滞后性的情况下才有吸纳情理的空间；再次，在刑事司法中进行情理法融通需要遵循既定的司法程序。罪刑法定原则和情理之间的关系在西方不一定是个问题，但是在中国，是司法实践中无可回避的问题，这是传统司法与当代司法之间的勾连，更是推动中国的法治实践走向伟大的必然历程。

三、民意在刑事司法中的作用

虽然在各种类型的案件中都或多或少有着民意的影子，但是这一问题在刑事司法中表现得尤为明显，这显然是因为刑事司法关乎人的生命和自由，在生命和自由面前，普通民众心底的情感共鸣更容易被激发。遗憾的是，我们所讨论的刑事司法中的民意在实践中几乎都处于一种紧张或者对立的状态。民意表现为普通民众的一种公共理性，凝聚的是生长于同一个文化背景下的老百姓对于公平正义的朴素认识，这种朴素认识里自然包含了情理，因此刑事司法中的民意与情理法的融通有着密不可分的关系。普通民众对于是非对错有着基本共通的朴素认知，"天理""人情"的理性共识是民众信赖司法的基础，这样的理性共识就是司法过程中的民意。随着互联网技术的飞速发展以及自媒体的崛起，一些包含了社会民生和亲情伦理等要素的挑动公众神经的个案容易发酵并吸引民众的关注，虽然这样的关注本身并不足以动摇司法的结果，但是对于司法者在潜移默化中还是有一定影响的。司法的过程实际上是高度的专业化、需要严格遵循"三段论"[1]的司法推理过程，在审理时还要贯彻直接言词等原则，要认真审查、判断证据，亲历繁复的法庭调查和法庭辩论后才能得出结论，且需要对结论进行详尽的说明。然而，民意的形成往往只需要点一把火，其中不可避免地掺杂了主观臆断的因素，普通民众往往基于自己的情理观以及其匮乏的法律常识对不完整的案件进行评价，这就从源头上无法回避结论的主观性。[2]

  本书的思考当然不应止步于此，本书还在结合司法传统的前提上对刑事司法中的民意有着理性认知以及进路探索。这一问题实际上在古代中国并没有出现，因为在中国的古代社会中并没有专门的训练有素的法官，司法者在裁判案件中遵循的伦理人情实际上与普通百姓没有太大区别，但是今日的司法者在裁判案件时已经有了一整套完整的程序和遵循的规则，而没有经过司

---

[1] 司法三段论是司法活动中的推理方式，也是最基本的司法方法之一，它的基本构造为：法律规范是大前提，案件事实为小前提，进而推导出结论。"完美无缺的三段论"为意大利刑法学巨擘贝卡利亚所推崇，贝卡利亚是现代刑法学之父。

[2] 参见徐阳："'舆情再审'：司法决策的困境与出路"，载《中国法学》2012年第2期。

第一章 刑事司法中情理法融通的传统法治资源

法技术的培训的普通民众所做出的评判依然颇具伦理性。本书不是在否定这样的差异,实际上正是这样的差异证明了我们的司法职业化已经取得一定的成功,法官思维方式和普通大众的思维方式是不一样的,可是我们不能因这样的差异对司法实践中出现的问题置之不理。民意的存在是中国当代刑事司法实践中无法回避的问题,审判独立是法治社会的基本共识,但是不论我们是否愿意承认,民意与司法之间都客观存在着千丝万缕的关系。

"在西方,正义的形象为一蒙眼女性,白袍,金冠。左手提一秤,置膝上,右手举一剑,倚束棒。束棒缠一条蛇,脚下坐一只狗,案头放权杖一支、书籍若干及骷髅一个。蒙眼,因为司法纯靠理智,不靠误人的感官印象;蛇与狗,分别代表仇恨与友情,两者都不许影响裁判。"[1]在Sheppard诉Maxwell案中,Sheppard被控杀妻,自1954年案发至庭审时,各种评论和报道铺天盖地,这种未经审判确认的民意自然也可能影响到陪审员的判断,1966年联邦最高法院经过重审推翻了原判认定Sheppard无罪,重审法官认为:法庭应当在规则允许的范围之内采取保护措施使得司法程序免受外界干扰,起诉者、律师、证人以及受到程序制约的人都不应影响正当程序的运行,当那些未经证实的报道以及与律师之间的合谋达到可能会影响刑事审判的程度时,其应当受到法庭的谴责,法庭亦可以采取措施进行规制。[2]众所周知的世纪大案辛普森杀妻案,在判决结果尚未作出之际,媒体所做的调查就显示超过80%的民众认定其杀害了妻子,开庭之前对于辛普森案已经民意鼎沸,但是辩方抓住了控方取证中的问题成功

---

[1] 冯象:《政法笔记》,江苏人民出版社2004年版,第96页。
[2] Shepherd v. State of Florida, U. S. 50 (1951).

排除了非法证据。在几乎全美国人民都认定辛普森有罪的情况下,法院顶住了巨大的压力认为该案没有达到"超越合理怀疑"的证明标准从而作出了无罪判决。为了平息民意,当时的美国总统克林顿甚至发表了讲话请求美国人民对陪审团的认定结果予以尊重,并将此案称之为司法的胜利,辛普森杀妻案成为透视美国刑事司法系统绕不过去的经典案例。看起来美国的司法实践似乎是排斥和抗拒民意的,那么民意在西方的法治传统中是不是就没有存在的土壤和可能呢?此时我们又不得不正视另一个问题,言论自由是美国的宪法权利,其也被视为美国人民最为重要的权利之一,任何人都有随意发声的自由和可能。在这样的前提下,显然不能奢望司法和民意之间自觉地划清界限,唯有制度层面的努力可以消解猜测和怀疑,也唯有制度的确立和遵守才是真正的法治。所以美国刑事司法实践采用了包括改变审判地点、隔绝陪审团成员、延后审理等办法以希望尽量减少民意的影响。美国司法系统中的陪审团在认定事实方面起到了至关重要的作用,且陪审团成员大多是未经过专业训练的司法者,其受到民意影响的可能性也更大,这些普通社会民众考虑更多的是法律之外的正义。陪审团的存在也是自然法意识进入司法的一种途径,是防止司法专断、维护正当情理、追寻个案正义的一种方式。美国律师协会为了凸显律师组织在类似案件中的作用专门颁行了一个手册,该手册要求律师组织对于批评法官不准确的言论要有回应的方案,因为这些不准确的评论无益于司法权威。当然,也只有在这样的批评是严重失实时,律师组织的介入才是应当的。[1]对于民意与司法的关系大

---

〔1〕 转引自孙笑侠、熊静波:"判决与民意——兼比较考察中美法官如何对待民意",载《政法论坛》2005年第5期。

第一章 刑事司法中情理法融通的传统法治资源

可不必一刀切之，通过制度性的设计引导民意进入司法的限度，使民意以一种"参与者"的身份亲历刑事司法的过程，并在刑事司法可能走向正义的对立面时及时发出自己的声音。

刑事司法与民意在追求公平正义的初心上是一样的，只不过其各自的标准或者说实现方式有所差别。拉德布鲁赫认为，法律在违反正义达到不能容忍的程度时就应当向正义让步。我们所讨论的民意当然也就是在个案违反正义达到不能容忍的时候，诸如在普通案件中应当仁不让地适用国家法律，这样看起来美好的愿景似乎很容易实现，但是对于何谓正义、何谓不正义缺乏明确可见的判断标准，微观意义上的个案正义与宏观层面上的稳定法律很难说孰优孰劣。退一步说，虽然民意追求的是正义，但是民意就一定代表正义吗？就连伟大如博登海默都说："正义是一张普罗透斯似的脸，变化无常，随时可呈现不同形状，并具有极为不同的面貌。"[1] 在价值观没有统一标准的情况下，如果正义本身的内容就不明确，即便刑事司法与民意追求正义的初心是一样的，如何追求正义会不会成为法律人一厢情愿的愿景就成为一个问题。

刑事司法应当关注民意的存在和作用，这是中国的现实也是司法的经验和教训，更是为司法政策所确认的。我们应当警惕的是打着民意的旗号恣意干预刑事司法的做法，应当杜绝的是以个案正义的理由去否定法律规范的稳定性的行为，这当然不是我们所追求的在刑事司法中实现情理法融通的初心所在。民意若要参与司法不能是随意的以及毫无章法的，应该遵循一

---

[1] [美] E. 博登海默：《法理学：法律哲学与法律方法》，邓正来译，中国政法大学出版社1999年版，第240页。

定的程序借由司法表达其对于正义的追求。譬如人民陪审员制度就是民意进入司法的制度设计，人民陪审员作为不具备专业法律知识的普通百姓参与庭审，其已内在地包含了作为民意的代表监督刑事司法的制度意义，人民陪审员更多地会从情理融通的角度来评判个案。遗憾的是，在目前的刑事司法中，人民陪审员陪而不审成为一种常态，这也就阻隔了在一些疑难复杂个案中民意进入司法的可能性。而在美国，陪审团成员遴选自没有法律专业背景的普通民众，陪审团成员只认定案件事实，法官则负责法律适用。这样的分工不仅仅体现在制度设计层面，还贯彻到了刑事司法实践中，在辛普森杀妻案中认定辛普森不构成故意杀人罪的就是陪审团，陪审团在刑事司法实践中的作用可见一斑。由美国律师协会颁行的手册亦是有益的他山之石，对于司法制度和司法者的肆意评判甚至攻击当然不利于树立司法的权威，作为法律职业共同体的律师应当在必要的时候站出来捍卫法律的尊严，不能煽动或者引导舆论走向法治的对立面。强世功博士十多年前就已然追问："如果我们没有共同的法律语言，对法律没有共同的理解，没有共同的社会信念，没有共同承担社会责任的勇气和能力，由谁来支撑我们的法治大厦？由谁来抵制专断权力的任性？由谁来抵制暴民政治带来的无序和混乱？"[1]我们可借鉴美国律师协会的做法，在刑事司法与民意产生重大分歧的时候，律师协会可以在现行法律框架之内为普通民众答疑解惑，通过础润无声的方式引导民意回归法治的路径上。

---

〔1〕张文显、信春鹰、孙谦主编：《司法改革报告：法律职业共同体研究》，法律出版社2003年版。

第二章　刑事司法中情理法融通的法理阐释

"法不容情"是很多人反对在刑事司法中实现情理法融通的原因和理由，这样的思维方式显然是没有看到法律背后的社会基础，虽然法律的逻辑和日常生活的逻辑是不一样的，但是法律的存在和适用都处在一定的社会背景之下，若忽视了特定的社会背景而只看到冰冷的成文法则会导致"它虽然可能被镂之金石、公之于众，但不可能嵌入民魂、矗立民心。"[1]而"法内容情"却又会在一定程度上冲击罪刑法定原则，会有妨于法的稳定性，导致追求个案正义的出发点可能在更大程度上违背了基本法理。不论是"法不容情"还是"法内容情"的思维都应当立足于基本的法理，也只有坚实的法理基础才是在刑事司法中实现情理法融通的依据。

第一节　司法理念之先行

一、情理与司法的良性博弈

刑事司法实践中的现状几乎都是裁判结果与普通民众内心

---

[1] 谢晖："法治思维中的情理和法理"，载《重庆理工大学学报（社会科学）》2015年第9期。

的朴素正义观相冲突的，加之传媒进一步的推波助澜，全民开始呼唤有没有一种方式能够实现个案的实质正义。即使这样的个案最后确实实现了法律效果和社会效果的统一，但是每一次这样的争论或者质疑实际上是对法治的一次次伤害，而这样的个案可能就此湮灭在法治的进程中，但是也可能在下一次的讨论中被重启对比。我们遗憾地发现，当代中国的刑事司法与情理之间总是以紧张关系呈现在普通民众面前，我们为什么总是一定要在迫不得已时用情理倒逼实质正义的出现，我们为什么不能在刑事司法中树立科学的司法理念以实现刑事司法与情理法融通的良性博弈。我们常常以宏大叙事来探索如何实现社会整体层面的公平正义，但是个案正义当然也是实现社会整体层面的正义所必不可少的条件，对于每一个个案的关注当然也是司法者的职责所系。刑事司法与情理之间的博弈常常存在于事实认定和法律适用两个方面，对于案件事实的认定当然是决定刑事司法结果最为关键的因素，但是司法者和普通民众在认识案件事实方面显然存在着信息不对称的情况。例如，"河南大学生掏鸟案"就是因信息不对称导致正义被质疑的典型案例，普通民众对于大学生闫啸天掏了10多只鸟被判了10年半的有期徒刑的结果，相较于贪污受贿等犯罪，都觉得情理上难以说通进而引发了极大的争议。2015年12月1日，河南省新乡市人民检察院通过官方微信"新乡检察"作了情况说明，明确闫啸天等人掏的鸟不是普通的鸟，而是国家二级保护动物燕隼。闫啸天本人虽然是大学生，但是其也加入了"河南鹰猎兴趣交流群"；闫啸天在出售涉案鸟类时并非毫无主观认识而是标明了是阿穆尔隼。案件事实并不是最初媒体公布出来的"大学生假期闲来无事自家门口掏鸟窝"[1]这么简单。这就是一个典型的司法者和普通民众之间由于事实认定存在差异而招致舆情汹汹的典型案件。在互联网高度发达的今天，这样的个案只会越来越多，这当然对司法机关发布信息的能力提出了更高的要求。另一种情况则是因司法者与普通民众对于法律适用认知存在差异所导致的司法与情理的博弈。例如，"山东于欢案"中，司法者和普通民众对于事实的认定没有什么差别，但是在于欢是否构成正当防卫以及是否构成防卫过当的问题上存在重大分歧，这样的分歧也引发了普通民众对于司法目的的不信任。

情理与司法的博弈也是中国法治传统与"移植"而来的法律体系之间的博弈。这自然有法律文本本身落后的原因，法律一经制定就已经落后于社会发展，在社会转型期的当下中国，我们不能完全寄希望于朝令夕改的立法以对接或者迎合民意，我们更应该考虑的是在立法时充分考量当代中国的社会背景，并在生涩难懂的法律概念揉入本土的情理因素。除却立法的因素，司法者在司法过程中经过了严格的训练后，其眼中只有法律规则和法律技巧，其严格秉持的"三段论"司法方法使得案件事实和法律规范之间的论证变得简单，但是这样一来，藏在案件背后的社会价值观的冲突与平衡、立法本意的思索与探求都会变得可有可无，而正是这种缺憾使得司法者只考虑判决的合法性而忽略了合情理性，这种缺憾当然也会加剧司法和情理之间的博弈。面对着司法和情理的博弈，我们一味地苛求立法和司法显然是不公平的，法治中

---

[1] "7.14 河南大学生掏鸟案"，载百度百科，https://baike.baidu.com/item/7.14%E6%B2%B3%E5%8D%97%E5%A4%A7%E5%AD%A6%E7%94%9F%E6%8E%8F%E9%B8%9F%E6%A1%88/19664492?fr = aladdin，最后访问日期：2020 年 9 月 17 日。

国的建设当然离不开普通民众法治观念的进步，情理与司法中的模糊界限是中国古代司法的重要特点。一旦司法的结果与民众的内心期许不一样时，司法者求助于情理的行为会得到官方以及普通民众的赞许，正是这个特点造就了今日司法与情理的博弈。但是在当下中国的法治实践中，全面依法治国已经成为全中国自上而下的自发追求，意味着法治应当成为全民的生活方式，[1]普通民众的法治观念在不断的普法中也与传统观念渐行渐远，这也是刑事司法能够与情理进行良性博弈的前提之一。

刑事司法就是在纷繁的事实和相互矛盾的证据中认定事实并正确适用法律，这一过程实际上要求司法者不但要熟稔法律规定，更要具备丰富的社会阅历和敏锐的洞察力，特别是在一些疑难复杂案件的审理中，还需要司法者兼具悲天悯人的情怀。相对稳定的法律当然不可能涵盖社会生活的所有方面，这也是秉持法无明文规定不为罪的原因之一，因此当法律规定相对不明晰或者新类型的社会纠纷出现之时，刑事司法和情理之间的良性博弈显得异常重要，在法律精神的底线之内以情理作为调剂来实现司法与情理的良性博弈成为最为合适的方式。司法从来就不只是对法律的解析和适用，司法所要面对的不断变化的社会和复杂的人性，"司法行为的社会学理论，整合了其固有战略算计、情感（对这个或那个结果的强烈偏好常常反应或创造出一种情感承诺）和群体走极端等；它横跨了司法行为的经济学和心理学理论，两个有所重叠的理论……"[2]我们更不能要

---

〔1〕 李德顺："让民主法治成为我们的政治文明"，载《学习与探索》2013年第7期。

〔2〕 [美]理查德·波斯纳：《法官如何思考》，苏力译，北京大学出版社2009年版，第32页。

求所有的司法者都是冰冷的审判机器，不同的年龄、性别、背景、经历都会让司法者对情理有着不同的认知。疑难复杂案件的审理实际上就是司法者的眼光在法理与情理之间游离的过程，这也是刑事司法与情理进行良性博弈的过程，这个博弈的过程也最为考验司法者的智慧。2006年发生在广州的"许霆案"引发了极大争议，6年后，广东惠阳出现了一起与"许霆案"极为类似的案件，也被称为"惠阳许霆案"，该案也就是赫赫有名的"广东于德水案"。其判决书一度被称为"伟大判决"，该案法官在一审判决书中进行了极具人文色彩的说理。纵然在理论上可能存在争论，但是刑事司法与情理的博弈在司法实践中是一种无法回避的实然状态，理论应当指导实践而不能在无尽的争论中消耗普通公民对于实现公平正义的信心。刑事司法中屡屡被提及的实质正义到底能否实现本身就是个不确定的问题，本书讨论的刑事司法与情理的良性博弈当然不是以情理观念冲击成文法，而是指司法者在法律框架内应考虑如何以情理抚慰僵硬的法律，找到司法与情理之间的最大公约数。很多人反对刑事司法应当与情理进行良性博弈的原因在于司法与情理只能择其一，实际上情理更多的时候只是一种价值观的选择，最后会表现为对法律规范的抉择，情理只是作为说理或者证成的理由。刑事司法与情理的良性博弈为冰冷的司法过程注入了源自东方的人本主义关怀，司法的最佳标准或许不是固守罪刑法定原则，而是"理性地审视非理性过程"。刑事司法与情理的良性博弈鼓励司法者敢于作自由裁量，刑事司法中没有考虑情理而招致滔滔舆论的个案几乎都是因为司法者不敢进行自由裁量。因为在现行的司法体制之下，这对于司法者而言是最安全的，正是这些对司法者来说最为安全的个案引发了普通民众对司法整体层面缺乏安全感。"徒法不足以自行"是我们对于法治的基本共识，司法者要善于在疑难复杂个案中重视对法律的解释，司法者应当以形式正义为前提，以实质正义为追求，运用高明的司法智慧使得法律的解释在个案正义与公共利益之间找到平衡点。司法者在作出了判决后也不是一判了之，对于普通民众的质疑和责难不能漠然处之。当刑事司法的结果为大多数普通民众所难以接受时，甚至开始有危及司法权威之虞时，司法者对普通民众质疑的及时回应就成为一种必要。2020年4月，媒体网络报道某企业高管鲍某某涉嫌性侵自己未成年的"养女"，这一报道触及社会的人伦底线并引起了普通民众的极大关注，网络上一边倒的声音要求严惩鲍某某。公安机关商请检察机关提前介入，对于"被害人"韩某某以及媒体报道的情况展开调查，后经过依法讯问当事人、询问相关证人并调取各类书证后，"2020年9月17日，最高人民检察院、公安部联合督导组通报鲍某某涉嫌性侵韩某某案调查情况。经全面深入调查，现有证据不能证实鲍某某的行为构成性侵犯罪。且查明韩某某2015年3月，韩某某和其父亲提供虚假出生证明和证人证言，申请更改了出生日期。"[1]自案件发生以来，本案因触及了中国人的人伦底线而引发了全民的关注，各种声音一时充斥网络，司法部门的及时发声和回应极大地维护了司法的权威。这样的回应当然是刑事司法和情理进行良性博弈的体现之一，它及时地满足了普通民众对于刑事司法的期待，这样刑事司法和天理人情、舆情关注的良性互动，平和理性又不失力度，无疑消解了各种矛

---

[1] "最高人民检察院、公安部联合督导组通报鲍某某涉嫌性侵案调查情况"，载中华人民共和国最高人民检察院网，https://www.spp.gov.cn/spp/qwfb/202009/t20200917_480227.shtml，最后访问日期：2020年9月18日。

盾和偏见，客观上也维护了社会的公平正义。

二、以人为本的司法理念之确立

法治是因体现全体人民利益和意志而得到人民认可的"规则之治"。[1]在法治建设和塑造的过程中，人民不是旁观者而是参与者和建设者，人民对个案的发声和评论也体现着法治观的进步，印证着法治前行的轨迹。因此，我们要在承认法治在国家治理中的重要性基础上更进一步，确立以人为本的司法理念。在法治领域，用社会普遍认同的基本是非观、善恶观、价值观作为我们理解法律、适用法律的基本前提，这就叫作"以人为本"。只有用法治来维护一个社会基本的是非观、善恶观、价值观，和谐社会才可能建立。[2]以人为本的司法理念促使司法能够在个案中追求法律效果和社会效果中的平衡点，儒家文化以和为贵的衡平观念深深烙在我们的法治传统上，这当然不是刻板地将法律条文适用于个案的过程，而是着眼于裁判结果的"实质正义"，从"许霆案"到"广东于德水案"无不体现出"实质正义"在普通民众心目中至高无上的地位。本书无意探讨"形式正义"与"实质正义"的关系，而只是在表述我们法律文化传统中的客观事实。本书所谈论的"实质正义"在刑事司法实践中不仅仅是文本意义上的法条，还掺含了特定的人文特质。这样的特点使得在刑事司法中确立以人为本的理念不仅仅具有历史上的渊源，更有了现实的意义。

---

[1] 李德顺："让民主法治成为我们的政治文明"，载《学习与探索》2013年第7期。

[2] 邓多文："论刑法的合理性解释"，西南政法大学2010年博士学位论文。

"在价值领域中,'人'普遍地居于最高的、主导的地位,是'普照的光',价值就是以人的主体尺度为尺度。一切价值和评价的标准,都是以人为本、在人们的具体历史实践中形成和改变着的。所以我们任何时候谈论价值,都不应忽视这一点。"[1]刑事司法的价值当然也不能否认人的作用,评价刑事司法是否实现了公平正义、是否彰显了良法善治的标准之一当然是以人为本,这也是刑事司法能否走进人心的关键所在。我们都知道"法律必须被信仰,否则它将形同虚设",[2]因为"一切科学对于人性总是或多或少地有些联系,任何科学不论似乎与人性离得多远,它们总是通过这样或那样的途径回到人性。"[3]我们一直所追求的社会效果和法律效果统一的必要前提当然也是尊重和保障人权,如果连尊重和保障人权的要求都无法达到,刑事司法追求良法善治恐怕只是镜花水月。相较于民事诉讼,刑事司法具有鲜明的特征,其面对的社会矛盾是最紧张的,动辄剥夺人的生命和自由可见其严厉程度。在一个法治昌明的现代化国家中,刑事司法的理念绝非仅仅局限于严刑峻法,更在于通过司法的惩罚与教育作用来引导普通民众树立正确的法治观,而正确的合乎人性的法治观则会反过来反哺刑事司法实践。在刑事司法实践遇到困难或者陷入争议的时候,以人为本的刑事司法理念往往会给出解决思路,这也是在刑事司法中树立以人为本理念的意义所在。因为并不是所有的刑事案件都需要贯彻以人为本

---

[1] 李德顺:"价值思维的主体性原则及其意义",载《湖北大学学报(哲学社会科学版)》2013年第4期。

[2] [美]哈罗德·J.伯尔曼:《法律与宗教》,梁治平译,生活·读书·新知三联书店1991年版,第42页。

[3] [英]休谟:《人性论(上册)》,关文运译,商务印书馆1980年版,第6页。

的理念,只有在疑难复杂的个案中,在形式正义和实质正义出现了重大分歧的时候,以人为本的理念才有可能是解决争议的路径之一。事实上,本书所提及的在实践中出现的具有重大争议的案件也确实是由于司法者没有贯彻以人为本的理念导致的。"失去人文精神的支撑和内涵,刑事法治将只剩下空洞的法治外壳,而丧失其内在的价值,甚至导致'恶法亦法'的恶性循环。"[1]刑事司法的强制力对于保障其实施有着毋庸置疑的作用,但是这样的强制力如果不能内化为普通民众内心的自觉遵守和行为指引,显然也难以证明我们的刑事司法真正实现了以人为本。特别是在当代中国的刑事司法实践中,树立以人为本的理念尤其具有特殊的意义。在中国的司法传统和法律文化中,权力的行使向来重于权利的实现,我国的传统刑事司法缺乏以人为本、权力制约的理念,在法律是治国工具的传统观念下,传统中国的法治与本书所谈论的法治显然不同,至少在漫长的传统社会中,刑事司法并没有蕴含人人平等、以人为本、保障人权等文明司法的必备要素。而在当代中国的刑事司法实践中,将作为人的要素融入司法实践已经成为一种共识。苏力教授曾说:"中国现代法治不可能只是一套细密的文字法规加一套严格的司法体系,而是与亿万中国人的价值、观念、心态以及行为相联系的。……中国的法治之路必须依靠中国人民的实践。"[2]在刑事司法中树立以人为本的理念是现代刑事司法的必然选择,我们所正在进行的法治中国的建设也不会断然拒绝在司法中熔铸人文精神,这样的选择和熔铸过程恰恰是法律成为普通民众信仰的过程。

---

〔1〕 张军成、赵龙:"以人为本:刑事法治核心价值观的应然性选择",载《前沿》2013年第1期。

〔2〕 苏力:《法治及其本土资源》,中国政法大学出版社1996年版,第20页。

我们在数千年的司法传统中都过于重视权力而轻视作为人民应享有的权利，而尊重和保障人民的权利却是现代刑事司法的核心。这直接涉及的是我国刑事司法实践中的价值导向问题，可以断言的是，是否尊重和保障人民的权利是判断法治进步的重要标志之一。刑事司法打击犯罪的定位常容易与保障人权的理念产生冲突，如果将打击犯罪置于保障人权之前，那么以人为本的司法理念恐成为奢望。实际上，司法实践中很多冤假错案的出现正是因为将打击犯罪置于保障人权之前，最终这样的案件即使得到平反也会长久地存在于普通民众的记忆之中。以人为本理念的确立也是对公权力滥用的限制，这不仅仅是在刑事司法中能否实现情理法融通的关键，也是衡量我国刑事司法能否实现良法善治的标准。值得高兴的是，司法实践已然开始重视普通民众权利的实现问题，这样的观念转变是以人为本的司法理念的确立前提之一。作为生长于共同文化背景之下的司法者与普通民众虽然在专业知识的拥有程度上并不一致，但是司法者和普通民众有着共同的社会经验与价值观念，这样的社会经验与价值观念实际上都是人性的体现，都根源于人性，因此其应当尊重人的本性并且维护作为主体的人。这样共同的社会经验和价值观念缩小了冰冷的刑事司法和日常生活之间的鸿沟，使刑事司法具有人文主义色彩这一点不仅具有了可能性更具有必要性。赋予刑事司法更多的情理性可有效冲淡刑事司法所固有的刚性色彩，更能体现出以人为本的理念，展现刑事司法者对当事人的人文关怀。[1]

---

〔1〕 宋高初："论刑事司法的合情理性"，载《中国刑事法杂志》2010 年第 1 期。

第二章　刑事司法中情理法融通的法理阐释

时至今日，没有人会直接否认应当在刑事司法中树立以人为本的理念，但是本书思索的重心其实更应当放在如何在刑事司法中灌注人文精神，该路径思索只有基于法理阐释的基础之上才有可能实现。本书认为，刑事司法的说理尤为重要，刑事司法的说理也是情理法融通的抓手。司法者在接受了系统的法学训练后往往容易形成智识上的"傲慢与偏见"，在司法裁判过程中容易有意或者无意地忽略情理因素，"在刑事判决说理的结构要素中涉及法律说理与事实说理，而事实说理长期被忽略，成为刑事判决说理最为诟病的地方，证据简单列举，直接得出结论，缺乏事实与证据之间的对应。"[1]而普通民众基于自己的一般社会生活经验，以"天理""人情""国法"作为评价标准，司法者与普通民众对于实体规范的理解不同是常态，司法者不应傲慢地拒绝回应社会的质疑，也不能担心"言多必失"而拒绝说理。总体而言，不同主体的认知可能有差异，但是受到同一文化传统沁染的人，对于"天理""人情""国法"的总体认识大体上是一致，在这样的前提下，司法者当然不能也不应该摆出高高在上的姿态拒绝和舆论进行互动。这个互动的过程不是讨论和辩论，而应当体现为司法者在裁判文书中的说理。中国古代的司法文书将人性的刻画揉进了法官意见中，基于法官普遍受到了良好的儒家文化的浸润，法官在判词中作道德化的夹叙夹议成为一种常态，在说理方式上也会先动之以情，再晓之以理，最后才会绳之以法，古代判词无不体现出以人为本的"天理"、"国法"与"人性"的有机结合。事实上，古代判词中最为显著的以情动人、以理服人

---

[1] 周芳芳："我国刑事判决说理的场域视角研究"，吉林大学2018年博士学位论文。

的特点正是我国现代刑事司法文书中最为欠缺的部分。就刑事司法文书说理的应然状态而言,在说理中除了要阐释犯罪构成要件之外,确立以人为本的刑事司法理念成为一种必要。在刑事司法文书的说理中确立以人为本的法治观念,要求以人的自然属性为出发点,以人的社会属性为归宿,以承认人性在刑事司法中的作用为前提,构筑我国刑事司法文书说理的价值基座。鉴于人文精神深深镌刻在我国刑事司法之运行机理中,刑事司法文书当然应当体现出中国特色刑事法治的人文精神。以人为本的刑事司法理念自然也要以宏观的价值属性为底色,刑罚作为高悬于公民头顶的威慑性手段,在现代刑事司法理念中其应当是手段而非目的。在禁绝刑讯逼供和保证正当程序已成共识的今天,单纯的威慑作用已非刑事司法的全部意义所在。随着人性研究视角的回归,刑事司法文书中简单罗列事实和证据的做法显然会常常引发非议,若刑事司法文书本质不具有正义、自由、人权等具有人文关怀的属性,那么刑事司法判决也会缺乏相应的价值观导引,也很难真正发挥刑法的"善良公民的大宪章"的作用。况乎以人为本的刑事司法理念也是刑事司法的社会治理功能的一种应然性探索,更为刑事司法实践提供了新的视角、原则与方向,让刑事司法过程从抽象走向具象,让个案中法律规定的模糊地带得以明晰。

三、以和为贵的衡平理念

回溯我国封建时代的法律传统,"厌讼"思想根深蒂固地存在于官方和民间的话语体系中。从《易经》中的"讼则凶",到孔子所言:"听讼,吾犹人也,必使无讼乎。"[1]无须讳言,

---

[1]《论语·颜渊》。

第二章 刑事司法中情理法融通的法理阐释

"无讼"在古代中国司法中是一以贯之的价值取向。历朝统治者无不以"无讼"为追求,统治者颁行的谕令无不是"和乡党""息争讼"等内容。传统中国的法制传统是义务本位,诉讼权利被极大地限缩在有限的范围内,刑事司法的高度发达使得个体的法律权利意识极其萎缩,个体之间的权利义务关系可以用伦理纲常的方式去加以评判。儒家思想进入法律深刻地影响了中国法治发展的进程,《礼记·中庸》曰:"发而皆中节谓之和""中也者,天下之大本也;和也者,天下之达道者"。[1]可以明显看出,追求和谐就是中国古代司法中的合乎情理。从民间到官方对于"争讼"都持排斥的态度,在浓厚的宗法伦理色彩下的中国古代,以和为贵是理想社会的重要标志,诉讼的兴起在一定程度上等同于教化的失败。古代官吏"听讼"的目的并不在于定争止纷,更多的是通过裁判案件的导向来努力追求从"争讼"到"无讼"的转变。在这样的司法文化传统影响下,以和为贵的衡平观念从众多司法理念中脱颖而出并成为本土法治资源中重要的养分来源。传统司法"以和为贵"的价值追求使得司法官员在裁判策略与个案之间追求两造平衡以解决纠纷,"以和为贵"既是裁判的思路也是裁判中的情理所在,司法中的情理法融通的目的也在于"以和为贵"。诚如梁治平所谓:"视古人书判清明者,既具引法条,照例行事,又不拘泥于条文字句,而能够体察法意,调和人情,其所为之判决,因事而异,极尽曲折委婉,这绝不是一味抱持常经所能做到的。"[2]在深受儒家文化影响的中华法系中,司法者作出的"判决"除了旨在

---

[1]《礼记·中庸》。
[2] 梁治平:《法意与人情》,中国法制出版社2004年版,第249页。

解决纠纷，更重要的是通过道德教化达到情理法融通的理想状态，"听讼惟明、持法惟平"成为评价官员正直与否的重要标准。这样的价值导向使得在乡土社会的民间秩序与国家法律制度之间实现了微妙的平衡，也使得国家层面的制度与乡土秩序实现了有机契合。以和为贵的衡平观念成为维系我国古代社会官民话语沟通的基本要素，同时也成为我国传统司法文化中的显著标志。"以和为贵"作为中国传统法律文化中的重要理念是司法官员处理案件的指导原则，在"无讼"的价值取向之下，"以和为贵"成为司法官员的基本价值判断，也是普通民众的共同认识。甚至，从诸多判词看，司法官员可能会放弃引用既定的成文法而用"天理""人情"等内容裁判案件。站在今天的司法实践来看，这无疑是不恰当的甚至是违法的，但是在追求和谐的大前提之下，这样旨在追求"无讼"境界以维护和谐的行为恰恰是司法官员心中以和为贵的衡平理念。这样的衡平理念的价值取向是"公正"与"和谐"，以和为贵是一种价值平衡的智慧，是在不同的法益之间做出取舍以达至司法公正的方式。

中国古代社会是典型的熟人社会，在这样的熟人社会中，人与人之间的关系相对固定，熟人之间的法律作用退而其次，通过发挥宗族等社会组织的作用来解决纠纷是更易被接受的首要选择，在熟人社会中，崇礼重德的儒家文化往往甚于成文法的规定，恢复或维持熟人之间的和谐关系成为首要目标。儒家的三纲五常是维护社会秩序的依据，人与人之间的长幼尊卑关系实际上就是中国传统社会的"自然法"。以和为贵贯彻于熟人社会交往的始终，在该思想的主导下，司法官员也会将以和为贵作为心目中最高的衡平理想。在衡平理想的关照之下，"以和为贵"成为手段和目的的二元一体。但是，如果我们用现代法治社会的标准去进行反思,这样的"无讼"或者"差序格局"其实并不值得推崇,表面上的"以和为贵"实际上要求的是作为个体的个人压抑权利意识,是以伦理标准取代法律标准从而换取一种混沌的"和谐"。近代法学家吴经熊先生并不认同"无讼"的理想,他提出中国法治传统中最为重要的"礼治""无讼"等思想,实际上"有抹杀人格的趋势";他对孔子的"非讼观"进行了猛烈的批判。[1]另一位近代法学家曹德成则认为:中国法治传统中的"无讼"思想实质上是"有义务而无权利,有家而无个人,有干涉而无自由,有差别而无平等,重让而非争。"[2]不论是提倡还是反对,我们无法回避的客观事实是在"无讼"理想关照下的"以和为贵"是中国法治文化的重要特征,且这一理念深深种在了每一个中国人的内心深处。我们所要关注的是,在建设法治中国的进程中,通过理念的选择与扬弃,赋予"以和为贵"以新的内涵和意义,发掘其在刑事司法中的价值所在。比如近年来被大力倡导的修复性刑事责任当然也是"以和为贵"在刑事司法中的体现,修复性刑事责任在最具冲突性的刑事司法领域,以和合来消洱冲突,以和合来修补被破坏的社会关系,体现了现代法文明对传统文化的传承和对优秀文化遗产的吸收。[3]

我们对于"衡平"的理解往往包含了两相兼顾的和谐,在法学领域,"衡平"具有更为深远的意义。"衡平"首先起源于西方法治传统,但是其与中国古代"以和为贵"的法治理念也

---

[1] 参见吴经熊:《法律哲学研究》,上海会文堂新记书局1937年版,第3~10页。

[2] 曹德成:"中国法系研究发微:研究的对象与任务",载《中华法学杂志》1948年第4期。

[3] 毛煜焕:"修复性刑事责任的价值与实现",华东政法大学2015年博士学位论文。

有精神上的相通之处。沈宗灵认为："在西方法学中，衡平（equity）一词也是一个多义词。主要有以下三种相互联系的意义：第一，它的基本含义是公正、公平、公道、正义。第二，指严格遵守法律的一种例外，即在特定情况下，要求机械地遵守某一法律规定反会导致不合理、不公正的结果，因而就必须适用另一种合理的、公正的标准。一般地说，法律中往往规定了某些较宽泛的原则、有伸缩性的标准或通过法律解释和授予适用法律的人以某种自由裁量权等手段，来消除个别法律规定和衡平之间的矛盾，至少将这种矛盾缩小到最低限度。但在有些情况下，也的确会发生'合理'和'合法'之间的矛盾。古代罗马法中就承认这种矛盾并规定由裁判官对这种矛盾采取补救措施。……第三，指英国自中世纪开始兴起的、与普通法或普通法法院并列的衡平法或衡平法院。"[1]沈宗灵认为衡平法弥补了英国普通法过于严格的弊端，司法者针对"个别案件的具体情况根据某种公平、正义的原则加以判决，而不是机械地适用法律从而得出一个违反公平正义的判决。简单地说，衡平就是指对个别案件的公平处理，从某种意义上说，也即授予法官以某种自由裁量权。因而，衡平也类似法律的灵活性，与确定性相对称。"[2]我们讶然发现，传统的衡平法实际上与中国古代司法实践有着理念上的契合，在法律条文的适用可能会导致不正义的结果之时，为了个案正义，可以授予司法者某种自由裁量权。在中国的语境下，衡平也就是在"天理"和"人情"之间实现和谐，努力探索实质正义。"以和为贵"作为传统中国的

---

〔1〕 沈宗灵：《比较法研究》，北京大学出版社1998年版，第208页。

〔2〕 沈宗灵：《比较法研究》，北京大学出版社1998年版，第177页。

司法原则，在今天并非一无是处，相反地，无论是修复性刑事责任制度还是刑事和解制度都体现了"和谐"在刑事司法中的生命力。在"以和为贵"的衡平理念的影响之下，刑事司法不再是冰冷地适用三段论，它更多地体现了诉讼定争止纷的功能，展现了"天理""人情"在刑事司法中的生命力，彰显了刑事司法应有的温度。当刑事司法中的疑难复杂个案需要选择实现实质正义还是形式正义的时候，"以和为贵"的衡平理念或许能给我们提供一个新的视角和思路，当然这只是实现正义的路径之一，对于正义的追求才是我们的理念导向。

第二节　刑事司法中情理法融通的法理基础

一、法理阐释是情理法融通的前提

是否重视法理阐释是当代中国刑事司法和古代中国司法的区别之一，在当代中国刑事司法中，司法者作出裁判应当立足于基本的法理，释明法理是法治社会中司法者的基本技能。"履行宪法法律赋予法官的神圣职责，要求法官在执法办案中必须做好释法理工作，让法律法规、部门规章、党的政策等为人民群众接受、理解和遵循，让人们对自己的行为有合理的预期，并坦然接受自己行为所造成的结果。"[1]在社会经济飞速发展的过程中必然会出现司法者觉得棘手的问题，这些问题考验的是司法者的智慧，更是论证法治的价值能否得到彰显的重点所在。

---

〔1〕 杨琰珂、荆红琴："存天理释法理晓情理"，载《人民法院报》2019年5月26日，第02版。

法律并非万能早已是共识，法谚有云，"法律一经制定，便已经落后于时代了。"法律是立法者在总结过去的经验的基础上对法律文本进行的修正和完善，面对司法的难题，司法不可能拒绝裁判而只能主动地解决问题。司法的过程体现的是一般意义和普遍层面上的公平正义，但是现实生活的千差万别极易导致类案异判或者个案失衡的情况，当类案异判或个案失衡时，法理阐释成为评判法治指数的重要标准之一。

形式理性是法律的最重要特征，亚里士多德曾言："法律是一种'没有感情的智慧'。"[1] 从法律本身的价值而言，"法理是指法律运行的基本原理，是一个国家关乎法律的基本理念，是特定国家根据自身实际和本土经验而厘定的定理。"[2] 司法角度的法理阐释中的"理"是指已经被制定好的，不容置疑的共识性的内在道理，它一定是司法适用中的依据，也是全体民众所共同主动遵守的共识性道理。法律要成为全民的信仰，显然依靠的不是其强制力，光靠强制力保证实施的法律也不是本书所言及的法律的信仰，其更多地应该表现为普通民众自发的遵守和信奉。司法裁判文书作为沟通的桥梁架接了当事人和国家机关，也链接了普通民众和司法者，如果司法者在裁判文书中不进行说理，不理会大家所共同遵守的道理，最终的结果是普通民众不再信任和遵守法律。刑事司法中的情理法融通的价值有目共睹，但是无论如何都要尊重作为本源性的法理，法理阐释的重要性不仅在于最终正确适用法律，更在于当出现了不同

---

[1]［古希腊］亚里士多德：《政治学》，吴寿彭译，商务印书馆1965年版，第9页。

[2] 汪习根、王康敏："论情理法关系的理性定位"，载《河南社会科学》2012年第2期。

主体之间的理解分歧之时,刑事司法中透彻的法理阐释能够体现和树立正确的价值取向。特别是在疑难复杂的个案中,或在"形式正义"与"实质正义"面临两难抉择的案件中,具备人文特质的法理阐释应该是防止机械司法的助力之一,亦是实现"看得见的正义"的可行道路。相较于整体意义上的司法,刑事司法不仅仅维系着社会秩序的稳定,更是直接与公民的自由和生命相关,这也是刑事个案更容易引发舆论关注的原因。刑事司法中应当贯彻宽严相济的刑事政策是司法者的基本常识,当宽则宽意味着刑事司法的法理阐释应当考量谦抑性以及人道性,譬如对于初犯、偶犯的从轻处罚,对于中止犯罪、预备犯罪的减轻处罚,对于未成年人以及老弱孕残行为人的从宽处理,实际上已然就是情理视野之内的法理基础。

刑事司法中情理法融通是以人为本的体现,也是构建和谐社会的表现之一,它杜绝了规则的简单堆砌,承载了公众情感并增加了司法裁判的可接受性。刑事司法中的情理法融通能够增加司法的温度,让正义以一种看得见的方式实现,以一种全新的视角将刑事司法推向一个新的高度。但是与此同时,一个不容忽视的问题就是这样的情理法融通是有着限度和底线的,如果罔顾法理基础而轻言刑事司法中的"天理""人情",就可能陷入司法主观主义的窠臼,更是对罪刑法定原则的冲击。现今的法治与传统中国的司法当然不可同日而语,当代司法有着严格的适用条件和严谨的逻辑。在刑事司法中,如果没有限度和条件地追求情理法融通,则会不可避免地遇到诸如主观性过强和不确定性等问题;如果绕过现行法律规定或者曲解立法本意,不仅会在个案中导致法律适用的失范,更会伤及司法的权威。因而本书在肯定刑事司法实践中应当实现情理法融通的前提下，必须对其适用的限度有所思考，不论是追求实质正义还是坚持形式正义，都应当在现行法律框架之下坚持法理阐释，这样的法理阐释保证了情理法融通的合法性标准，杜绝了以自由裁量为名破坏法制稳定性的情形。本书认为以下几个方面是刑事司法中实现情理法融通的法理基础：其一，刑事司法裁判中所援引的法理必须是通用的常识常理常情。陈忠林教授将常识常理常情总结为："是指长期为一个社会的成员普遍认同，而且至今没有被证明是错误的那些指导该社会成员应该如何处理人与自然的关系，如何处理人与人之间关系的基本经验和基本行为规则。"[1] 这样的法理阐释应当基于一个理性的社会人对事情的基本认知，这就杜绝了司法者可能存在的为了个性而个性地运用并不为大家所认可的说理方式，在当代中国的法治实践中，应当充分考虑本土司法的经验，援引凝聚和体现公共情感的准则，以实现真正的案结事了。"广东于德水案"和"陆勇代购抗癌药不起诉案"无不是因为司法者在坚持依法裁判、严格司法的前提下，为了实现社会效果和法律效果的统一，司法者将保障人权提到了与打击犯罪同等重要的地位上，最终也确实因为该等司法结果合乎人民群众对于公平正义的基本认知而被真正认可。其二，刑事司法中作法理阐释的重要性在司法适用的结果与绝大多数人的正当情感相违背的情况下更为凸显。刑事司法中的情理法融通当然应当仅限于疑难复杂案件。在案多人少的大背景之下，我们不可能奢望司法者在每一个案件中都对当事人的行为予以充满人文关怀的肯定或者谴责，虽然司法

---

[1] 陈忠林："'恶法'非法——对传统法学理论的反思"，载《社会科学家》2009年第2期。

第二章　刑事司法中情理法融通的法理阐释

者在每一个案件中都应当实现教育感化与惩罚犯罪并重的考量，但是正如培根所言："一次错误的判决，有甚于十次犯罪，因为犯罪污染的是水流，而错误的判决污染的却是水源。"[1]在案多人少的现实压力之下，案件的繁简分流已成共识，司法者应当在疑难复杂案件中分配更多的精力，因为这些案件如果突破了正义的底线，会直接撕裂人民群众对于法治的认知，此前的"天津大妈摆摊被控非法持枪案"以及"山东于欢案"二审的改判无不是一审法院在疑难复杂个案中只看到了"国法"而忽视了"天理""人情"作用的结果，而"陆勇代购抗癌药不起诉案"从另一个维度证明了刑事司法在疑难复杂个案中秉承人文精神之必要。其三，刑事司法中的情理法融通当然不能突破现有法律规定，在法律框架之内对现行立法进行诠释是刑事司法法理阐释的底线。刑事司法的裁判进路首先应当是合法，其次才考虑其是否合情以及合理。情理动辄逾越于法律之上可能会破坏法律适用的稳定性，保持法律适用的稳定性是维护司法权威的基本原则，也是人民群众建立法治信仰的基本要求。当现有法律规定与人民群众对于公平正义的认知出现冲突时，司法者不能以宏大叙事的公平正义为名轻易突破法律的底限，而应当援引法理以缓释二者之间的冲突，法理的援引有益于弥补法律规定的缺陷，增加司法裁判的可接受性。法理不仅仅包括立法精神，还应在广义上包含社会主义法治理念，在现有法律体系之内，刑事司法将法律的严苛与温情有机融通，维系着依法裁判的底线，彰显着司法为民的价值。

---

[1] [英]弗·培根：《培根论说文集》，水天同译，商务印书馆1983年版，第193页。

二、刑事司法中情理法融通的客观标准与主观标准

刑事司法中的情理法融通实际上是司法者在法律文本和普世情感之间往复巡视的过程，这一过程中有具备主观性的司法者，也有客观的法律文本，更有着普通民众的积极参与，因此这样的一种对话应当遵循的是客观标准还是主观标准，或者说这样的融通是否具有司法者和普通民众所共同接受的价值标准成为本书所必须思考的内容之一。

司法者作为人，其不可避免地会在裁判案件的过程中带入一定的主观性，这样的主观因素自然也是刑事司法中进行情理法融通时客观存在的问题。肇始于古希腊的自然法强调法律代表理性，这样的理性超越了时代和人的限制，自然法居于一种恒久的标准独立于制定法而存在，并作为制定法的评价标准。实证法虽然在诸多方面与自然法并不一致，但是实证法也不反对法律本身体现理性的观点，只不过其认为这种理性是通过法典编纂的形式表现出来的，刑事司法应当适用三段论的推理方法遵循严格的形式主义，司法者的自由裁量权应当受到严格的限制。司法者只能绝对地服从成文法，不应当也不能探求刑事司法的内在价值，这就是著名的"恶法亦法"。按照孟德斯鸠在《论法的精神》中提出的观点，法官只不过是"宣告及说出法律的嘴巴"。费尔巴哈持类似观点，他认为："其行为不外乎将提交的案件与条文对照，且不考虑法律的意义和精神，在词语的声调为谴责的时候表示谴责，在条文没有规定时，沉默不语"。[1] 实证法多为世界各国的刑事

---

[1] 转引自［德］阿图尔·考夫曼、温弗里德·哈斯默尔主编：《当代法哲学和法律理论导论》，郑永流译，法律出版社2002年版，第111页。

司法实践所青睐，但是这不意味着刑事司法中的主观标准就一无是处，其在司法权力和法律条文之间开辟了一个缓冲地带，它把司法者和法律文本以及案件事实联系起来，把司法者的经验和逻辑有机结合起来。实践中，司法者对立法者本意的探索也带有一定的主观标准，这和司法者本身的好恶、经验、经历都密切相关，而且根据陈忠林教授的观点，立法者本意本就是个伪命题，立法过程中各种观点的交锋实际上也带有一定的主观性，其本意到底是什么也是不可考证的。[1]如果否定主观因素在刑事司法中的作用，控辩审三方在刑事案件中就不会产生分歧，司法者和普通民众也不会产生认识上的差异。当然，我们也要警惕司法者过于主观地理解和解释法律，这样的主观因素可能会导致我们所追求的法治滑向人治，主观标准用之不当就会走向法律的虚无和空洞，我们对主观标准应当予以合理扬弃，尊重刑事司法的内在规律和科学方法。

客观标准则意味着刑事司法的过程中应当始终紧扣法律文本，这也是评价刑事司法是否合理的唯一标准，也即只有"探求字义才能找到真正的意思"。[2]这样的标准在大陆法系国家更能得到认可，因为大陆法系国家对于成文法典的推崇助推了司法中的客观标准，司法者一旦放弃了客观标准，司法活动就会失去准绳，进而会使得民众对于司法适用的客观公正性产生怀疑。主观标准可能会导致刑事司法存在不确定性，客观标准却可能使刑事司法变得过度僵化。刑事司法中的大部分案件实

---

〔1〕 参见陈忠林："'恶法'非法——对传统法学理论的反思"，载《社会科学家》2009年第2期。

〔2〕 转引自［德］考夫曼：《法律哲学》，刘幸义等译，法律出版社2004年版，第140页。

际上适用"三段论"即可推导出结论,但是在法律本身存在漏洞、法律文本不够明确等情况出现时,司法者需要考虑采用何种方法和标准使得结果合乎理性。法律文本往往平之如水地适用于类型化的案件,刑事司法面对的却是具体的个案,从类案到个案的过程也就是刑事司法适用的过程。这一过程中的纽带和桥梁就是客观的法律文本,司法者只是"适用法律的机器",既然其作为"机器"自然没有什么裁量权也不存在对法律的解释。客观标准具有理想主义色彩,过于注重法条的规范作用,实践中的刑事司法所面对的情况远超于学者的书斋设想,而刑事司法是法律规范和千差万别的个案之间的互动,在这样的互动中能不能用千篇一律的法条加以解决值得怀疑。即便本书坚持在刑事司法中应当适用客观标准,但是司法者对于案件事实的认定,对于刑事证据客观性、关联性、合法性的认定能否有一个客观标准也无法予以明确,对于案件事实的认定如果不是客观的,那么法条文本本身再客观都是没有意义的。刑事司法中对于案件事实复杂性的认定,对于证据三性的证明,对于法条的选择都决定了客观标准似乎难以一以概之地适用。

  刑事司法的情理法融通无论是遵循客观标准还是主观标准似乎都存在一定的困难,司法实践中的情况千变万化、错综复杂,理论存在的价值和意义需要适应实践,否则理论就会成为虚无的空想。本书认为刑事司法中进行情理法融通的必要性也正是因为法律无法解决实践中出现的所有问题,因此我们应当回到刑事司法的实践场域,以实然的实践智慧去回答应然的理论。在客观标准与主观标准之外,我们认为应当还有一种共识标准,根据罗尔斯的"重叠共识"理论,[1]即使是提出不同观点或者主张的人们,仍然可以去探寻"视域融合"[2]。我们发现不同群体所秉持的价值理念或许存在些许差异,但是在基本属性上往往存在"重叠共识"。从亚里士多德关于法治的经典论述到罗尔斯关于正义的三个准则再到作为社会主义核心价值观内容中的法治,我们都能发现关于法治的理想性特征。基于现代文明社会的法治实践,在刑事司法中形成共识性的"最大公约数"不仅是一种可能,更是一种必要。虽然不同主体在刑事司法中的观点不可能完全一致,但是基于共同的价值观念所形成一定程度的共识具有合理性,这样的价值观念基于大家所共同认可的准则而存在。不同主体所具有的共同价值观念也是刑事司法中情理法融通的前提,法律所适用的对象是所有共同体成员,法律规范具有无差别的普适性。佩雷尔曼对此有过类似的论述:"法律听众通常是由历史、文化和社会决定的理性人。这些理性人的集合构成了特定时空条件下的法律共同体。在法律背景下,论辩者运用为法律听众所接受的起点是非常重要的。论辩者为了获得对自己主张的认同,需要使用为法律共同体所接受的起点"。[3]佩雷尔曼所谓的"所接受的起点"也就是在特定价值观念之下不同群体之间的共识。这种共识应当不仅局限于法律职业共同体,而是法律适用的全部对象,因为刑事司法的作用并非仅是裁判依据,更兼具行为的准则和导向。本书所

---

〔1〕 参见[美]约翰·罗尔斯:《作为公平的正义:正义新论》,姚大志译,上海三联书店2002年版,第55页。

〔2〕 赵宇峰:"以法治共识形塑'法治中国'",载《人民论坛·学术前沿》2020年第10期。

〔3〕 [荷]伊芙琳·T.菲特丽丝:《法律论证原理——司法裁决之证立理论概览》,张其山、焦宝乾、夏贞鹏译,商务印书馆2005年版,第51页。

讨论的刑事司法中的共识标准的内核应当就是"天理"和"人情",这样的"天理"和"人情"形成于特定的文化背景之下,为全体成员所主动认可。它流淌于社会成员的血液之中、隐藏于精气神之间,来源于社会实践、凝聚于社会经验,司法实践中出现的普通民众难以理解的判决也正是因为其和一般的社会经验不符。"天理"和"人情"生发于人性之中,"事理为事物当然之理,离开了人,便没有事物,离开了人也就没有经验。事物之理和经验法则还都不是从人情中酝酿而成,孕育而出吗?何况这个人情,如若属于私情偏见,向为社会所不齿,而世之所重视者乃为情理一事,尤其与天理无违的情理一事。"[1]就刑事司法的功能和目的而言,刑事司法是通过惩罚犯罪的方式来保护正当法益。刑事司法中适用的规则实际上和普通民众心目中关于法治的认识有着重叠之处,一个简单的例子是普通民众并不懂法律规定,但是对于裁判结果是否合法却有着基本的判断。这个"基本的判断"实际上就是普通民众对于司法的共识性认识,普通民众常言的"无法无天"也就是这种共识。"无法无天"成为普通民众路见不平时的第一反应,也是当刑事司法的结果违背我们关于正义的基本认识时的潜意识反应。张明楷教授认为:"作为解释者,心中当永远充满正义,目光得不断往返于规范与事实之间。唯此,才能实现刑法的正义性、安定性和合目的性。"[2]正义"原则是从在社会生活某些特定的、反复出现的基本境况和基本事实方面法的理念和事物本质的社会道德内涵引申出来的。只要它们与某些特定的情况有关系,并且

---

[1] 陈顾远:"天理·国法·人情",载范忠信、尤陈俊、翟文喆编校,《中国文化与中国法系——陈顾远法律史论集》,中国政法大学出版社2006年版,第276页。

[2] 张明楷:《刑法分则的解释原理》,中国人民大学出版社2004年版,第1页。

从人类本性或事物本质的某些特定的状况出发，它们就在它们的伦理的基础里，即先验地包含着经验的要素。它们属于人的世界；它们的适用局限在人的这个世界上。"[1]既然正义出发于人类本性，那么人类本性也是人类内心所认可和接受的价值观念，诸如"许霆案""山东于欢案"等案件所引发的后续影响就是因为其触及了全民基本的情理观。刑事司法中的情理法融通应当还有一个共识性的标准，这个标准比客观标准和主观标准都能更深入人心，也更容易回归我们所理解和追求的正义。司法者在裁判的过程中秉持着公平正义的共识性标准，也更容易使得裁判的结果实现刑事司法的应有价值。

三、法理在刑事司法中的具体应用

当下的刑事司法过度注重司法技术的应用，也正是对司法技术的过于倚重导致了实践中出现的问题，这些问题告诉我们在刑事司法中除了司法技术的运用，也应当关注"天理""人情"存在的空间，我们应当回归刑事司法的基础性理论，以一种返璞归真的姿态去探索法理在刑事司法的情理法融通中的具体应用路径。

（一）以人文关怀增加裁判的可接受性

司法者准确适用法律规定，合理援引法理会在法律职业共同体内部形成较为一致的共识，但问题是刑事司法所面向的对象还包括社会公众，社会公众根据自己朴素的正义观会对案件是否合情合理合法作出自己的判断。虽然司法实践中的一些个

---

〔1〕[德] H. 科殷：《法哲学》，林荣远译，华夏出版社2002年版，第165页。

案在法律适用上没有瑕疵,但是其裁判结果由于与普通民众基于"天理""人情"而产生的朴素正义观截然相背,损害了普通民众对司法的认识和信心。刑事司法中的人文关怀增加了裁判的可接受性,有利于弥合不同群体对于司法认知可能存在的沟壑,进而增加刑事司法结果的接受度,也只有当刑事司法的结果获得广泛的认同,法治的权威才会树立起来,进而形成一种全体社会成员主动遵法守法的氛围而非被动地怕法惧法。此前大热的电影《我不是药神》将陆勇代购印度仿制药被不起诉一案又拉回了公众视野,沅江市人民检察院《关于对陆某某妨害信用卡管理和销售假药案决定不起诉的释法说理书》在法律人的朋友圈"刷屏"。该院根据现有事实和证据"首先认定陆勇的行为不构成销售假药罪。其次认定陆勇通过淘宝网从郭某某处购买3张以他人身份信息开设的借记卡、并使用其中户名为夏某某的借记卡的行为,违反了金融管理法规,但因情节显著轻微、危害不大,不认为是犯罪。最后该院认为:如果认定陆勇的行为构成犯罪,将背离刑事司法应有的价值观,与司法为民的价值观相悖,与司法的人文关怀相悖,与转变刑事司法理念的要求相悖。"[1]本案的释法说理书所述及的司法人文关怀,在现行法律规范中并未获得文本意义上的认可,但是其结果却获得了更为广泛的认同。在具体案件的判断上,法律人与普通民众的视角与理解当然并不一致,刑事司法采用三段论的方式去论证适用实体规范的正确性,普通民众却用朴素的"天理""人情"去评判案件的公正与否,这样的法律正义与情理正义并不总是高

---

〔1〕 参见沅江市人民检察院关于对陆某某妨害信用卡管理和销售假药案决定不起诉的释法说理书。

度重合,在二者出现分离的时候,法律正义如果居高临下地要求情理正义让位,恐怕只会撕裂我们对于司法的认知。法律的适用本来就是一个说服的过程,如果被适用的对象接受了裁判结果不是由于其被说服而是出于对法律本身的恐惧,那么这样的结果恐怕也不是刑事司法希望的结果。从法律适用上来说,"山东于欢案"一审判决结果并不能直接认定为冤假错案,但是由于一审法院忽视了我们的法律文化传统而直接引发了巨大的情感反弹,人民日报对此评论称"法律不仅关乎规则,还关乎规则背后的价值诉求,关乎回应人心所向、伦理人情的标准。"[1]在刑事司法适用法律规范的过程中,其是否秉持人文关怀决定了司法的最终结果能否被接受,有助于在法理和情理之间开辟一块缓冲地带。鉴于此,我们应当在刑事司法实践正确适用规则的同时,于说理时注重普通民众内心的"天理""人情",努力追求"合法、合理、合情"的裁判结果。值得注意的是,当下的刑事司法更多的是通过罗列事实和证据来进行形式逻辑的推理和演绎,这"生动地反映了我国当前司法实践中形式主义的司法逻辑,并由此而与社会公众的常识形成深刻的对峙。"[2]刑事司法所面向的对象缺乏基本的法学训练,他们所感受到的只是强制力保障下简单线条的法律制度的实现,这与我们正在努力建设的法治尚存差距,但是如果在刑事司法过程中看到关乎规则背后更高位阶的价值追求,刑事司法的对象则会更容易从心底接受司法裁判的结果,刑事司法的形象也就能更鲜活,民众对法治的信仰也更容易被建立起来。

---

[1] 《人民日报评论辱母杀人案:法律如何回应伦理困局》:http://news.china.com/domesticgd/10000159/20170326/30358376.html,最后访问日期:2019年10月1日。

[2] 陈兴良:"刑法教义学的逻辑方法:形式逻辑与实体逻辑",载《政法论坛》2017年第5期。

（二）社会危害的运用

刑事司法并非阳春白雪地存在于法典之中，对于失范行为的总结意味着刑事司法和每一个普通民众都会产生连接，虽然普通民众并不了解具体的犯罪构成要件，但是却会对行为违法严重程度作出基本一致的评价，这足以说明在刑事司法中，大家是在共同遵循的价值导向之下做出的行为，这种行为就是普通民众对于行为是否违法以及其社会危害性大小的基本判断，这样的基本判断也决定了刑事司法的结果能否为普通民众所接受。普通民众时常提及的"伤天害理"实则就表现为行为社会危害性的大小。在刑事司法中引发情理讨论的案件多因司法者与普通民众之间的观念差异，而"内蒙古农民王力军无证收购玉米案"则是罕见的由司法者主动纠偏的案例。"2016年4月，内蒙古巴彦淖尔市临河区白脑包镇永胜村村民王力军，利用农闲时间收购玉米倒卖给粮油公司，被法院以没有办理粮食经营许可证和工商营业执照进行粮食收购活动，违反《粮食流通管理条例》规定，构成非法经营罪，判处有期徒刑一年，缓刑二年。宣判后，王力军未上诉，检察机关未抗诉，判决发生法律效力。但是最高人民法院后指令内蒙古自治区巴彦淖尔市中级人民法院对本案进行再审。内蒙古自治区巴彦淖尔市中级人民法院再审认为：王力军没有办理粮食收购许可证及工商营业执照买卖玉米的事实清楚，其行为违反了当时的国家粮食流通管理有关规定，但尚未达到严重扰乱市场秩序的危害程度，不具备与刑法第二百二十五条规定的非法经营罪相当的社会危害性、刑事违法性和刑事处罚必要性，判决王力军无罪。"[1]在2017年的全国两

---

[1] 参见内蒙古自治区巴彦淖尔市中级人民法院（2017）内08刑再1号刑事判决书。

会上，最高人民法院工作报告指出："内蒙古法院依法再审改判王力军无证收购玉米无罪，保障广大农民放心从事粮食收购，促进农产品流通。"[1]该案入选了"2017年推动法治进程十大案件"，也被列入了最高人民法院的指导案例。内蒙古自治区巴彦淖尔市中级人民法院改判无罪的理由并不是因为王力军不符合实体法的规定，实际上从构成要件该当性的角度看，王力军确实符合非法经营罪的规定，但是其不具有与非法经营罪相当的社会危害性，也就是在这个案件中，刑事司法出罪的法理基础是社会危害相当性的运用。从普通农民的情理观念中，收购玉米是生产生活中合情合理的常态，收购玉米的工作也并不是只有国家粮站之类的专门部门才能从事的，而且实践中从来也没有玉米收购者挂个许可证去收购粮食。况乎王力军客观上促进了粮食流通，主观上没有扰乱市场秩序的主观故意，其社会危害性、刑事违法性和刑事处罚的必要性确实很小。王力军收购玉米案本身并不是什么大案要案，但是引发了如此之大的关注便说明了普通民众对于何谓犯罪以及判断社会危害程度是有着自己的标准的，社会危害相当性与否是以国民认可或者公众姿态为认定标准的，[2]虽然这个标准并不一定符合法律规定，但是我们完全可以基于社会危害的相当性实现符合"国法""天理""人情"的目的，而且这样的出罪效果已经为实践所证明。在具体个案的裁判中，应当坚持对构成要件该当性的认定，但是这样的坚持绝不意味着固步自封，还应当将符合普通民众情理观的社会危害性考虑进去。刑事司法不是法律职业共同体的

---

[1] 参见2017年最高人民法院工作报告。
[2] 参见于改之："我国当前刑事立法中的犯罪化与非犯罪化——严重脱逸社会相当性理论之提倡"，载《法学家》2007年第4期。

司法技能的博弈，更应当关注社会公众的认识和认可，对于违法性的评价应当加入对社会危害相当性的运用。

（三）通过对法律漏洞的补缺来追求整体意义上的公平正义

刑事案件往往集中着社会关注的热点，刑事司法也是司法者回应关切并解决问题的关键。"法律当然体现的是一般意义和普遍层面的公平正义，但是现实生活的千差万别极易导致类案异判或者个案失衡的情况，可能会出现具体个案的裁判背离社会正义的情形。即整体正义与个案正义之间在特定情况下呈现出对立和紧张的状态。"[1]例如，在"天津大妈摆摊被控非法持枪案"中，由于其极大地背离了我们的生活常识而引发了我们对于公平正义的思索。"赵春华在天津市河北区李公祠大街海河亲水平台附近摆设射击摊位进行营利活动，赵春华被公安机关巡查人员查获，当场收缴枪形物 9 支及配件等物。经天津市公安局物证鉴定中心鉴定，涉案 9 支枪形物中的 6 支为能正常发射、以压缩气体为动力的枪支。被告人赵春华于 2016 年 12 月 27 日被天津市河北区人民法院以非法持有枪支罪判处有期徒刑三年六个月。赵春华上诉后，天津市第一中级人民法院依法立案受理，2017 年 1 月 26 日上午，天津市第一中级人民法院公开开庭审理了赵春华非法持有枪支上诉一案，并依法当庭宣判，改判其缓刑。"[2]本案成为热点案件就是法院机械司法的结果，其实一审法院根据鉴定意见认为赵春华摆摊的枪支被鉴定为能正常发射以压缩气体为动力的枪支并无不当，但是

---

[1] 蔡虹、夏先华："情与法的交融：司法裁判中适用情理研究"，载《山东科技大学学报（社会科学版）》2018 年第 1 期。

[2] 参见天津市第一中级人民法院（2017）津 01 刑终 41 号刑事判决书。

这样的结果又与我们的常识常理常情相背离。其实这样的情况本质上不是司法问题而是立法问题,但是却又可以通过司法的方式来定争止纷。司法作为社会公平正义的最后一道防线,在面对"恶法亦法"还是"恶法非法"的争议时,司法者应当着眼于蕴含在法律规则背后的立法精神,兼顾个案中公平正义的具体实现方式,看到并理解普通民众内心的"天理""人情",将司法的温度注入疑难复杂个案,以人文关怀弥补法律漏洞。

同样,刑事司法不仅仅应当着眼于个案正义,更应当通过对法律漏洞的补缺放眼于社会整体意义上的公平正义,从个案形成的"法治公开课"绝不应当止于个案得到符合法律精神以及"天理""人情"的结果,更应当通过典型个案推动法律规定的完善。在涉气枪案件引发全民关注之后,最高人民法院、最高人民检察院联合发布了《关于以压缩气体为动力的枪支、气枪铅弹刑事案件定罪量刑问题的批复》,并于2018年3月20日起正式施行,其规定:"对于非法制造、买卖、运输、邮寄、储存、持有、私藏、走私以压缩气体为动力且枪口比动能较低的枪支的行为,在决定是否追究刑事责任以及如何裁量刑罚时,不仅应当考虑涉案枪支的数量,而且应当充分考虑涉案枪支的外观、材质、发射物、购买场所和渠道、价格、用途、致伤力大小、是否易于通过改制提升致伤力,以及行为人的主观认知、动机目的、一贯表现、违法所得、是否规避调查等情节,综合评估社会危害性,坚持主客观相统一,确保罪责刑相适应。"[1]

---

[1] 参见《关于涉以压缩气体为动力的枪支、气枪铅弹刑事案件定罪量刑问题的批复》第一条之规定。

这既是个案推动法治进步的范本，也是司法对于如何实现"情理之中法律之内"这一追求的有力回应。

第三节　刑事司法中的形式正义与实质正义

形式正义与实质正义是刑事司法中的两个不同维度，且在一定程度上处于非此即彼的对立状态，刑事司法中是否应当进行情理法融通实际上就是在形式正义和实质正义中的路径选择。对实质正义的坚持意味着更为重视刑事司法背后蕴含的"天理""人情"，更为关注刑事司法的合目的性，古代中国的司法实践更为追求刑事司法能否实现实质正义。形式正义则侧重于对"国法"的遵守，其并不考虑该规范本身是否合乎"天理""人情"的要求。是取道形式正义还是遵循实质正义反映了我们不同的法治观，在过去的数十年间，我们的法治观经历了急遽变化，这可以说是"千年未有之大变局"，各种观念都处于碰撞和流变之中。本书认为，刑事司法中的形式正义以及实质正义的目的都统摄于正义之下，我们一方面要警惕形式正义带来的僵化司法，另一方面也要注意实质正义观念下可能带来的对规则的破坏。"只有将形式正义与实质正义统合起来并存于实质法治之中，才能形成中国法治建设的稳固基础。因此，对我国现阶段法治观的完整表述应当是：统一形式正义与实质正义的实质法治或者说是经过形式正义的实质法治。"[1]

---

〔1〕 江必新："严格依法办事：经由形式正义的实质法治观"，载《法学研究》2013年第6期。

第二章 刑事司法中情理法融通的法理阐释

一、取道形式正义的理由

现代意义上的法治确实几乎移植于西方，关于形式正义与实质正义的思考自然也是自西方开始的，只不过在当下中国，刑事司法应当秉持形式正义还是实质正义的问题有了特殊的时代意义，特别是在刑事司法中能否实现情理法融通的现实思索下更有了实践意义。对于形式正义与实质正义的讨论，本质上还是希望以正确的法治观看待刑事司法中的争议问题，司法实践中"存在着法逻辑的抽象的形式主义和通过法来满足实质要求的需要之间无法避免的矛盾。"[1]韦伯站在了形式正义这一边，他认为："它把法律过程看作是和平解决利益斗争的一种特殊形式，它让利益斗争受固定的、信守不渝的'游戏规则'的约束。"[2]刑事司法的追求当然是要实现法律本身的价值，即便是情理法融通也还是不能突破法律本身的界限，那么司法当然首先要尊重文本意义上的法律，司法者平之如水地适用"国法"就是正义，"如果一个法官把同一法律规则适用于同样的情况，就是公正的。……从法官的角度和对法官评判的角度看，公正就是忠实地适用特定的法律体系的规则，不公正就是误用或滥用法律规则。"[3]这样的形式正义追求的是同样的案件适用同样的法律，既然都遵循的同样的法律，司法的结果自然也应当是

---

[1] [德] 马克斯·韦伯：《经济与社会（下卷）》，林荣远译，商务印书馆1997年版，第140页。

[2] [德] 马克斯·韦伯：《经济与社会（下卷）》，林荣远译，商务印书馆1997年版，第140页。

[3] 张文显：《二十世纪西方法哲学思潮研究》，法律出版社2006年版，第491页。

几乎一样的,这也是所谓的"类案类判"。根据佩雷尔曼的观点,无差别的平等就是正义,他将"正义"界定为:"对每人一样对待;对每人根据优点对待;对每人根据劳动对待;对每人根据需要对待;对每人根据身份对待;对每人根据法律权利对待。"[1]他所谓的"对每人一样对待"也就是张文显教授认为的"正义就是同等待人"。[2]当我们谈到正义的时候,罗尔斯当然是一座绕不过去的理论高峰,罗尔斯说:"一个法律的不正义也不是不服从它的充足理由。当社会基本结构由现状判断是相当正义时,只要不正义的法律不超出某种界限,我们就要承认它们具有约束性。"[3]罗尔斯也是主张形式正义优先的,他针对当法律本身出现失当的情况下我们是否依然应当遵守法律这一问题特别提出:"即使在法律和制度不正义的情况下,前后一致地实行它们也还是要比反复无常好些。这样,那些受制于它们的人至少知道它们所要求的是什么,因而可以尝试着保护自己,相反,如果那些已经受害的人们在某些规范可能给予他们某种保障的特殊情况下,还要受到任意专横的对待,那就是甚至更大的不正义了。"[4]即便法律出现了不正义的情况,但是基于法律本身的前后一致性也要遵从形式正义的要求,当然前提是这样的不正义不超出某种界限,但是当代中国的刑事司法实践中

---

〔1〕 参见沈宗灵:《现代西方法理学》,北京大学出版社1992年版,第439~440页。

〔2〕 张文显:《二十世纪西方法哲学思潮研究》,法律出版社2006年版,第492页。

〔3〕 [美]约翰·罗尔斯:《正义论》,何怀宏、何包钢、廖申白译,中国社会科学出版社1988年版,第340页。

〔4〕 [美]约翰·罗尔斯:《正义论》,何怀宏、何包钢、廖申白译,中国社会科学出版社1988年版,第58页。

第二章 刑事司法中情理法融通的法理阐释

那些引发了情理法关系讨论的案件恰恰都是由于法律的不正义超出了这样的理性界限。"对每人一样对待"当然包括适用法律上的同样对待和结果正义上的同样对待,普通民众质疑个案的裁判正是因为他们觉得司法没有实现情理法融通视角下的"对每人一样对待"。

　　刑事司法的要义之一就是要实现对于正义的追求,这一问题在当下中国的刑事司法实践中表现得尤为明显。一方面我们呼吁刑事司法中应当追求形式层面的正义,但是,另一方面我们对实质正义的追求也有着悠久的历史。我们的司法传统一直倾向于追求实质正义,在古代刑事司法中虽然有"断罪具引律令"的影子,但是从司法实践而言,我们并没有严格意义上的罪刑法定原则,这样的司法传统让我们习惯性地用实质正义去评判个案,随着现代化法治的建设,实践中似乎出现了形式正义至上的倾向。"19世纪下半叶以后,法治国家的发展出现了明显的形式化倾向。法治国家的实质内涵被忽略了。对法治国家进行形式化的理解,最终导致法治国家蜕变为'法律国家',甚至是与法治风马牛不相及的'暴力国家'。"[1]形式正义关注的是作为裁判依据的法律是否由有权机关发布,法律规范是否明确清楚,只要符合形式正义的要求,至于法律规范是否具备实质上的正当性、能否达到公平正义的要求则在所不问。"对我们而言,法律也许是最系统化或体系化的理性,以至于形式合理性常常成为法律理性的代称。"[2]法律秩序的稳定性就来自于法

---

[1] 李树忠:"迈向'实质法治'——历史进程中的十八届四中全会《决定》",载《当代法学》2015年第1期。

[2] 刘晓源:"法律解释的难题——关于形式合理性与实质正义的取舍",载《东岳论丛》2009年第12期。

律理性,这样的法律理性要求司法活动必须保持相对的保守,不能动辄就有突破现行法律的冲动。法律获得尊重与信仰的前提是对规范的绝对服从,司法者适用法律的首要原则就是维护成文法的稳定性,司法者也不能轻易对法律进行解释,这样的解释实则行使了作为立法者的权力,即便是刑事司法的结果与普通民众理解的"天理""人情"有重大差距的时候,司法者也只能严格适用法律。"不可否认,任何一个对人类发展持有良善愿景的人都会对包含着正义、人权、平等的实质正义理想欣然向往,但在当下的中国刑事司法实践中对于实质正义的过度追去,这似乎是对正义的重视,但亦有可能对正义的实现造成困扰,如果绕过形式正义而追求实质正义将可能使得不确定的法外因素进行司法,这可能会加深诸如权力等因素对于司法的干扰,我们追求的实质正义也将失之准据。"[1]诚如我们援引的博登海默的名言,正义实际上也是变幻无常并具有不同的形态的,实质正义的追求可能会使得刑事司法丧失既有的标准,对于这样标准不明的实质正义的追求反而可能使得实质正义变得失去"实质"。

刑事司法中的形式正义在西方的法治传统中所受到的推崇有目共睹,虽然二战之后,自然法学派复兴以及分析实证法学派的自我改良将"恶法亦法"还是"恶法非法"的讨论引入了一个新的高度,同时更加功利主义的社会法学派亦应运而生,但是总体而言,西方的法治理念还是追求形式正义的。本书认为,形式正义的标准应当从以下几个方面去确立:一是严格遵

---

[1] 参见江必新:"严格依法办事:经由形式正义的实质法治观",载《法学研究》2013年第6期。

守文本意义上的法律规定。这里的法律规定包括了实体法和程序法，也即"正义不仅应当实现，还要以看得见的方式实现"。二是类案要类判。2020年7月31日试行的《最高人民法院关于统一法律适用加强类案检索的指导意见》就明确要求了类案检索的范围和方法。其中明确包括最高人民法院发布的指导性案例在内，人民法院在裁判案件过程中也应当参照适用，这样的要求当然是为了统一裁判尺度，增强裁判的可接受性，这也是形式正义的要求。三是对法律的解释要尊重法律的原则，司法裁判的尺度也不能突破公认的原则。这一要求实际上和哈特提出的法律的初级规则与次级规则有相通之处，哈特理解的初级规则主要科以各种义务，而次级规则主要是授予权力（权利）。[1] 司法的适用实际上是初级规则和次级规则的结合，只有在找不到初级规则的情况下，才可以适用次级规则，这样的观点实际上也是认为形式正义优于实质正义。拉德布鲁赫在其早先的著作《法哲学》中认为："我们蔑视那些违背他的信念来传道的牧师，但是我们尊敬那些自己的法律观可能与法律相悖、但自己对法律的忠诚却不为所动的法官，"[2] 因为"没有任何人能够断言，什么是公正的。因而，我们必须确定，什么应当是正确的。这样，制定法应当通过权威的绝对命令来结束相互对立的观点之争。"[3] 在拉德布鲁赫早先的观点中，司法过程中当然是形式正义处于优先位阶，为了维护法律的稳定性需要对法律保持足够的忠诚。在形式正义与实质正义的二元选择中，之所以放弃对于实质正

---

[1] 参见[英] H. L. A. 哈特：《法律的概念》，许家馨、李冠宜译，法律出版社2006年版，第77、89页。

[2] 舒国滢：《法哲学：立场与方法》，北京大学出版社2010年版，第181页。

[3] 舒国滢：《法哲学：立场与方法》，北京大学出版社2010年版，第181页。

义的优先价值位阶还是因为法律最重要的特征就是稳定性和可预测性,实质正义恰恰可能破坏这种稳定性和可预测性。

二、选择实质正义的原因

虽然从拉德布鲁赫到哈特都认为司法适用中应当坚守形式正义,但是在中国,对于实质正义的追求有着我们源自本土法治传统的特殊性,对于实质正义追求的传统自官方至民间都源远流长。在很长的一段时间内,法律与道德之间并没有泾渭分明的界限,司法者适用法律的时候都是综合考虑"天理""国法""人情",甚至为了实现德治的梦想可以放弃其对法律的坚持,因此"法官的宣教职能以及作道德上安排的随意性也就格外地突出。这里,过程同样无关紧要,要紧的是结果,是社会的和道德上的效果。"[1]所以我们的司法传统几乎不关注法律的稳定性和可预测性,也不关注是否实现了类案类判。形式正义只关注普遍性,其追求普遍层面的类似情况作类似处理,而实质正义还要求根据情况的不同而作区别对待处理。[2]理想的刑事司法当然是既遵循形式正义的要求又契合了实质正义的理念。随着现代传播方式的愈益发达,普通民众得以将自己关于实质正义的思考表达并汇聚起来,这样的汇聚并非理性的观点表达,但是这样的汇聚本身就证明了刑事司法可能出现了问题。在现代刑事司法中,司法被认为是维护社会公平正义的最后一道屏障,司法者当然不能局限于形式正义而放弃对于公平正义的追

---

〔1〕 梁治平:《寻求自然秩序中的和谐》,中国政法大学出版社2002年版,第333页。

〔2〕 [美]约翰·罗尔斯:《正义论》,何怀宏、何包钢、廖申白译,中国社会科学出版社1988年版,第55页。

求。司法作为一种公力救济的手段，在法治价值不彰的时代或许不会被重视，但是在现代法治社会中，司法一定是建立法治信仰的重要环节，因为司法实际上是我们追求正义最直接、最直观的方法。在司法实践中，司法者具有的教育经历、社会经验、司法理念各不相同，裁判过程中是否有一种适用于所有人、所有案件的方法值得怀疑。司法作为现代社会治理的基本方式之一，本身就具有理想性特征，而且在当代中国，各种价值观的优劣都处于争鸣和讨论之中，关于我们能否提炼一个关于价值观的重叠区域来统摄社会全体成员的最大共识这一问题值得思考，对此，李德顺教授认为："作为社会主义核心价值观的公平正义是所有价值观的多层同心圆。"[1]如果我们处在公平正义的价值观指导之下，实质正义的实现就有了抓手。

刑事司法是法律文本、经验法则和司法技能的结合，作为主体的司法者在适用法律的过程中不可避免地会结合自己所理解的经验。霍姆斯关于法律生命的名言或可对此有所启发："法律的生命不是逻辑，而是经验。一个时代为人们感受到的需求、主流道德和政治理论、对公共政策的直觉——无论是公开宣布的还是下意识的，甚至是法官与其同胞们共有的偏见，在决定赖以治理人们的规则方面的作用都比三段论推理大得多。法律蕴涵着一个国家数个世纪发展的故事，我们不能像对待仅仅包含定理和推论的数学教科书一样对待它。"[2]按照霍姆斯的观点，司法中的经验的重要性显然超过了逻辑，司法实践中的个案确

---

[1] 参见李德顺："谈社会主义核心价值'公正'"，载《中国特色社会主义研究》2015年第2期。

[2] [美]小奥利弗·温德尔·霍姆斯：《普通法》，冉昊、姚中秋译，中国政法大学出版社2006年版，第1页。

实千差万别，对个案的总结和提炼当然有助于我们统一裁判尺度，但是这样的尺度往往是尚处在幅度范围内的尺度，它依然需要司法者的经验判断。形式正义由于其高度的概括和适用上的广泛性，难免在涵摄个案时力有不逮。"寄望形式上的正义，成为人与人之间公平判断的工具，还有一项困难。因为，如同亚里士多德曾经指出，规则的一般性并不是说，每一种个别的情况都能够被预料，或作适当的规定，于是形式上的正义在个别的案例中，就有可能丧失。"[1]纵然罗尔斯对于形式正义有过诸多论述，但是在他意识到了法律制度仅有形式正义对于"自由价值"[2]的实现是不够的时候，罗尔斯开始重视实质正义的重要性，罗尔斯以公平问题为核心开始将其研究从形式正义转向了实质正义。罗尔斯的正义理论（Justice as Fairness）则把自由和平等结合起来作为实质正义的标准，以"两个正义原则"的具体内容来反映这一标准的实际所指。[3]根据罗尔斯的"重叠共识"理论，即使是不同观点或者主张的人们，仍然可以去探寻"视域融合"。[4]尽管社会各阶层由于其教育背景、社会经历、政治观点等方面存在差异，但是只要对实现良法善治的初心未改、对正义的追求未变，刑事司法中实质正义的实现就存在可能性。罗尔斯提出的"重叠共识"与著名法理学家富勒提出的法治的

---

〔1〕［英］丹尼斯·罗伊德：《法律的理念》，张茂柏译，台北联经出版公司1984年版，第113页。

〔2〕参见［美］约翰·罗尔斯：《正义论》，何怀宏、何包钢、廖申白译，中国社会科学出版社1988年版，第202页。

〔3〕郑祥福、徐正铨："论罗尔斯正义理论中的实质正义诉求"，载《浙江社会科学》2014年第3期。

〔4〕参见［美］约翰·罗尔斯：《作为公平的正义：正义新论》，姚大志译，上海三联书店2002年版，第55页。

第二章 刑事司法中情理法融通的法理阐释

八个原则亦有类似之处,这八个原则是法律能够被适用的前提,也是"良法善治"的基本要求,具体为:法律具有一般性,法律针对所有人都能适用、法律应当是被颁布的、法律不能溯及既往、法律作为规范应当是明确的、法律前后不能矛盾、法律不能要求为不可为之事、法律应当具有稳定性、执法过程和法律一致性。[1]这八个原则从立法层面上所要求的就是亚里士多德所言的"法律本身就是制定良好的法律",从司法层面而言就是正义得以实现的过程。拉德布鲁赫在早期确实认为法律的稳定性高于一切,但是在目睹了德国纳粹的暴行之后,他开始将正义的重要性排在了法的安定性之前。拉德布鲁赫在《法律的不法与超法律的法》中提出了著名的"拉德布鲁赫公式":"正义和法的安定性之间的冲突是可以得到解决的,只要实在的、通过命令和权力来保障的法也因而获得优先地位,即使其在内容上是不正义的、不合目的性的;除非实在法与正义之矛盾达到如此不能容忍的程度,以至于作为'非正当法'的法律必须向正义屈服。在法律的不法与虽内容不正当但仍属有效的法律这两种情况之间划出一条截然分明的界限,是不可能的,但以最大限度明晰地做出另外一种划界还是有可能的:凡正义根本不被追求的地方,凡构成正义之核心的平等在实在法制定过程中有意地不被承认的地方,法律不仅仅是'非正当法,'它甚至根本上就缺乏法的性质。"[2]其中的法律适用在法与正义之间的

---

[1] 参见[美]富勒:《法律的道德性》,郑戈译,商务印书馆2005年版,第52页。

[2] 参见[德]古斯诺夫·拉德布鲁赫:"法律的不法与超法律的法",舒国滢译,载郑永流主编,《法哲学与法社会学论丛(四)》,中国政法大学出版社2001年版。

矛盾达到"不能容忍的程度"时被称为不能容忍公式,而主张实在法如果不追求正义则根本就不是法的观点又被称为"否认公式"。拉德布鲁赫公式首先肯定了应当维护实在法的稳定性,其次认为实在法应当符合正义的要求,再者强调实在法如果违反正义并达到了不能忍受的程度的则缺乏了法本身的性质。"许霆案"对于我们理解何谓刑事司法中"不能忍受的程度"具有样本意义。

"2006年4月21日晚10时许,许霆到位于广州市黄埔大道西平云路上的一家商业银行的ATM取款机上取款,在取款过程中他发现取款机系统出现错误,本想取款100元,结果ATM出钞1000元,而银行卡存款账户里却只被扣除1元。于是,许霆连续用自己的借记卡取款54000元。当晚许霆的同伴郭安山得知后,两人结伙频繁提款,等郭回住所拿了借记卡后,许霆再次用银行卡取款16000元,随后两人离开现场。4月22日凌晨零时许,两人第三次返回上述地点,本次许霆取款10万余元,连同前两次总计取款17.5万余元。"[1]基于以上基本事实,一审法院以盗窃金融机构罪判处许霆无期徒刑。从司法的角度出发,如果许霆确实符合盗窃金融机构罪的构成要件,那么判处其无期徒刑符合形式正义的要求,但是因17.5万元的非法所得被判处无期徒刑这一结果冲击了普通民众的正义情感。许霆上诉后,广东省高级人民法院将该案发回重审,广州市中级人民法院作出重审判决认为,许霆构成盗窃金融机构罪且"数额特别巨大",其法定刑应当是判处无期徒刑以上。但是许霆的犯意产生于ATM机出现故障之后,其主观恶性与一般的有预谋的盗窃金融机

---

[1] 参见广东省广州市中级人民法院(2008)穗中法刑二重字第2号刑事判决书。

构还是有所不同的，其主观恶性相对不大，可以对其在法定刑以下减轻处罚，因此广州市中级人民法院判处其有期徒刑 5 年。

原本普通的刑事案件竟然成为讨论刑事司法正义观时绕不过去的经典案例，深刻地反映了在司法进步的进程中，有关形式正义和实质正义的争议不仅仅是学术上的论争，更是司法实践的现实需要。行文至此，我们发现，既然形式正义与实质正义的关键词同为"正义"，那么我们能否在正义观念的统一之下找到二者的平衡点，在刑事司法中努力实现形式正义与实质正义的相对统一，否则诸如"许霆案"的这类案件不会是刑案司法中的个案，未来一定还会出现类似的引发滔滔舆论的案件。这样的案件每发生一次，就是对法治进步的一次阻滞。"许霆案"以及"天津大妈摆摊被控非法持枪案"等案件已经用事实告诉我们，刑事司法并不是在完成了合法性的目标之后就可以高枕无忧，这样的合法性和普通民众的情理观念并不总是完全一致，当形式正义与实质正义相悖的时候，我们思考的路径不应仅是在形式正义和实质正义之间作僵化的二选一。譬如"许霆案"在舆论发酵后发回重审期间，广州市中级人民法院改判所适用的法律依据是《刑法》的特殊减轻处罚制度[1]并对其作降档处理，这样特殊的减轻处罚制度正是在形式正义的前提之下为实现个案正义而留下的制度出口。在银行 ATM 机出现故障的在先情形下，许霆取款 17.5 万元却被判处无期徒刑这一司法结果显然与普通民众理解的"天理""人情"相去甚远，普通

---

[1] 根据《刑法》六十三条："犯罪分子具有本法规定的减轻处罚情节的，应当在法定刑以下判处刑罚；本法规定有数个量刑幅度的，应当在法定量刑幅度的下一个量刑幅度内判处刑罚。犯罪分子虽然不具有本法规定的减轻处罚情节，但是根据案件的特殊情况，经最高人民法院核准，也可以在法定刑以下判处刑罚。"

民众难免将其与实践中的贪污受贿滥用职权等犯罪进行横向比较，这一结果显然就已经是"不能忍受的程度"了，此时，刑事司法的着眼点应从形式正义转向对于实质正义的追求。在许霆案改判有期徒刑后，虽然许霆依然提起了上诉，但是相较于因17.5万元被判处无期徒刑，不论是司法者还是普通民众或是学界基本上认为判处有期徒刑合乎"国法""天理""人情"，在特殊的减轻处罚制度之下对许霆减轻处罚，这样的判决结果既改变了"不能忍受程度"的原审判决，也维护了"国法"的稳定性。

第三章　刑事司法中情理法融通的价值内涵

人类生活存在两个基本问题：一是真理问题，解决的是"世界是什么、怎么样"，"我们何以知道、怎样知道"的问题；二是价值问题，日常生活中我们经常用"好"与"坏"来表达价值问题，美丑、利弊、祸福、荣辱、得失等一切均可以分为好坏，即都是价值问题。如果说真理问题是"是否"的问题，那么，价值问题就是"应该"的问题。[1]刑事司法一方面解决的是如何正确适用法律的真理问题，另一方面也要通过司法活动弘扬正确的价值取向，在惩恶的同时也要有扬善的价值目标。刑事司法必须弘扬和体现文明、先进的、符合人心向背的价值取向，弘扬、体现先进、文明的价值取向是刑事司法的基本要求之一。在刑事司法中应当体现出弘扬符合中国法治传统的内容，通过刑事司法凝练出契合普通民众情理观的表达方式，用一种理性和温情结合的方式发现情理法融通的价值内涵是刑事司法应有的追求。

---

〔1〕 李德顺："从价值观到公民道德"，载《理论学刊》2012年第9期。

第一节　刑事司法中的情理法融通符合正义的要求

一、经由刑事司法实现的正义

习近平指出:"公平正义是政法工作的生命线,司法机关是维护社会公平正义的最后一道防线。政法战线要肩扛公正天平、手持正义之剑,以实际行动维护社会公平正义,让人民群众切实感受到公平正义就在身边。"[1]司法不仅仅具有防线功能,还具有宣教功能,经由刑事司法实现的公平正义会在普通民众的内心形成价值指引,刑事司法的情理法融通当然也要符合这样的价值要求。发现真相和追求正义是刑事司法中的两大任务,陈光中教授认为,现代刑事诉讼的核心价值观就是公正与真相[2],而刑事司法中的发现真相的目的其实还是为了实现公正,真相与公正不是并列关系而是递进关系,刑事司法中的情理法融通确实也和发现真相没有什么关系,而是为了实现理想中的正义。卢梭在《社会契约论》中表明了法律是正义的实现方式,法律是正义的目的,"毫无疑问,存在着一种完全出自理性的普遍正义;但是要使这种正义能为我们所公认,它就必须是相互的。然而从人世来考察事物,则缺少了自然的制裁,正义的法则在

---

[1] "习近平治国理政'100句话'之:公正司法是维护社会公平正义的最后一道防线",载手机央广网,http://m.cnr.cn/news/djnews/20160224/t20160224_521451857.html,最后访问日期:2020年10月17日。

[2] 参见陈光中:"公正与真相:现代刑事诉讼的核心价值观",载《检察日报》2016年6月16日,第03版。

第三章　刑事司法中情理法融通的价值内涵

人间就是虚幻的；当正直的人对一切人都遵守正义的法则，却没有人对他遵守时，正义的法则就只不过造成了坏人的幸福和正直的人的不幸罢了。因此，就需要有约定和法律来把权利与义务结合在一起，并使正义能符合于它的目的。"[1]正义作为一种价值观念，其具有理想主义的特征，它抽象地存在于每一个人的脑海之中，具有普罗米修斯般的面孔。正义的实现当然不是想象出来的，而是需要借助于一定的载体和方式，刑事司法就是实现正义的载体和方式，刑事司法中进行情理法融通的价值当然是为了更好地实现看得见的正义。公平正义是社会主义核心价值观的"多层同心圆"，而且本书也已经初步论述过社会不同群体应当是有着关于正义的基本共识的，正义也体现在特定社会背景之下的全体公民的共同情理观念中，普通民众对于正义的认知当然包含于"天理""人情"之内。在东西方社会中，谁也不会否认正义的极端重要性，正义对于全体公民具有普适性。司法和道德都是对社会关系的调整方式，其也天然地包含了正义的要求。道德虽然亦普适地面对全体社会成员，但是道德教化显然没有强制力，缺乏了强制力的道德当然也追求正义，但是相较于司法的强制性，道德的谴责是一种柔性力量。司法特别是刑事司法对于实现正义的作用毋庸置疑。

　　刑事司法中，权利与权力的博弈表现得尤为明显，刑事司法的目的之一也是尊重和保障作为人的权利。在刑事司法的过程中，国家权力介入的深度要远超民事和行政诉讼，这也意味着权力被滥用的风险要更大，刑事司法中权力滥用的风险还是

---

[1]　参见［法］卢梭：《社会契约论》，何兆武译，商务印书馆1980年版，第48~49页。

要靠法律去规制，习近平一再强调的"把权力关进制度的笼子"实际上也是这层意思，因为制度本身也是由法律规定的。庞德说："今天许多人都说法律乃是权力，而我们却总是认为法律是对权力的一种限制。社会控制是需要有权力的—它需要用其他人的压力来影响人们行为的那种权力。作为社会控制的一种高度专门形式的法律秩序，是建筑在政治组织社会的权力或强力之上的。但是法律决不是权力，它只是把权力的行使加以组织和系统化起来，并使权力有效地维护和促进文明的一种东西。"[1]庞德旗帜鲜明地指出法律是对权力的限制，权力的存在和行使都必须依据法律，通过法律限制权力就是一种正义。博登海默在谈到权力与法律的关系时认为，权力实则是一种控制他人的欲望，而法律从源头上就是人民反对权力的表现，法律最重要的意义在于约束权力、摆脱专制。[2]博登海默认为人类摆脱专制统治是一种本能，在文明社会中，法律则可以防止这样的专制统治，法律也是位于权力之上的。既然法律的要义在于限制权力、保障权利，那么正义作为法律的具体追求当然也要反对公权力的扩张。西方的法学家反复论述正义是有着自身原因的，在古典自然法学派的影响下，在西方的法治传统中正义是最高位阶的价值，司法的目的是为了实现正义价值观浸润在西方的法治理念之中。一个值得注意的方面是，justice 的意思包括司法、审判、正义等，由此司法与正义在词源上就具有了共通点。在罗马法学的著作《学说汇纂》中对司法官的职责是这样解释的：

---

[1] [美] 罗·庞德：《通过法律的社会控制——法律的任务》，沈宗灵、董世忠译，商务印书馆1984年版，第26页。

[2] 参见 [美] E. 博登海默：《法理学：法律哲学与法律方法》，邓正来译，中国政法大学出版社1999年版，第378页。

"人们有理由称我们为法的司铎,因为我们是在培植正义,并传播善良和公正的知识;区分公正与不公正,区别合法与非法;我们希望在教导人们行善时不仅借助刑罚的威吓,而且也利用奖赏的鼓励;我们追求的是真正的哲理,而不是虚伪的哲理。"[1]经由司法活动实现正义是西方司法的价值内核。当然,大陆法系和英美法系对于实现正义的具体方法和路径还是有所区别的。大陆法系遵循严格的罪刑法定原则,所谓的正义就是严格依法裁判,这就是格劳秀斯说的"遵守法律,是谓正义;正直者的良心赞成正义,谴责非正义。"[2]英美法系并不像大陆法系一样重视成文法典,其为了追求正义甚至可以"法官造法",司法者对于前例的援引或者法律的解释已经掺进了人的主观因素。司法将正义作为价值取向符合司法的特征,也是我们关于司法的理想状态,正义当然应当与普通民众理解的"天理""人情"具有内在的一致性,刑事司法中的情理法融通追求正义的理想状态并不一定总能实现,但是这至少为我们在遇到不正义的时候提出反证提供了理论上的依据。

对刑事司法中正义的追求至少要经由程序正义和实体正义两个层面。是程序正义优先还是实体正义优先的这一问题长久地存在于学者论争之中,刑事司法到底是为了追求实体正义而牺牲程序正义还是为了保证程序正义而牺牲实体正义难有定论。程序正义要求:"①严格遵守刑事诉讼法的规定;②司法机关依法独立行使审判权、检察权;③认真保障当事人和其他诉讼参与人,特别是犯罪嫌疑人、被告人的诉讼权利;④不得强迫自

---

[1] 黄风:"学说汇纂(节译)",载《政法论坛》1990年第3期。
[2] [荷兰]格劳秀斯:"战争与和平法",转引自《西方法律思想史编写组》编,《西方法律思想史资料选编》,北京大学出版社1983年版,第140页。

证其罪,严禁刑讯逼供和以其他非法手段取证;⑤审前程序尽量透明,审判程序公开;⑥在审判程序中,一审庭审实质化,控辩双方平等对抗,法庭居中裁判;⑦按法定期限办案、结案。"[1]西方近现代法治对于程序正义有着孜孜不倦的坚持和追求,在司法的过程中,严格遵循诉讼法规定的程序就是司法正义的要义所在。西方刑事司法中坚持程序的典型代表莫过于米兰达规则和辛普森杀妻案。米兰达规则就是我们所熟知的沉默权的来源。米兰达规则又被称为米兰达警告[2],是美国刑事司法中保障人权的重要制度设计,使得刑事追诉的天平不再绝对地偏向警察权力。而辛普森杀妻案[3]则是谈及程序正义时绕不过去的一个个案,纵然全美国人民都认为辛普森杀害了自己的妻子,但是由于警方的重大失误使得证据的合法性存疑,辛普森因此脱罪。这样尊重程序正义的司法结果纵然可能不一定能够实现实质正义,但是对这一结果的接受才是西方法治理念中的"情理"所在。实体正义则要求:"①认定犯罪事实应当做到

---

[1] 陈光中:"公正与真相:现代刑事诉讼的核心价值观",载《检察日报》2016年6月16日,第03版。

[2] 完整的米兰达权利包含:①警方强制讯问之前,必须告知"米兰达警告",即"你有权保持沉默,但如果放弃沉默权,你所说的一切均有可能成为法庭上不利于你的证据;你有权利聘请律师,如果重罪案件中无力聘请,将会有指定律师为你提供法律援助"。②如果警察讯问前未履行告知米兰达警告的义务,嫌疑人作出的供述均不具有证据资格,禁止在法庭上使用。③必须是嫌疑人明知且明智地放弃权利,警察才能继续讯问。④在任何时间,只要嫌疑人表示他不想再陈述了,讯问必须立即停止。参见[美]卡罗尔·S.斯泰克编:《刑事程序故事》,吴宏耀等译,中国人民大学出版社2012年版,第146~147页。

[3] 1994年,前美式橄榄球运动员辛普森(O. J. Simpson)杀妻一案成为当时美国最为轰动的事件。此案当时的审理一波三折,辛普森在针对其用刀杀前妻及餐馆的侍应生郎·高曼两项一级谋杀罪的指控中,由于警方的几个重大失误导致有力证据的失效,其得以无罪获释,仅被民事判定为对两人的死亡负有责任。本案也成为美国历史上遵循程序正义的标杆性案件。

事实清楚、证据确实充分;②正确适用刑法认定犯罪嫌疑人、被告人是否有罪及其罪名;③罪疑刑疑,应当从有利于被追诉人方面作出处理;④按照罪责刑相适应原则及其他法定情况,依法适度判处刑罚;⑤已生效的裁判得到合理有效的执行,使结果公正得以真正地实现;⑥对于错误处理的案件,特别是无罪错作有罪处理的案件,依法采取救济方法及时纠正、及时补偿。"[1]实体上的正义是刑事司法预设的价值目标,可以说,程序正义与实体正义虽然在路径的选择上不一样,但是其实是实现正义这一个问题的两个方面,实体正义的实现高度依赖于准确的认定事实以及适用法律,而认定事实的过程并不总是确定无疑的。程序正义则在认定事实的过程中提供保障,即便是我们所追求的实体正义也要经由程序正义去实现,实体正义和程序正义并不是非此即彼的适用,二者只不过是对程序和结果的着眼点不一样,程序正义和实体正义作为刑事司法的重要方面都应当统筹于司法正义这一个总体目标之下,实现"国法""天理""人情"的统一。纵然普通民众可能无法理解程序正义和实体正义的关系,但是如果个案的审判都能达到"遵国法、循天理、达人情"的境界,那么就一定能实现经由刑事司法的公平正义。

二、个案中的情理追求

对个案正义的关注和研究并不是一个新问题,学界很早就展开了对个案正义的思考,疑难复杂个案恰恰集中体现了普通

---

[1] 陈光中:"公正与真相:现代刑事诉讼的核心价值观",载《检察日报》2016年6月16日,第03版。

民众的情理观念,个案正义中当然也应当有情理融通的追求。何家弘教授认为:"个案正义是司法活动的一项基本原则。按照这条原则,以法官为代表的司法人员应该在审理各种案件的过程中正当、平等地对待当事人及其他诉讼参与人,应在审理各种案件的结果中体现公平正义的精神。"[1]著名法理学教授郑成良认为:"不同情况不同处理、给予每一位当事人以应有的尊重的具体可感知的正义,就是个案的实质正义。"[2]学者对于个案正义的总结基本还是停留在教义学的范畴之内,刑法的教义学理论强调对于法律的解释应当严格遵循形式化的要求,不能轻易质疑法律规范以维护法律的稳定性,刑法教义学的核心是刑法解释,是以刑法适用为使命的理论研究[3]。这当然也是我们理想中的立法和司法,但是在面对疑难复杂的个案时,严格的教义学立场屡屡受到挑战和质疑。司法者如何在依法裁判的前提下,恰当地链接起规范和个案的关系,在满足法律规范的情况下实现个案正义成了一个难题。例如,在诸多引发了情理法融通讨论的案件中,正是由于其没有处理好"个案正义"和"满足规范性体系"之间的关系。复杂疑难的个案通常意味着在现行法律之下的司法结果要么没有依据、要么有多个冲突的依据或者其结果难以让人信服。这样的疑难复杂的个案一方面有着法律自身的原因,另一方面也有着不同社会主体基于各自对"国法""天理""人情"的理解而产生矛盾的原因。德国学者

---

[1] 何家弘:"司法公正论",载《中国法学》1999年第2期。
[2] 郑成良、张英霞、李会:"中美两国司法理念的比较",载《法制与社会发展》2003年第2期。
[3] 陈兴良:"刑法教义学的逻辑方法:形式逻辑与实体逻辑",载《政法论坛》2017年第5期。

Ralf Poscher 认为疑难案件虽为偶发现象,但它却是裁判的核心,也是作为职业和学科的法律实践的核心。[1]一个基本的共识是法律自一诞生就已经落后了,法律也是天然存在着漏洞的,我们的刑事司法当然也应当关注如何在疑难复杂的个案中实现情理法的融通,个案正义也是刑事司法应有的价值目标。司法在调整处理各种社会关系的过程中就已经预设了正义的价值立场,司法者的眼光不仅仅应当看到法律和事实,还应当以情理法的融通来实现个案正义。2014 年 1 月 7 日,习近平在中央政法工作会议上表示,促进社会公平正义是政法工作的核心价值追求。司法机关是维护社会公平正义的最后一道防线。2015 年 3 月 24 日,在中共中央政治局第二十一次集体学习时,习近平谈到,"深化司法体制改革,建设公正高效权威的社会主义司法制度,是推进国家治理体系和治理能力现代化的重要举措。公正司法事关人民切身利益,事关社会公平正义,事关全面推进依法治国。要坚持司法体制改革的正确政治方向,坚持以提高司法公信力为根本尺度,坚持符合国情和遵循司法规律相结合,坚持问题导向、勇于攻坚克难,坚定信心,凝聚共识,锐意进取,破解难题,坚定不移深化司法体制改革,不断促进社会公平正义。"[2]全社会公平正义的实现不能以牺牲个案正义为前提,恰恰相反的是,疑难复杂个案中的不正义会消解普遍意义上的正义,违背了基本情理观的个案会让普通民众怀疑普遍意义上的

---

〔1〕 参见 [德] Ralf Poscher:"裁判理论的普遍谬误:为法教义学辩护",隋愿译,载《清华法学》2012 年第 4 期。

〔2〕 "习近平治国理政'100 句话'之:公正司法是维护社会公平正义的最后一道防线",载手机央广网,http://m.cnr.cn/news/djnews/20160224/t20160224_521451857.html,最后访问日期:2020 年 10 月 19 日。

正义能否得以实现。我国《宪法》和《刑事诉讼法》都开篇明义地明确了尊重和保障人权的基本原则，从刑事司法实践来看，尊重和保障人权不是一句口号，更是贯穿刑事司法全过程的重要的纲领性原则。

　　实现个案正义当然有赖于司法者的司法技能以及司法良心，但是个案正义的实现远非如此简单。从制度层面而言，离开了完善的法律制度来奢谈个案正义无异于痴人说梦，法律制度体系即法制运行的制度化表现，其包括了从立法到执法再到司法的完备环节。法律制度体系的完备是实现个案正义的前提和基础，唯有良法才有可能实现善治，而所谓良法当然不能和普通民众所理解的"天理""人情"南辕北辙。个案正义的实现除了要求具备完备的法律制度体系还需要具备法律素养的法律职业共同体的共同努力。在刑事司法的视域中，法律职业共同体的成员主要包括法官、检察院和律师。虽然三方的职能属性有所区别，但是其对于法律制度的理解、对于"天理""人情""国法"的认知、对于公平正义的追求、对于悲天悯人情怀的坚守都有着殊途同归的期待。个案正义在古代中国的传统社会中并未像今天一样引发大规模的讨论，因为传播方式的发展使得民意能够通过各种渠道开始发声，又因为信息的不对称，个案中的网络民意掺杂着各种声音铺天盖地而来，网络民意和司法的互动实际上正体现了普通民众在个案中以自己理解的"国法""天理""人情"评价个案，对这样的互动处理失当会招致普通民众对于法治实现方式的怀疑，处理得当则会为个案正义的实现创造良好的舆论环境，更会以一种理性的方式实现刑事司法的情理法融通。不论我们是否同意，民意与刑事司法间的互动都已经是现实，我们不应当对蕴含"天理""人情"的民意进行围追堵截,更应当考虑的是如何在这样的互动中实现司法的人文关怀,以个案正义推动普遍意义上的公平正义。

刑事司法中的情理法融通的价值之一就是为了实现个案正义,我们不能站在价值认可的角度仅仅论述其必要性而罔顾实现个案正义的路径。首先,我们认为在遵循罪刑法定原则的前提下,应当通过司法解释保障法律的正确实施,司法解释不仅适应了社会的变化,弥补了法律可能存在的漏洞,也在一定程度上统一了司法裁判的标准和尺度。司法解释不应当是对法律条文的机械翻译和拓展,为了避免刑事司法的僵化和落后,其应当体现出契合时代特征的"天理"和"人情"的内容,这些内容应当以我们的常识常理常情为基础。2016年出台的《最高人民法院、最高人民检察院关于办理贪污贿赂刑事案件适用法律若干问题的解释》将贪污或受贿被判处十年以上有期徒刑的金额从10万元直接提升到了300万元。但是在我们前面提到的"许霆案"中,许霆涉嫌盗窃金融机构的金额是17.5万元,一审法院却判处了其无期徒刑。特定行为入刑的原因当然是因为其具备社会危害性,从这个角度看,贪污受贿的背后往往有着其他的请托事项,其社会危害性不会小于盗窃金融机构,但是在量刑上所体现出的差距却是与普通民众的常识常理常情完全背离,也即,对法律的解释如果脱离了社会基础,就会出现如同"许霆案"这样饱受非议和质疑的个案。其次,在疑难复杂个案中要更加注重对于立法本意的理解。"2019年初,一名叫赵宇的男子发出求救微博,称自己因阻止女邻居被打,与施暴者产生肢体冲突,却因涉嫌故意伤害罪被刑拘多日。2019年2月20日,福州市公安局晋安分局以过失致人重伤罪将赵宇移交晋安区人民检察院审查起诉。一时间舆论哗然,后检方认为,赵宇的行为属正当防卫，但超过必要限度，造成了被害人李某重伤的后果。鉴于赵宇有制止不法侵害的行为，为弘扬社会正气，鼓励见义勇为；综合全案事实证据，对赵宇作出不起诉决定。福州市晋安区人民检察院依然认为赵宇是够罪的，并作出了酌定不起诉的决定。在最高人民检察院指导下，福建省人民检察院指令福州市人民检察院对该案进行了审查。经审查认为，赵宇的行为属于正当防卫，不应当追究刑事责任，原不起诉决定书认定防卫过当属适用法律错误，依法决定予以撤销，对赵宇作出无罪的不起诉决定。"[1]通过这些标志性案件，司法机关关注了司法背后的价值取向，刑事司法在情理法融通的视角下实现了个案正义。可以说，正当防卫条款从沉睡中一步步被激活的表现正是由一个个的疑难复杂案件推动的结果。最后，在疑难复杂个案中更应当注重刑事司法文书的说理。自党的十八届三中全会和党的十八届四中全会高屋建瓴地提出了要"加强法律文书释法说理"的部署后，最高人民法院迅速在"四五改革纲要"中确立了"推动裁判文书说理改革"的具体任务[2]，最高人民法院于 2018 年 6 月 13 日印发的《关于加强和规范裁判文书释法说理的指导意见》也正式生效施行。无疑，这些举措是对我国当下的司法文书释法说理不足问题的正面回应。与此同时，我们不得不面对的一个问题是刑事司法文书的说理不仅仅应当依托于文本意义上的法条，我们还要立足于自己的本土

---

[1] "检察机关依法纠正赵宇案处理决定"，载中华人民共和国最高人民检察院网，https://www.spp.gov.cn/spp/zdzg/201903/t20190301_410012.shtml，最后访问日期：2020 年 10 月 21 日。

[2] "加强裁判文书释法说理 促进司法理性公正权威——最高人民法院司改办负责人答记者问"，载中国法院网，https://www.chinacourt.org/article/detail/2018/06/id/3335892.shtml，最后访问日期：2019 年 9 月 10 日。

法治资源,以根植于我们文化传统的价值体系作为法律运行的一种内在支撑。刑事司法文书的说理当然应该以法理阐释为主体内容,以"通情达理合法"为目的实现个案正义。

三、恢复性司法视角下的正义实现

我们对于刑事司法中能否实现正义的关注点一般放在被告人的权利能否得到保障以及实体上的处理是否妥当等方面,对于刑事司法中被害人的关注相对不足。但是作为刑事司法中的重要主体,被害人的权利能否得到程序上和实体上的保障当然也关乎正义实现的方式,刑事司法中的情理法融通不能有意或者无意地忽略了被害人。正是在这样的背景之下,恢复性司法在被告人和被害人之间架起沟通的桥梁,通过抚慰被害人的身心痛苦促使被告人真诚认罪悔罪成为如何在刑事司法中实现情理法融通的关注点之一。虽然学界对于恢复性司法并没有一个准确权威的定义,但是司法实践中已然开始了热切的探索,这样的探索既要有制度依据也要有现实意义,恢复性司法作为一种多元处理犯罪的方式能否同时实现惩罚犯罪与实现正义的价值追求应当值得我们思索。"当贝卡利亚以及他的同行们,包括边沁、费尔巴哈、康德以及黑格尔,所建构的古典犯罪学理论仍然在义正词严地宣扬罪刑法定主义、等量报应论、犯罪不法论和法律报应论的时候,刑事实证学派的先驱者们纷纷主张刑罚不能是一种简单的报应,而应当确立预防犯罪的目的,刑罚惩罚的对象是行为人,而不是行为。"[1]分析实证学派的先驱们

---

[1] 金果:"超越正义的宽恕:反思规范之下审判阶段的恢复性司法",载《华东师范大学学报(哲学社会科学版)》2016年第5期。

所提出的措施之一就是恢复性司法（Restorative Justice），将英文"restorative justice"翻译为"恢复性司法"，是联合国的官方中文翻译。从英文翻译来说，恢复性司法和正义高度相关，也就是当古典犯罪学理论在刑事司法实践中出现了问题时，在单靠刑罚的手段已经难以实现真正意义上的正义时，人们开始追问，我们的刑事司法不应该在惩罚被告人的时候忘记诸如被害人这类主体。在这样的背景之下，司法实践中开始注重被害人这类主体应当如何参与到诉讼程序中来，开始关注因为犯罪行为而导致的物质损失如何得以补偿。从1974年在加拿大首次实施的"被害人—犯罪人和解计划"始，该计划的存续迄今已经超过四十年，恢复性司法已经在很多国家的司法实践中得到了体现，恢复性司法特别是在轻微刑事案件以及少年司法中都取得了斐然的成绩。对于恢复性司法，虽然不同的学者从不同的角度给出了自己的理解，但是基本上其都有着共同遵循的原则，包括刑事司法中各方主体的积极参与和协商、关注对于社会危害的抚愈、寻求对裂痕的弥补等。到20世纪90年代，恢复性司法已在数十个国家的司法实践中得到不同程度的应用。据初步的数据统计，截止20世纪90年代末，欧洲范围内的恢复性司法计划高达500余个，而北美的恢复性司法计划有300余个之多，其他地区的恢复性司法计划也有200余个。[1]

传统刑事司法的理念当然应该随着时代的进步而发展，当传统刑事司法在打击犯罪有余而对被害人的保护不足的情况下，恢复性司法能够得到理论界和实务界的青睐也就不足为奇了，

---

[1] See Tony F. Marshall, *Restorative Justice: An Overview*, Home Office, 1999, London, p.7.

其具有了实现正义的价值,对于被害人的关注当然也是在"情理"之中。虽然在司法实务中,各地已经有了恢复性司法的制度性框架,但是恢复性司法甫一进入中国时曾受到过怀疑,因为其"追求的是一种'具体的正义',然而也将正义推向了一种很不确定的状态,破坏了罪刑法定原则。当法律不断受到反复无常、不受限制的非制度性调整时,就谈不上什么服从法律,谈不上什么合法性,也谈不上什么法律之内的正义了。"[1]本书不认可恢复性司法违背了罪刑法定原则并破坏了法律之内的正义的观点,诚如我们此前所认为的罪刑法定原则的要义一方面是法无明文规定不为罪,另一方面也是控制强大的国家刑罚权动辄入罪之冲动的关键所在,对于入罪冲动的制度性控制就是实现正义的方式之一。罪刑法定原则也并不否认应当关注犯罪背后的原因,在同样罪行的情况下,法律也规定了诸多关于出罪以及量刑上的考量,比如亲属之间的盗窃和陌生人之间的盗窃或者由邻里纠纷引发的刑事责任和陌生人之间的刑事责任也是有所区别的,如果同样的罪行一定是被判处完全同样的罪刑,显然是对于罪刑法定原则的僵化理解,也是对于绝对正义的机械理解。一个基本的常识是,刑事处罚并不是解决矛盾的完美方案,也并不是在被告人锒铛入狱后就算正义得到了实现。如果被告人真诚地认罪悔罪且弥补了被损坏的社会关系,被害人也真诚地予以谅解,固执地启动国家追诉权并判处刑罚是不是就一定是正义的问题也值得思考,不论是检察官还是法官的自由裁量权就是正义实现的空间所在,对于被告人免于追诉完全

---

[1] 邹积超:"论'恢复性司法'应该缓行",载《华东政法学院学报》2004年第6期。

"合情合理"。另一个应当引起我们注意的问题是，恢复性司法是不是违背了法律面前人人平等的原则。根据《中华人民共和国刑法》第四条："对任何人犯罪，在适用法律上一律平等。不允许任何人有超越法律的特权。"[1]这里的法律上的一律平等自然要求排除由身份地位等因素造成的适用法律上的不平等，但是法律面前人人平等绝非意味着没有差别，世界上没有完全相同的两个案件，刑事司法的过程如果像数学公式一般精确无误且结果唯一，那么情理法的融通也就没有了讨论的必要性，刑事司法就是在普遍层面的正义与作为个案的正义之间予以平衡的过程。恢复性司法作为一种制度公平地适用于所有符合适用条件的案件，其并不完全依赖于司法者的自由裁量，这种制度公平地适用于所有人就是正义。绝对的正义本来就是难以企及的理想境界，如果刑事司法在适用的过程中不对任何人有所歧视和偏见，更不允许任何人有法律上的特权就是我们所追求的正义，那么恢复性司法也只不过是一种具体的司法制度，是对普遍正义和个案正义的统一。至于态度诚恳的程度，赔偿金额的协商是制度设计所需要考虑的问题，与恢复性司法制度本身在实现正义中的价值无关。恢复性司法要求司法者具备对"国法""天理""人情"的基本理解，循"国法"以裁判，尊"天理"以服众，依"人情"以动人，于被告人和被害人而言，恢复性司法以大家都认可的常识常理常情为基石，恢复的是昭昭天理人情，恢复的是暖慰人心的司法关怀。

一个值得注意的现象是恢复性司法在近年的环境资源刑事司法中受到广泛的关注，最高人民法院明确提出在环境资源案

---

[1] 参见《中华人民共和国刑法》第四条之规定。

件中要树立修复为主的司法理念,将环境修复作为该类案件司法审判中的价值取向。[1]生态环境案件与其他的刑事案件有所区别,对于被破坏生态环境的恢复和对被告人的惩罚在本质上并不冲突,司法实践中对于诸如污染环境这样的案件,公诉机关会代表国家提起公益诉讼,但是一般的刑事诉讼中,检察机关的主要职能是提起公诉,但是并不会代表被害人另行提起诉讼。在环境资源刑事案件的恢复性司法模式下,行为人通过承担修复生态环境的责任来表明自己认罪悔罪的态度,以实现惩罚与教育的并重、挽救行为人和修复环境并行的效果。但是我们也要看到,司法实践对于在环境资源案件中适用恢复性司法的内容多见于规范性文件,并没有法律上的明确依据,这也导致了不同地区难有统一的司法准绳。另一个亟待解决的问题是环境资源案件的专业化程度较高,司法者往往高度依赖于鉴定机构的鉴定意见,对于鉴定意见缺乏基本的识别与理解能力,司法者对于定罪量刑的核心证据大多没有识别能力,因此司法的结果能否实现正义不免让人生疑。从少年司法到在社会矫正中的恢复性司法理念的贯彻,再到近年来环境资源刑事审判对生态文明和谐的追求,无不体现出恢复性司法在实现正义方面的价值。

第二节 弥补刑事法律规范的固有缺陷

法律源于社会生活实践,是广大社会民众意志的集中体现,

---

〔1〕 参见李挚萍:"生态环境修复责任法律性质辨析",载《中国地质大学学报(社会科学版)》2018年第2期。

司法的目的在于规范社会生活，情理则是广大社会民众在现实生活中累积的经验法则，法律精神与情理息息相通。理想的法律规范应内蕴情理，在反映客观规律及大多数社会民众意志、愿望的同时，促进社会进步和发展。[1]刑事司法中的情理法融通可以在遵循刑事法律规范的同时赋予司法以温度，当刑事司法适用的逻辑推理与普通民众的经验法则发生矛盾时，一方面不能放纵具有社会危害性的违法犯罪行为，另一方面也需要考虑适用情理以使得司法裁判和普通民众的朴素正义观不会出现极大的偏差。蕴含了普通民众情理观念的朴素正义观实际上对社会关系调整的深度和广度都要大于成文法，当成文法由于滞后性等原因导致司法结果与正义观念对立时，可以从情理的角度去理解法律背后的价值关怀，从而使得刑事司法的结果大抵上合乎公众理性。正如欧文·费斯（Owen Fiss）所言，司法者通过法律将公众理性形象化，其在权衡了法律权威和实践生活之间的差距之后，致力于找到弥补差距的办法。[2]

一、法律文本的滞后和时代的飞速发展

改革开放以来，社会经济的发展速度有目共睹，这样的发展使得法律文本的滞后和时代发展之间的矛盾愈加凸显，实践中不断涌现的新问题和现行立法之间的对立，社会细分领域的不断开拓和立法的兜底性、原则性之间的矛盾，是我们关于现

---

〔1〕 宋高初：" 论刑事司法的合情理性"，载《中国刑事法杂志》2010年第1期。

〔2〕 参见［美］欧文·费斯：《如法所能》，师帅译，中国政法大学出版社2008年版，序言第1页。

阶段刑事立法和司法的基本认识。[1]刑事法律规范具有滞后性是我们对于法律的基本认识之一，滞后性也是成文法无法避免或者克服的固有缺陷，法律规范的稳定性和时代的飞速发展之间的关系本身就难以协调。即便立法者具有前瞻性也无法预测未来社会生活的变化，"法律制定之后，社会并没有因为法律的确定而变得凝固，相反的是，社会生活始终在向前发展，社会关系始终在发展变化。"[2]既然作为"三段论"大前提的法律规范天然地具有滞后性，那么"三段论"的演绎结果则不一定总是科学的，同时社会生活并不是一个稳定的模型，社会规范包括法律、道德、风俗习惯等各种规范，这些规范在不同的领域之内调整社会关系。立法发生在社会生活之后，且正是由于社会实践中出现了层出不穷的新现象才会促使立法的更迭，当然，这种更迭可以通过法律以及司法解释的方式来实现。例如，《刑法修正案（十一）》其中对于刑事责任年龄的降低、冒名顶替上大学入刑以及奸淫不满十周岁的幼女适用更重的刑罚等变化便呼应了社会实践中的新变化，这当然也是立法及时适应社会变化的一种表现。张明楷教授就认为："学者研究刑法的关键在于合理地解释刑法，而不是批评刑法立法的不周。"[3]法律本来就不是调整社会关系的唯一手段，况且具有滞后性的法律更不可能是社会治理的唯一方式，社会生活中的情理观念是法律的有益补充，在疑难复杂的个案中，司法者的眼光中不应只停留在并不完美的成文法典，如果能实现"国法""天理""人情"的融通则更可能会实现合乎各方期待的正义判决。可以预见的是，

---

〔1〕 李佳欣：“刑法解释的功能性考察”，载《当代法学》2014 年第 6 期。
〔2〕 卓泽渊：《法学导论》，法律出版社 2015 年版，第 116 页。
〔3〕 张明楷：“刑法学研究中的十关系论”，载《政法论坛》2006 年第 2 期。

社会进步的脚步会越来越快,各种新业态新模式也会层出不穷,刑事法律规范的滞后性可能会更加明显,譬如从 P2P 雨后春笋般的发展再到现在区块链的遍地开花,指望刑事法律规范的朝令夕改显然只能是一种美好想象。且立法者本身的认识水平各不相同,价值观念各异等因素也会导致法律存在不确定性,"法律绝不可能发布一种既约束所有人同时又对每个人都真正最有利的命令。法律在任何时候都不能完全准确地给社会的每个成员作出何谓善德、何谓正确的规定。人类个性的差异、人们行为的多样性、所有人类事务无休止的变化,使得无论是什么艺术在任何时候都不可能制定出可以绝对适用于所有问题的规则。"[1]法律的滞后性和时代的飞速发展都是客观存在的实际情况,而刑事司法中的情理法融通则在一定程度上弥补了这一问题,立足于普通民众共同认可的情理,其具有沁润人心的作用有利于刑事司法真正实现公平正义,特别是在适用滞后的法律出现了令人难以接受的结果时其更具有重要意义。

"内蒙古农民王力军无证贩卖玉米案"以及"许霆案"等案件的最终改判是对僵化司法的适时调整,但是其本身并不能反映法律的滞后性,而"耽美作者天一案"却让我们直面由法律的滞后性所带来的对于正义观念的冲击。安徽省芜湖市芜湖县人民法院认定:"2009 年以后,被告人刘婷婷为非法牟利,先后编写创作《胯下之臣》《攻占》《爱犬》等具体描述性行为、露骨宣扬色情的诲淫性书刊,交被告人林诗卉等人校对、排版,交被告人何志等人印制,后自己或由他人对外出售牟利。经过

---

[1] 转引自[美]埃德加·博登海默:《法理学——法哲学及其方法》,邓正来、姬敬武译,华夏出版社 1987 年版,第 8 页。

国家新闻出版广电总局出版产品质量监督检测中心以及芜湖市公安局鉴定，前数书刊均为淫秽物品。经统计，刘婷婷非法获利15万余元。"[1]根据《刑法》第三百六十三条规定："以牟利为目的，制作、复制、出版、贩卖、传播淫秽物品的，处三年以下有期徒刑、拘役或者管制，并处罚金；情节严重的，处三年以上十年以下有期徒刑，并处罚金；情节特别严重的，处十年以上有期徒刑或者无期徒刑，并处罚金或者没收财产。"[2]而对"情节特别严重"的解释则依据的是《最高人民法院关于审理非法出版物刑事案件具体应用法律若干问题的解释》第八条[3]，制作、贩卖淫秽物品的，"情节特别严重"为5000册以上，金额为15万元以上。本案中，刘婷婷被指控的非法获利刚刚超过15万元，属于"情节特别严重"。因此，芜湖县人民法院认定刘婷婷构成制作、贩卖淫秽物品罪，且属于"情节特别严重"，判处有期徒刑十年零六个月。[4]一审宣判后，该案经过网络发酵引发了巨大的舆情，包括新京报以及南方周末等主流媒体都对此进行了报道。该案上诉至芜湖市中级人民法院之后，仅二审的庭审直播播放量就超过了265万次。根据芜湖市中级人民法院（2018）皖02刑终362号刑事裁定书，芜湖市中级人民法院驳回了刘婷婷等人的上诉，维持原判。该案认定刘婷婷属于"情节特别严重"的主要依据是20年前的司法解释，而在这20年间，中国的社会生活发生了翻天覆地的变化，1998年的司法

---

[1] 参见安徽省芜湖县人民法院（2018）皖0221刑初124号刑事判决书。
[2] 参见《中华人民共和国刑法》第三百六十三条第一款之规定。
[3] 参见《最高人民法院关于审理非法出版物刑事案件具体应用法律若干问题的解释》第八条之规定。
[4] 参见安徽省芜湖县人民法院（2018）皖0221刑初124号刑事判决书。

解释确实已经严重落后于时代的发展了，但是司法解释却又是现行有效的，在没有新的司法解释出台之前，法院依据上述规定作出的裁判并不能说是错案，这就是法律文本的滞后性和社会发展之间出现的矛盾。于普通民众而言，看到的是15万元的非法所得行为被判处了十年以上的重刑，网络上的一种声音颇具代表性，"写黄色小说竟然判的比强奸还重。"中国政法大学刑事司法学院教授罗翔表示，法院在依照现行法律判决时，也应符合"罪刑相当"原则，在情节比较轻微、社会危害性不那么严重的情况下，可适用"破格减轻"[1]，逐级报送最高人民法院核准。[2] 一方面法院只能适用20年前的刑事法律规范，另一方面其确实又难以符合普通民众理解的"天理""人情"，因此刑事司法工作者在依法对刑事纠纷进行处理的同时应兼顾情理，以现实生活中普通人的正义理念，并结合社会生活经验，通过社会生活的常规常态常理去理解法律的真正含义，使法律贴近社会生活，并结合法律精神、司法目的、社会政策以及正义、公平、是非善恶等道德价值观念来对被追诉者的行为进行法律判断，使刑事司法与社会的普遍价值观相吻合以回应社会利益和刑事立法目的、要求，使案件的裁判结果合乎公众的通常理性。[3]

党的十八大将"有法可依、有法必依、执法必严、违法必究"老十六字方针调整为"科学立法、严格执法、公正司法、

---

[1] "许霆案"最后的改判适用的就是"破格减轻"制度。
[2] "耽美小说'天一案'中的罪与罚"，载新京报电子报，http://epaper.bjnews.com.cn/html/2019-01/05/content_743582.htm?div=-1，最后访问日期：2020年10月27日。
[3] 宋高初："论刑事司法的合情理性"，载《中国刑事法杂志》2010年第1期。

全民守法"新十六字方针。公正司法的前提当然是要严格遵循成文法律规范，但是法律的滞后性却又是其天然缺陷，即便法律滞后于社会发展，司法者也不能以此为由拒绝裁判，或者径直简单粗暴地适用严重滞后的法律来评判飞速发展的社会实践。虽然我们对于法律的滞后性和社会的飞速发展之间的矛盾无能为力，但我们可以在司法适用的方法和规则上做出努力以弥补由法律的滞后性所导致的问题。《刑法修正案（八）》对于死刑的严格限制；《刑法修正案（九）》针对实践中出现的猥亵虐待儿童等行为及时加强了人身权利保护，为了反腐需要其也加大了对于腐败的惩治力度，并创造性地规定了贪污犯罪的"终身监禁"；《刑法修正案（十）》增加了侮辱国歌罪；《刑法修正案（十一）》对人民群众关注的食品药品安全以及生态环境安全等的及时关注，凸显了法律解释及时跟上了时代发展的脚步，也彰显了社会主义核心价值观。法律解释在司法实践中的作用也越来越大，虽然刑法中关于贪污受贿的定罪量刑并没有变化，但是最高人民法院、最高人民检察院于 2016 年 4 月 18 日联合发布了《关于办理贪污贿赂刑事案件适用法律若干问题的解释》，将贪污受贿犯罪"数额特别巨大"的标准从 10 万元上升到了 300 万元。有学者认为："司法解释已经不再是简单的对于法律条款的阐释，而已经超越法律文本，逐步形成依据审判实践的需要。"[1]当然，援引司法解释并不毫无原则的，根据《最高人民法院关于司法解释工作的规定》第二十七条第二款："人民法院同时引用法律和司法解释作为裁判依据的，应当先援引法律，后援引

---

[1] 胡岩："司法解释的前生后世"，载《政法论坛》2015 年第 3 期。

司法解释。"[1]除了及时颁行的司法解释，我们还可以辅以发布指导案例以弥补法律的滞后性。最高人民法院从2011年12月20日开始到2021年1月12号共计发布了26批147个指导性案例，这些指导案例一方面统一了司法标准和裁判尺度，另一方面也契合了时代发展，弥补了法律滞后性带来的问题。最高人民法院于2010年颁行了《最高人民法院关于案例指导工作的规定》，其中第七条规定："最高人民法院发布的指导性案例，各级人民法院审判类似案例时应当参照。"[2]2015年，最高人民法院又颁行了《〈最高人民法院关于案例指导工作的规定〉实施细则》，其第九条明确："各级人民法院正在审理的案件，在基本案情和法律适用方面，与最高人民法院发布的指导性案例相类似的，应当参照相关指导性案例的裁判要点作出裁判。"[3]上述司法文件的表述是"应当参照"。2020年，最高人民法院发布《关于统一法律适用加强类案检索的指导意见》，进一步明确了检索到的类案如果是指导性案例的，人民法院应当参照作出判决。"山东于欢案"在二审改判后也入选了最高人民法院第18批指导性案例，"内蒙古农民王力军无证收玉米案"在依法改判无罪后也入选了最高人民法院第19批指导性案例。但是另一个值得注意的问题是，即便指导性案例在弥补法律的漏洞方面的作用已经为司法解释所明确，但是在刑事司法实践中司法者参照指导性案例裁判的情形并不多见，指导性案例更多的是一种宣示性的存在，其并未发挥应有的"指导"的作用，具有规范和引领意义上的指

---

[1]参见《最高人民法院关于司法解释工作的规定》第二十七条之规定。
[2]参见《最高人民法院关于案例指导工作的规定》第七条之规定。
[3]参见《〈最高人民法院关于案例指导工作的规定〉实施细则》第九条之规定。

导性案例的作用远未实现其制度价值。实际上，好的案例能够以直观的方式提升普通民众对于良法善治的信心，而失败的案例特别是触及普通民众基本情理观的个案会极大地让民众怀疑法治对于实现正义的作用。本书"并不否定规范法治的基础性作用，更不主张司法案例唯我独尊，而是主张案例所创造的规则和弘扬的价值能够成为一个有独立内涵的规则体系和价值体系，成为法律、法规和司法解释的必要补充，能够与法律规范、价值体系及司法解释直接连通、相辅相成，并成为执法办案的一种规范资源，直接进入司法活动过程，融入待决司法案例的生成之中，从而在良法善治之外增加一个'良案善治'，要让司法案例在发挥反哺立法的功能之外，也能发挥反哺司法活动的功能。"[1]

二、法律逻辑和生活逻辑的背离

"耽美作者天一案"的被告人因非法获利 15 万元被判处十年零六个月有期徒刑的本质是司法在滞后的法律与飞速发展的社会之间难以进行抉择，这样的司法难题在一定时期内可能难以得到解决，司法解释能在一定程度上弥补这样的裂缝，只要司法解释根据实践的现实情况将量刑的标准及时予以调整，就不会出现普通民众难以接受的裁判结果。那这是不是意味着只要立法进步了就不会出现冲击普通民众情理观念的裁判结果呢，本书在前面已经详细阐释了法律天然具有漏洞，德国利益法学代表赫克认为："即使是最好的法律，也存在漏洞。"[2]因为立

---

[1] 胡云腾："从规范法治到案例法治——论法治建设的路径选择"，载《法治现代化研究》2020 年第 5 期。

[2] [德] 赫克：《利益法学》，津田利治译．庆应大学法学研究会 1985 年版，第 13 页。

法者不可能未卜先知地预测未来的所有问题。而且，刑事司法的复杂性决定了公平正义的实现恐怕不仅仅是依靠对法律漏洞的弥补或者对量刑标准的调整。刑事司法不是教科书式的理想状态，而是复杂的立法、司法、道德、舆论等各种因素综合作用的状态。司法者和普通民众对于公平正义的追求虽然一样，但是普通民众的情理观和司法者在实现正义的思路和方案上当然不一样，正如许章润教授所言："正义并不仅仅取决于法庭与法官的个人标准，而是那些有正常智力和良心的人可能都会合乎情理地认为是正确的东西。"[1]这也就是刑事司法中法律逻辑和生活逻辑的背离，"按照一般的思维路径，法律是按照民主程序产生的体现民意的立法作品，是制度化、文本化的民意，法官依法裁判的结果应当被公众认可而具有公信力。"[2]法律的逻辑之下只有"理性的体系，它是伦理原则和公理的演绎，非此则不足以保证判决的一致性。"[3]但是经历了法律训练的司法者和普通民众的思维方式和评价标准都不一样，其对于裁判结果的认知也会有所区别。然而，根据法律逻辑得出的司法结果并非一定符合情理观之下的生活逻辑，如果司法结果常与生活逻辑相背离则当然不利于司法权威的建立。生活逻辑通常来源于特定社会背景之下，且在生活逻辑中伦理、道德、风俗习惯等因素综合交错在一起，在不同的文化背景、社会地位以及教育程度的影响下，普通民众会运用各自的生活逻辑会去评判个案

---

[1] 许章润：《法学家的智慧：关于法律的知识品格与人文类型》，清华大学出版社2004年版，第188页。

[2] 郭百顺："刑事司法裁判合情理性与司法公信力"，载《福建法学》2014年第1期。

[3] [美] 奥利弗·温德尔·霍姆斯："法律的道路"，汪庆华译，载冯玉军选编，《美国法律思想经典》，法律出版社2008年版，第3页。

是否符合内心关于"天理""人情"的感受。刑事司法中的法律逻辑要求司法者严格遵循作为裁判依据的大前提,准确认定作为案件事实的小前提,最后严谨地得出作为裁判结果的结论,虽然亦有诸如坦白从宽、抗拒从严这样的宣谕式政策,但是总体而言,法律逻辑的内核是理性遵守成文法的规制。法律逻辑也使得法律具备了稳定性和可预测性,这样的特性也使得法律从诸多社会规范中脱颖而出,并成为所有人都应当遵守的行为规范。法律逻辑关心的是规范意义下的权利义务,即适用"三段论"的个案是否符合法律规定。法律逻辑之下自有横向的部门法以及纵向的效力等级,有着司法推定的规则和方法。"在立法水平很高的成文法国家,规则的细密化程度也很高,法官的任务是严格执行法律规则,用法教义学的方法来解决个案,只有在特殊的情况下才有可能'超越法律'。在判例法传统的国家,制定法并不是法律的主要形式,所以'超越法律'考量结果的方法自然成风。个案到个案的区别技术和推理,没有精细的法律方法可循,对法官运用区别技术的经验依赖很强,法官超越法律、考虑后果的思维会特别明显"。[1]生活逻辑则不存在是否超越法律的问题,如果说超越法律是为了实现正义,生活逻辑自然也关注正义实现的方式,但是生活逻辑其实更加关注正义能否得到实现,其对正义的追求掺杂了法律、道德、习惯诸多因素,也因没有程序上的束缚而显得更加随意。普通民众虽然不关心经由程序实现的正义,但是法律逻辑和生活逻辑不应当存在着天壤之别的差距,因为"良心就是最好的法律",而

---

[1] 孙笑侠:"法律人思维的二元论兼与苏力商榷",载《中外法学》2013年第6期。

普通民众习又惯于用"天理""人情"去衡量"国法"是否实现了正义。法律逻辑只有反映和体现了日常情理才能被真正接受,甚至在生活逻辑中,当司法结果和"天理""人情"不一致时,往往是"天理""人情"占据了上风。

2015年引爆网络的大学生掏鸟案嗣后证明法院的判决并未违反法律规定,但是因为其严重挑战了普通民众的生活逻辑而饱受质疑,这当然反映了刑事司法中法律逻辑与生活逻辑不相一致的客观现状,该案也入选了"2015年中国十大影响性诉讼"。"2014年7月的一天,大学生闫啸天等在家乡的树林内捕猎了12只燕隼,7月18日,闫啸天等将其中的7只卖到了郑州市,卖给了负某1只燕隼,卖到了洛阳2只,2014年7月26日,闫啸天从平顶山市一名张某手中收购国家二级保护动物凤头鹰1只。"[1]根据《刑法》第三百四十一条第一款规定:"非法猎捕、杀害国家重点保护的珍贵、濒危野生动物的,或者非法收购、运输、出售国家重点保护的珍贵、濒危野生动物及其制品的,处五年以下有期徒刑或者拘役,并处罚金;情节严重的,处五年以上十年以下有期徒刑,并处罚金;情节特别严重的,处十年以上有期徒刑,并处罚金或者没收财产。"[2]至于何谓"情节特别严重的",根据《最高人民法院关于审理破坏野生动物资源刑事案件具体应用法律若干问题的解释》,捕猎10只隼类(国家二级保护动物)就属于情节特别严重,应当判处十年以上有期徒刑,而新乡市辉县市人民法院经审理判处闫啸天十年半有期徒刑,在本案中,闫啸天共计猎捕了16只燕隼,按

---

〔1〕 参见河南省辉县市人民法院(2014)辉刑初字第409号刑事判决书。
〔2〕 参见《中华人民共和国刑法》第三百四十一条之规定。

照法律逻辑判处其十年以上有期徒刑是没有问题的。普通百姓当然不知道《刑法》第三百四十一条或者司法解释的规定,他们评判案件都是直接基于生活逻辑并从"天理""人情"出发,从生活逻辑的角度出发,大学生涉世不深,普通农家培养一个大学生不易,应当给其重新开始的机会。他们认为,猎捕了16只鸟被判处如此重刑有失公允,鸟再怎么珍贵也比不上人,16只鸟和十年有期徒刑间难以划上等号。新浪新闻中心在2015年12月2日就此事件发起了一次网民投票。根据投票调查结果显示,有76.6%的人认为量刑过重,18.6%的人认为量刑适当,另外4.8%的人则是认为不好评判。[1]从法律逻辑的角度来看,法院的判决在定罪量刑方面完全遵循了罪刑法定的要求,但是普通民众从情感上难以接受这样的结果,这类情况在刑事司法中并非个案,这样的案件也正是法治观念进步的试金石。

媒体报道或许会失真但这不是本书思考的重点,但是相较于受贿贪污犯罪动辄涉及几百万上千万的金额却也被判处十余年有期徒刑,我们不能以现有法律规定为由拒绝回应来自民众的质疑,这样的质疑来源生活逻辑并以各自的情理观为基础。因为我们定罪量刑的基础是社会危害和主观恶性,社会危害和主观恶性的大小都和量刑结果直接相关,不论是法律逻辑还是生活逻辑都不会直接否认这个基础。根据法律逻辑,法院判决的结果没有违背现行法律,因为闫啸天猎捕的不是普通的鸟类,是列入国家重点保护野生动物名录的保护动物,也正是因为其国家重点保护野生动物的稀缺性所以才判处闫啸天重刑。但是

---

[1] 吴情树、陈柳清:"'河南掏鸟案重判'引发争议的多维透视",载《法治社会》2016年第2期。

本书认为燕隼和大熊猫当然不一样，普通民众经过了多年的法治教育都知道猎捕大熊猫会处以重刑。"国家既然有设定如此重刑的权力，那么它自然也负有让民众知晓该刑罚所保护的对象或社会关系重要性的义务。燕隼的价值显然不被普通民众所知晓，而这种不知晓所揭示出来的不应该是民众的无知，而应该是国家宣传义务的缺失。"[1]如果对保护的动物疏于宣传教育，那么总不能要求行为人每次在捕捉动物的时候先辨明一下其是不是野生动物，再翻一下重点保护野生动物名录。生活逻辑源于普通民众日常生活中的情理观念，这种情理观念实际上是绝大多数纠纷解决问题的思路之一。"法律人的思维方式不可避免会受到职业性的影响，但法律总体而言是为了普通人而制定和存在的，因此法律人的思维方式不能排除普通人的思维方式。"[2]在法律逻辑中适当考虑生活中的"天理""人情"无疑会让司法裁判更具备接受度，这一方面有益于以疑难复杂个案达到普法教育的目的，另一方面也有利于建立普通民众对于法治的信仰。

三、刑事政策对于刑事法律规范的调整

张中秋教授指出："正义观是法的核心价值所在，它对法律的影响，在精神上是支配，在内容上是表达，所以，正义观对法治建设和法理学建构都具有根本性的意义。"[3]当然，随着时代的发展，将什么样的行为认定为犯罪在任何社会中都不是一

---

[1] 李拥军："合法律还是合情理：'掏鸟窝案'背后的司法冲突与调和"，载《法学》2017年第11期。

[2] 参见苏力："法律人思维？"，载《北大法律评论》2013年第2期。

[3] 张中秋："中国传统法理学的精髓及其当代意义"，载《法律科学（西北政法大学学报）》2019年第1期。

成不变的,这中间有社会变迁以及时代发展的原因,还有对法律本身的理解问题,更有着不同时期刑事司法政策变动的因素。"刑事政策,是指国家为了预防犯罪、控制犯罪以保障自由、维护秩序、实现正义的目的而制定、实施的准则、策略、方针、计划以及具体措施的总称。"[1]也就是曲新久教授所认为的刑事政策的目的之一是为了实现正义,本书认为这一总结是较为科学的,盖因静态的刑法规定难以适应动态的社会发展,刑事政策的及时调整能在一定的限度内实现刑事司法的正义价值。比如现行《刑法》中只有诈骗罪但是没有关于"套路贷"的规定,这导致了此前这类具有社会危害性的行为难以入刑,原本起源于民间借贷的"套路贷"后来演变成假借民间借贷的名义并利用虚构合同流水等方式非法占有被害人财产的严重危害社会的行为。2019年4月9日,最高人民法院、最高人民检察院、公安部、司法部联合发布了《关于办理"套路贷"刑事案件若干问题的意见》明确规定了"套路贷"的定义和客观表现形式等,将"套路贷"予以司法犯罪化是刑事司法政策调整的结果。确切地说,这一刑事司法政策的形成,是对"'套路贷'的社会危害性准确判断的结果,是对'机械理解罪刑法定原则'做法的纠偏,也是新时代社会治理能力提升的体现。"[2]对于"套路贷"认识的深化就是刑事政策注意到了司法实践的变化并及时作出的呼应,对于"套路贷"的精准认定既打击了犯罪也保障了人权,这当然是刑事司法政策对于实现正义所作出的努力,

---

[1] 曲新久:《刑事政策的权力分析》,中国政法大学出版社2002年版,第68页。

[2] 叶良芳:"'套路贷'司法犯罪化:政策背景、适用难题与治理对策",载《理论探索》2020年第5期。

对于"套路贷"这一具有社会危害性行为的打击自然也在普通民众能够理解的情理之中。其实不仅仅包括对于"套路贷"的及时规定，还有对于"扫黑除恶"以及"污染环境"等案件刑事政策的适时调整，都使得刑事司法适应了社会的变化并契合了时代的需求，反映和体现了特定社会背景之下的"国法""天理""人情"。在刑事司法实践中，一段时期内的司法政策不能违反法律的原则性规定，且法律的原则性规定应当是优先于刑事政策的，因此一个基本的原则是"刑事政策不能代替法律，更不能超越法律。刑事政策只能在刑法教义学规则许可的范围内发挥其信条性的调节与导向功能。"[1]刑事政策大多具有鲜明的时代特征，其都是基于一定的时代背景而出台，不同时期的刑事政策当然不可能尽然相同，但是这些刑事政策都是基于一定时期内的司法理念所形成的，比如我国从上世纪九十年代初开始的"严打"政策到后来转向了"宽严相济"的刑事政策，这一转变体现了我们司法理念的嬗变与承继，同时刑事政策对于刑事司法实践的及时回应也体现了我们对于司法的功能价值认知的进一步深化。

"宽严相济"的刑事政策从2005年首次有了官方定义以来至今已经过去了十多年，但是在刑事司法中依然被广泛适用，这也证明了其相较于其他的刑事政策具有典型性，对于本书研究刑事政策如何契合普通民众的情理观也更具有样本意义。2005年底，时任中共中央政治局委员、中共中央政法委书记的罗干在全国政法工作会议上提出："一方面，必须坚持'严打'方针不动摇，对严重刑事犯罪依法严厉打击，什么犯罪突出就

---

[1] 梁根林："死刑案件被刑事和解的十大证伪"，载《法学》2010年第4期。

重点打击什么犯罪,在稳准狠上和及时性上全面体现这一方针;另一方面,要充分重视依法从宽的一面,对轻微违法犯罪人员,对失足青少年,要继续坚持教育、感化、挽救方针,有条件的可适当多判一些缓刑,积极稳妥地推进社区矫正工作。"[1]自此,"宽严相济"的刑事政策的出镜率大幅提升。为此,最高人民检察院于2007年印发了《关于在检察工作中贯彻宽严相济刑事司法政策的若干意见》,最高人民法院于2010年分别印发了《关于贯彻宽严相济刑事政策的若干意见》和《在审理故意杀人、伤害及黑社会性质组织犯罪案件中切实贯彻宽严相济刑事政策》。为了更加直观地体现出宽严相济的裁判尺度,最高人民法院还于2013年发布了三起贯彻宽严相济刑事政策的典型案例,可见"宽严相济"的刑事政策从诞生至今一直都在司法实践中得到普遍的认可,"我们赞同这样一种观点,即所谓宽严相济的刑事政策,是指根据不同的社会形势、犯罪态势与犯罪的具体情况,对刑事犯罪在区别对待的基础上,科学、灵活地运用从宽和从严两种手段,打击和孤立极少数,教育、感化和挽救大多数,最大限度地实现法律效果和社会效果的统一。"[2]"宽严相济"的刑事政策和刑事司法中的情理有着适用上的类似性,不论什么时期的刑事政策都不会违背该时期绝大多数人所理解的正义,也即在情理之内的正义。"宽严相济"的刑事政策在当代中国已经走过了十多个年头,其依然具有强劲的生命力正在于它合乎情理,它契合了我们尊重和保障人权的要求。"宽

---

〔1〕 参见刘沛谞:"宽严相济刑事政策研究",西南政法大学2009年博士学位论文。

〔2〕 赵秉志:"和谐社会构建与宽严相济刑事政策的贯彻",载《吉林大学社会科学学报》2008年第1期。

严相济"的刑事政策价值不仅仅在于"当严则严",更在于"当宽则宽",对于譬如组织、领导黑社会犯罪、恐怖活动犯罪、危害国家安全犯罪、严重侵犯公民人身财产权利的暴力犯罪都应当适用严格的刑事措施,但是对于未成年犯罪、情节轻微的犯罪以及初犯偶犯、中止犯、从犯等被告人,在刑事司法中应当从轻或者减轻处罚。"宽"和"严"的相互补充和借鉴使得刑事司法离正义更近,使得法律效果和社会效果的统一变得更为具体明确。

"宽严相济"的刑事政策不能仅仅被理解为仅适用于法院判决阶段,还应当扩展至侦查阶段和审查起诉阶段。从刑事司法的程序上说,应当是从刑事立案到采取强制措施再到认罪认罚以及酌定不诉等环节都贯彻"宽严相济"的刑事政策。立案环节是整个刑事司法程序的起点,一旦刑事立案往往意味着案件不可能轻易被撤销,司法机关的追诉冲动会使得案件按照程序走向审查起诉及进行最后的审判。宽严相济则要求公安机关启动刑事侦查权应当保持相对谦抑的态度,不能在没有证据的情况下先立案再取证,甚至先刑拘再取证,如果在刑拘期满后没有取得定罪证据,那么先采取取保候审强制措施。对于这样的情况,陈瑞华教授称之为"缓冲性处置"[1],还有一种情况是在特定社会时期内可能会使得公安机关降低立案标准,比如在新型冠状病毒爆发时期对于可能的非法经营罪的认定,在扫黑除恶期间对于涉黑涉恶案件可能会拔高或降格的认定等。在司法实践中,对于降低羁押率、提高取保候审强制措施

---

[1] 参见陈瑞华:《问题与主义之间——刑事诉讼基本问题研究》,中国人民公安大学出版社2003年版,第226页。

的适用率已然呼唤了很多年,对于大量的非暴力犯罪、没有再犯可能性和串供可能性的被告人进行长时间的羁押显然也是和宽严相济刑事政策的要求背离的,这样的行为人被长期羁押显然是不合"情理"的。公安机关在采取强制措施之时应当综合考虑行为人的再犯可能性和人身危险性,采取刑事强制措施时应当慎之又慎。检察机关对宽严相济刑事政策的贯彻主要体现在批准逮捕和相对不起诉环节。司法实践中长期存在检察机关在批准逮捕阶段的批捕率过高的情况,一旦批准逮捕往往意味着行为人会被长期羁押,张军检察长在 2019 年 4 月 17 日的政法干部专题研讨班作报告时也提出,"可捕可不捕的不捕,可诉可不诉的不诉、疑罪从无,这样的检察观念必须牢固树立。"[1] 检察机关在批准逮捕阶段应当转变构罪即捕的观念,领会以人为本的理念,贯彻司法为民的精神,检察环节也要秉持打击犯罪和保障人权并重的原则。检察机关对于犯罪情节轻微的案件作相对不起诉也是贯彻宽严相济刑事政策的体现之一,"通常认为,不起诉契合目的刑、教育刑理念,符合诉讼经济学原理,并彰显了刑罚个别化原则。"[2] 对于情节显著轻微的或者能够及时修复受损法益的行为人进行相对不起诉,能够节约社会资源,体现了对轻微犯罪行为的宽恕。对于诸如获得了被害人谅解、彻底的认罪悔罪等轻微犯罪行为的不起诉,也体现了刑事司法应当实现情理法的融通。一个显著的变化是,"2019 年全国检察机关办理审查起诉案件 1 413 742 件。提起公诉 1 818 808 人,不起诉 190 258 人,同比上升 35.3%,不起诉

---

〔1〕 张军:"牢固树立可捕可不捕的不捕、疑罪从无等检察观念",载沪法网,https://www.sohu.com/a/309143502_120051695,最后访问时间:2020 年 10 月 26 日。

〔2〕 宋英辉:"国外裁量不起诉制度评介",载《人民检察》2007 年第 24 期。

率9.5%，同比增加1.8个百分点。而2020年1至9月，全国检察机关决定不起诉173 068人，同比上升40.1%；不起诉率13.5%，同比增加4.9个百分点。"[1]这样的变化当然体现了检察理念的变化，彰显了检察机关切实贯彻宽严相济的刑事政策。宽严相济的刑事政策能够重构被破坏的社会关系，对于行为人的行为起到正面引导作用，和普通民众之间的朴素情感能够产生共鸣，这样的共鸣使得普通民众对法律的价值和目的能够有更加理性的认知，是实现"国法""天理""人情"相融通的特有方式。

第三节 契合刑事司法的内在要求

一、真善美在刑事司法中的直接显现

"任何事物都是包含着自己的内部对立统一的矛盾性。这种矛盾性的展开便是从肯定到否定，再到否定之否定，即正、反、合……法作为一种基本的制度性的社会上层建筑之一，它的正、反、合三维结构，就是'真、善、美'……凡具有历史的和现实的合理性的法，总包涵着真善美的成分。"[2]当代刑事司法既具有历史和现实的合理性，自然也应当包含真善美。刑事司法中实现情理法融通的目的之一是为了增加说服力以建立司法权

---

〔1〕"最高检发布2020年1月至9月全国检察机关主要办案数据 多个反映办案质量数据呈现积极变化"，载中华人民共和国最高人民检察院网，https://www.spp.gov.cn/xwfbh/wsfbt/202010/t20201019_482434.shtml，最后访问日期：2020年12月21日。

〔2〕舒国滢：《在法律的边缘》，中国法制出版社2000年版，第54页。

威,刑事司法的参与主体不仅仅局限于当事人,还包括社会公众以及法律职业共同体成员、在刑事司法中秉持真善美的价值追求能够实现司法者和普通民众之间的遥相对话,对于真善美的追求既是法律正确实施的必要过程,也是社会公众建立法治信仰的载体之一。法治视野下的正义以一种鲜活的方式得以呈现,使法治从厚重冗杂的法典走向广阔的民间土壤,这种追求既有来自于传统中华法系的理论渊源又有着司法实践的现实呼唤。根据张中秋教授的研究:传统中国的正义观念和其他法律文明殊途同归地都包含了对于真、善、美的追求。[1]他将传统中国司法中的真善美总结为:"从求真来说,动态的合理正义观是立足于真实世界并从真实世界的真实出发的,这个真实世界的真实就是由天地组成的自然状态……亦即生而有序这个自然现象、自然法则的天理呈现。求善自是它的内在价值蕴含与追求,因为仁义就是善。同样,这种植根于自然、趋向于和、表现为等与不等辩证变动的正义观,求美亦是它的内在价值蕴含与追求,因为在中国传统语境中和就是美。这种蕴含真、善、美的动态的合理正义观,落实到中国传统的法理和立法、司法层面,就是天理、国法、人情或者说情、理、法的统一。"[2]根据张中秋教授的观点,司法中的真善美实际上内含了中国古代司法的共同理想和价值追求,这种正义观代表了当代刑事司法的中国式期待。台湾学者李学灯认为,司法适用中应当追求的是真理,而对事实的认定则应当致力于追求真实。在司法层面,他常常认为是唯真为善,

---

[1] 张中秋:"中国传统法理学的精髓及其当代意义",载《法律科学(西北政法大学学报)》2019年第1期。

[2] 张中秋:"中国传统法理学的精髓及其当代意义",载《法律科学(西北政法大学学报)》2019年第1期。

亦唯真为美。[1]刑事司法的过程需要兼具专业性、知识性以及经验法则，为了实现正义的要求，需要坚持"法律的最高理想是正义，正义以真为基础，以善为目的，以美为本质。必须用自己的智慧和审判眼光去仔细衡量，然后才可求得理想的公平。"[2]

所谓"真"是在刑事司法中要坚持法治社会的基本价值观，契合刑事司法的基本客观规律，很难想象违背了客观规律的司法能够得到民众真正的信仰，违背了客观规律的刑事司法更不可能实现情理法的融通。刑事司法作为一种社会实践活动自有其客观规律可循，正如马克思所言，立法者不是在创造或者发明法律而只是在表述法律。[3]刑事司法中的侦查、审查起诉以及审判都是为了查明案件事实、正确适用法律，所谓的"以事实为依据，以法律为准绳"意味着查证案件事实的过程也就是求真的过程，求真也是正确定罪量刑的前提，如果连客观真实都没有实现，适用"国法"当然是镜花水月。这也要求司法者正确认定案件事实，努力追求还原法律真实，严格遵循证据裁判规则，这是实现正义的第一道关卡，也是最重要的一环。同时司法者要正确适用法律，兼顾实体正义与程序正义，由实体正义和程序正义共同构筑成刑事司法中的实质正义。于普通民众而言，实质正义就是善有善报恶有恶报、杀人偿命欠债还钱这样朴素的报应观念，这也是"天理""人情"的基本内容之一。所谓"善"是指在刑事司法中要秉持人性与正义的原则，

---

[1] 李学灯：《证据法比较研究》，五南图书出版公司1992年版，第687~688页。

[2] 转引自冯念学："法律人要追求'真善美'"，载《法制日报》2012年10月31日，第010版。

[3] 参见马克思："论离婚法草案"，载中共中央马克思恩格斯列宁斯大林著作编译局编译，《马克思恩格斯全集》（第1卷），人民出版社1995年版，第347页。

要符合作为法律适用对象的民众的根本利益,刑事司法的过程要以人为本,尊重和保障人权。若想要普通民众真正从内心接受刑事司法,至少要求其符合我们对于良善的认知,通过惩恶的方式来实现扬善的目的也是刑事司法应有的制度追求。在刑事司法的视阈内贯彻的良善价值导向,其目的不仅仅在于贯穿了人性之维,更在于通过刑事司法的动态过程实现"良法善治",由此刑事司法通过个案的正向影响发散向更为广阔的空间进而无限接近于我们所追求的情理法的融通。江必新大法官说过:"司法公正是良善司法的核心要素和价值,在良善司法中占据主导或者支配地位。司法失去公正就绝无良善可言。"〔1〕刑事司法中的"良法善治"还是为了维护公平正义,"公正是法治的生命线。实体法要切实达到发展成果由人民共享的目的,程序法必须体现法律面前人人平等的原则。无论是普通群众还是领导干部,法律面前人人平等,不得有超越于法律之外或者凌驾于法律之上的特权。公平正义的最终实现,要靠制度保障。必须坚持法治建设为了人民、依靠人民、造福人民,保护人民依法享有广泛权利和自由、承担应尽义务,维护社会公平正义,促进共同富裕。逐步建立以权利公平、机会公平、规则公平为主要内容的社会公平保障体系,营造公平公正的社会环境。"〔2〕将良善注入刑事司法之中,不仅有益于实现司法适用中的公平正义,更能获得司法适用的对象,也即人民群众的内心认同,体现了刑事司法中情理法的高度统一。良善一直是刑事司法追

---

〔1〕 江必新:"良善司法的要义",载《光明日报》2008年10月20日,第009版。

〔2〕 李步云:"良法之'真善美'",载《人民日报》2015年5月25日,第16版。

求的价值目标之一，法律的制定与实施在于通过对公平正义的追求以保障人权，所以法律实施的对象对法律实施的过程的接受度也就成为评判法治文明程度的重要标准之一。刑事司法通过一个个案件的审理来实现惩恶扬善，在打击犯罪的同时保护和弘扬善行。刑事司法中的善对司法者其实也有要求，要求其在司法过程中切实做到司法为民，"要求法官在司法过程中要把百姓放在心中最高位置，把对百姓的朴素感恩之情自觉升华和转化为全心全意为人民司法的崇高精神境界和实际行动，在作风上亲民，在实体上护民，在程序上利民，在措施上便民"[1]。所谓"美"则要求法律体系间的严谨和统一，部门法之间、上位法下位法之间的和谐有序，实体法和程序法之间的衔接有度，新法和旧法之间的平稳过渡。法律规定明确具体，表述精确科学，不论是作为裁判依据还是守法根据的法律都必须准确无误。刑事司法深层次的有序和谐，也就是要求在刑事司法过程中注重维持社会公序良俗，刑事司法对和谐的追求对社会秩序的形成有着积极的正向引导。和谐也是中国传统法治的评判尺度和精神内核，在以和为贵的衡平理念的观照之下，刑事司法应当将和谐作为法理和情理所追求的应有目标。在刑事司法中，不论是"天理"还是"国法"抑或是"人情"都不会否认其对于和谐的追求，这也能使普通民众从内心深处更加接受和理解刑事司法，通过对"以和为贵"的追求来实现"寓教于判"的目标。"和谐既是现代法治文明的标识，也是法治文化的价值追求。"[2]

---

[1] 徐小飞："司法的'真善美'"，载《人民法院报》2014年1月17日，第07版。

[2] 刘斌："当代法治文化的理论构想"，载《中国政法大学学报》2007年第1期。

二、增强刑事司法的公众认同

"山东于欢案"和"天津大妈摆摊被控非法持枪案"等案件将刑事司法中如何取得公众认同的讨论推向了一个新的层次，我们讶然发现普通民众对刑事司法不再是被动接受，而是主动借由互联网表达自己的观点，这样汇聚而成的社会舆论体现了公众的一般性认同，这种公众认同实际上也建立在普通民众的基本情理观上。"刑法司法公众认同就是社会对刑法司法的正义直觉的一种标示，若没有刑法司法公众认同，就没有刑法司法公信力可言，"[1]公众认同成为我们讨论刑事司法中的疑难个案时出现的"高频词"。在社会学的领域内，"认同"是我们在一定的社会环境中确定自己的角色，并以此作为标准规范自身行为的一种主观认识。刑事司法视野内的公众认同主要是指普通民众对于刑事司法的过程和结果具备发自内心的认可，这种认可是普通民众基于自己的生活逻辑对司法活动作出的肯定性评价，这样的肯定性评价就已经包含了普通民众对于"天理""人情"的理解，如果刑事司法的结果违背了普通民众对于"天理""人情"的理解当然也就不会获得公众认同。"立法的社会认同的关键在于立法是否已经表达了民意，而司法的社会认同首先要解决的就是当事人是否满意。当然，当事人的满意不是要让法官枉法裁判，迁就当事人，而是要求法官必须依法裁判、执法如山。"从立法到司法中的所谓民意其实就是在良法善治下公众对于法律的期待和认同，如果刑事司法只是司法者的自说自

---

[1] 参见马荣春：" 刑法司法公信力：从基础到进阶"，载《现代法学》2013年第2期。

话而无法取得普通民众的普遍认同,则自然会加深司法者和普通民众之间的认知鸿沟,弥合这种认知鸿沟也正是本书强调的在刑事司法中实现情理法融通的价值之一。"刑事判决是实现社会控制的一种机制,而刑事判决社会控制功能的实现有赖于社会公众对刑事判决的认同和服从。如果刑事判决不能获得社会公众最低限度的认同和服从,通过刑事司法的社会控制势必要求国家投入大量的司法资源以保障刑事判决社会控制功能的实现,这样做,在增加刑事司法运作成本的同时,必然激化社会公众与刑事司法之间的矛盾和冲突,其结果导致刑事判决更难获得社会公众的认同和服从。"[1]刑事司法若要取得普通民众的认同和服从,其要求司法者的眼里不仅仅只有固定的司法技能,还要回归到普通民众所理解的"天理""人情",秉持"社会共同体大致可接受的价值判断标准。"[2]虽然这样的"判断标准"确属相对主观的认知,但是这却是维系特定背景之下社会稳定秩序的基本路径。本书也承认,刑事司法中,司法者所遵循的严格的罪刑法定原则和公众认同之间在大部分时候是一致的,但是当在疑难复杂个案中出现了司法与公众认同的紧张对立之时,司法者不能断然否认"国法"之中应有"天理""人情",而是应当看到作为公众认同基础的是非善恶。刑事司法活动也会反作用于普通民众对刑事司法的认知,普通民众的情理表达与司法者对法律精神的阐释就是建立公众认同的过程。

公众认同在刑事司法中具有无法忽视的影响,规则之治下的现代刑事司法的首要要求就是尊重成文法的规定,遵循严格

---

[1] 樊崇义:"促进刑事司法的公众认同 努力构建和谐社会——评《刑事判决的合法性研究》",载《中国司法》2010年第4期。

[2] 范进学:"论法解释的情理性与客观性",载《法学论坛》2002年第6期。

的罪刑法定原则,这也是刑事司法获得公众认同的前提,但是刑事司法绝不应止步于此,我们更应当思考的是在罪刑法定原则之下刑事司法与公众认同的良性博弈。首先,刑事司法必须关注公众认同的影响。若刑事司法要真正"镌刻在人的内心",其当然需要普通民众的公众认同。"多数是人们唯一要巴结的权威,多数的无限权威及其快速坚定地表达意志的方式,使法律及法律的执行和国家的行政活动发生不稳定的影响。"[1]按照托克维尔的观点,占据多数的普通民众也就是权威,刑事司法的目的之一也就是息讼服判取得多数人的公众认同。刑事司法背靠国家强制力以维护普通民众的合法权利,既然其所维护的权利属于普通民众,也即只有刑事司法获得了公众认同,国家强制力的行使才具有了合法性基础,《刑事诉讼法》第六条规定:"人民法院、人民检察院和公安机关进行刑事诉讼,必须依靠群众,必须以事实为根据,以法律为准绳。对于一切公民,在适用法律上一律平等,在法律面前,不允许有任何特权。"[2]也就是刑事司法中的"依靠群众""人人平等"是基本原则,既然刑事司法需要"依靠群众",那么其当然不能罔顾蕴含了群众基本情理观的价值判断标准,这也是刑事司法需要取得公众认同的法理基础。刑事司法如果失去了公众认同,那它就有可能成为行使权力的工具,会与现代法治文明背道而驰。刑事司法只有保持了和普通民众一般感觉的相似性,才能获得普通民众的认同,才不会使得刑事司法成为脱离民众的自说自话。其次,在刑事司法实践中,公众认同的影响确实客观存在。我国刑事

---

〔1〕 [法]托克维尔:《论美国的民主(上卷)》,董果良译,商务印书馆1988年版,第286页。

〔2〕 参见《中华人民共和国刑事诉讼法》第六条之规定。

司法的核心环节是定罪和量刑，定罪环节受到罪刑法定原则的限制，量刑环节则设定了不同的量刑幅度，而且根据行为人认罪认罚的态度在不同的程序阶段也设置了不同的从轻处罚的幅度。《刑法》第十三条规定的"情节显著轻微危害不大的，不认为是犯罪"的但书以及《刑法》六十三条规定的特殊减轻处罚制度实则就是在定罪和量刑两个角度留出的制度出口，这样的制度出口在刑事司法和普通民众的认知之间的沟通打开了一个通道。对于中国的司法实践而言，法律与情理的关系"剪不清理还乱"，也是因为刑事司法实践的复杂性以及司法者自由裁量的特点，因此我们更要考虑到在普通民众的情理观之下追求公众认同的重要性。

刑事司法中的情理法融通当然能够增加普通民众的公众认同感，我们的思考不应只停留在实然的现状描述，更应当进一步地思考实现刑事司法增强公众认同的路径所在。其一，我们应当通过刑事司法的教育功能来实现普通民众规范意识的建立。普通民众基于对"国法""天理""人情"予以发自内心的接受，对法律准则予以主动遵守而非被动接受就是规范意识。"在公众的刑法认同感中特别强调规范的重要性，规范之所以被市民所接受，主要是由社会关系以及利益的相互作用所决定的。"[1] 随着法治宣传和法治教育的发展，普通民众的法治观念有了很大的提升，在"天理""国法""人情"的价值位阶之中，即便是普通民众也会将"国法"排在"天理""人情"之前，但是我们很难自信地说规范意识已经扎根于普通民众的内心当中。刑事司法应当于"国法"之中灌注"天理""人情"以实现普通民众对于

---

[1] 周光权："论刑法的公众认同"，载《中国法学》2003年第1期。

法律精神的真正接受和认同,通过刑事司法彰显司法的威严和权威,让普通民众在评价自己和他人行为之时以"国法"层面的法律规范作为首要标准。其二,刑事司法应当以保护普通民众的基本权利为导向从而提升对于刑事司法的认同感。法律作为裁判依据,它本身就是值得信赖的,这是刑事司法增强公众认同的前提,法律的核心应当是保护权利,也唯有在这样的理念影响之下,民众才会形成对法律的尊重和信仰,这当然也会使得法律的效力更高。[1]法律是一套以权力保障权利义务为核心内容的行为规范,当代中国的刑事司法对于权利保护的内容较为缺乏,法律只有在权利和权力之间选择保护前者,在权利与义务之间倾向于维护权利才可能使得法律受到普通民众的信任。刑事司法要关注"进入刑事司法视野的'经验上通常的事实':即考虑哪些判决结论或理论解释是一般的国民可以接受的,符合一般国民的规范意识,从而肯定国民的经验、情理、感受的合理性,肯定生活利益的重要性。"[2]可以预见的是,刑事司法的结果与普通民众理解的"天理""人情"之间的冲突未来还会继续出现,当这样的案件再一次发生的时候,刑事司法不能断然拒绝普通民众的朴素情理观,应当同时兼顾普通民众的基本利益和权利,以刑事司法的情理法融通来增强民众的司法认同。其三,司法者应当为司法理念注入人文精神。社会生活的复杂性和价值观念的多元性决定了实践中几乎没有一模一样的个案,特别是在当代中国刑事司法中,实质正义与形式正义的争论从未停止,司法者在适用法律的过程中如果不考虑

---

〔1〕 [美]罗纳德·德沃金:《认真对待权利》,信春鹰、吴玉章译,中国大百科全书出版社1998年版,第21页。

〔2〕 周光权:"论刑法的公众认同",载《中国法学》2003年第1期。

普通民众对"天理""人情"的一般理解和期待,则很难取得真正的认同。"我们不要受技术唯理性驱使得太远,我们这个社会的法律化是技术唯理性的一部分,以致于忘记了人类和人类的基本关怀。"[1]当下的刑事司法应当关注的是如何赋予司法技术以人文精神和人文关怀,让抽象的正义真正成为普通民众所能理解的情理正义。其四,以司法程序的公开性来增强刑事司法的公众认同。实体规则可能是好的,但是也可能并非尽如人意,我们所要在意的是这些规则的实施应当秉持形式公平的原则。[2]这也就是"正义不仅应当实现,还应当以看得见的方式实现"的价值所在,包括了准确认定事实和正确适用法律两方面内容的实体正义是现代刑事司法的基本要求,而包括了程序公开和人权保障的程序正义决定了正义的实现方式,这样的实现方式使得法律不再是统治者意志的反映,而是通过对话的方式取得了基于共识的一致意见。司法程序的公开性一方面使正义从抽象走向了具象,另一方面也将蕴含"天理""人情"在内的朴素正义引入刑事司法程序,使得刑事司法的结果契合了公众情感,增强了刑事司法的公众认同。

三、树立司法权威的要求

司法具备公信力意味着普通民众相信法律的作用,愿意采取法律的措施来维护自己的权利,这也是建立司法权威的前提之一。司法权威的建立也说明法律在普通民众的生活中具有了

---

[1] [德]阿图尔·考夫曼、温甫里德·哈斯默尔:《当代法哲学和法律理论导论》,郑永流译,法律出版社2002年版,第23页。
[2] 参见[英]彼得·斯坦、约翰·香德:《西方社会的法律价值》,王献平译,中国人民公安大学出版社1990年版,第93页。

举足轻重的地位,法治思维取代了人治思维,普通民众不再是所谓的"信访不信法"。亚里士多德指出:"如果一个城邦,连法律威信都不能很好地树立和维持,那么便不能认为其建立了合法的政体。法律的权威应该是至高无上的,在任何方面,包括执政人员和社会公众,都应该毫无例外地尊崇法律。"[1]英国法学家拉兹认为,法律要得到全体公民服从的前提是法律具备应有的权威。[2]司法活动带有权力属性,这种权力属性保证了国家强制力的及时介入,但是在现代法治社会,法律信仰的建立绝非仅仅依赖国家强制力就可以一劳永逸地实现,民众的怕法惧法畏法显然不是我们理想中的法治图景,普通民众基于其共同的社会生活实践自有着对于司法的理解,我们理想中的应然状态应是普通民众的尊法守法护法,但是这样的尊法守法护法的前提当然是司法权威是否得到建立。司法权威的建立不是来源于判决结果的强制力保障,而是来源于普通民众根据自己认知的情理法对判决结果发自内心的认可。既然如此,刑事司法就不能无视民众的情理观,普通民众"往往习惯于用是否'合情合理'的眼光来审视、判断具体个案中司法裁判的是非对错,只关心裁判结果是否符合日常生活中所认定的某种'正义'。"[3]这种蕴含朴素正义的情理观并不总是正确的,但是其却是司法实践中必须正面的问题,刑事司法中的情理法融通也是建立司法权威的现实需要。刑事司法作为一种社会实践活动,

---

〔1〕 参见[古希腊]亚里士多德:《政治学》,吴寿彭译,商务印书馆1965年版,第191~192页。

〔2〕 吕世伦主编:《现代西方法学流派》(上卷),中国大百科全书出版社2000年版,第233页。

〔3〕 张珍芳:"法意与民情",载《江苏警官学院学报》2009年第3期。

其必须面对复杂的社会环境，更因为文化背景的不同而在其中有着观点的碰撞和冲突，"任何社会中的司法权既具有国家性也具有社会性，既具有制度性也具有文化性。相对而言，社会性和文化性无疑是司法权运行机制乃至整个法律机制运行的根本属性。"[1]当代中国司法实践中的问题绝非仅仅是司法技术的问题，也有着文化观念的更迭和传统法治思想的原因，特别是当代中国的法治文化面临着西方法治思想和传统中国法治思想的传承与扬弃，"法律与文化是如此密不可分地纠缠在一起，以至于就其全部专业能力而言……它应当被视为某种有序关系的框架，某种其自身依赖于其拥趸所赖以栖身的所有其他领域的井然有序。"[2]刑事司法中的情理法融通这一话题在当代中国具有重要意义，这也正是因为我们受到传统法治文化影响的结果，特别是在疑难复杂的个案中，我们已经看到了罔顾普通民众朴素情感的结果，当刑事司法缺乏了普通民众内心尊重的判决结果时也就谈不上建立司法权威。

自汉代开始，"天理""国法""人情"就已经在中国的传统司法中"难解难分"了，这样的司法理念显然已经不适应当代中国的司法实践了，在法治中国的建设过程中，我们应当关注"天理"和"人情"的作用。当然，在法治中国的建设中，其首要原则仍旧是严格司法和依法裁判，法律应当具有至高无上的地位，也唯有如此，才可以说法律树立了应有的权威。既然法律具有了无上的权威，那么普通民众就应当无条件接受司

---

[1] 王国龙："从难办案件透视当下中国司法权的运行逻辑"，载《法学》2013年第7期。

[2] 参见[美]劳伦斯·罗森：《法律与文化：一位法律人类学家的邀请》，彭艳崇译，法律出版社2011年版，第5~6页。

法的结果,根本不会出现刘斌教授所总结的"有些事情合情合理合法,有些事情合情合理不合法,有些事情不合理但合情合法,有些事情虽不合情但合理合法,有些事情合情但不合理也不合法,有些事情不合情理却合法,有些事情合理却不合情与法,有些事情既不合情也不合理不合法"〔1〕的情况。当代刑事司法实践中出现的不利于树立司法权威的原因值得我们加以思考。其一是刑事司法参与主体的多元性,刑事司法打击的是具有社会危害性的行为,社会危害性显然是对现行社会秩序的破坏,但是这种破坏以及破坏的程度并不仅仅是司法者的判断,普通民众借由多种途径都可以对此进行发声和评判,对于社会危害性的判断不应违背社会普通民众具有共识性的"天理""人情"。按照张明楷教授的观点,"犯罪的法律本质是对以利益为基调的法益的侵犯,所有的法益都是生活利益,包括个人利益和社会公共利益。"〔2〕既然犯罪行为侵犯了社会公共利益,那么社会公众的发声也具有了正当性基础。社会公众的发声当然不是基于成文法而是基于自己的生活经验和生活逻辑作出的,这样的生活经验和生活逻辑就表现为普通民众的情理观,因此刑事司法不能完全脱离于生活经验和生活逻辑,司法权威的建立应当代表多元主体的利益并体现多元主体的声音。其二是蕴含了"天理""人情"的朴素正义观将在一定时期内存在于刑事司法中。正是刑事司法中主体的多元性决定了内含情理因素的朴素正义观会在一定时期内存在于刑事司法中,这样的状况随着法治宣传以及法治观念的进步会逐渐得到改善,但是在短期内普通民众

---

〔1〕 刘斌:"'亲亲相隐'与'大义灭亲'",载《社会科学论坛(学术评论卷)》,2008年第9期。

〔2〕 参见张明楷:《刑法学》,法律出版社2003年版,第107~108页。

的朴素正义观将难以撼动。"善有善报,恶有恶报"这样的朴素的报应观念反映的就是普通民众对于正义的理解,于普通民众而言,他们不会关心什么是罪刑法定或者什么是证据裁判,其评价司法的标准是"无法无天""伤天害理""合情合理",司法权威的建立当然要处理好刑事司法中这样的朴素正义观和成文法的关系,处理好社会效果和法律效果的关系。

刑事司法的权威尚未得以全面树立是一个基本认识,虽然刑事司法中的情理法融通在近年来引起了极大的关注,但是其实学者从当代中国法治建设的起点就已经注意到了这一问题,苏力在三十年前就提出了基层法院的司法者都倾向于"考虑案件处理必须结果比较公平","判断优先于法律适用、法律推理和论证","抓住核心争议","凭借直觉裁剪案件事实","防止矛盾激化"等司法方法。"如果仅仅就法治(规则之治)而言,我认为,这套知识是有很大的局限性。中国的法治不大可能主要依据这套知识来完成,它甚至在一定程度上并在一定范围内与法学界期望的规则之治有冲突。"[1]三十年后,我们发现刑事司法中的司法者跳脱出了上述司法方法,注重法学界期望的规则之治,但是这样的规则之治虽实现了法律效果却容易忽略社会效果,而司法权威的建立却又不得不面临着来自社会效果的要求,甚至可以说,近年来的伤及司法权威的案例正是因其忽视了刑事司法中的社会效果而导致的结果。在规则之治的理念之下,如果机械地强调规则绝对的统一而罔顾普通民众的情理观则很难获得普通民众发自内心的信服,司法者不能以罪刑法定的理由断然否定案件适用中应当考量的"天理""人情"。

---

〔1〕 参见苏力:《送法下乡》,中国政法大学出版社2000年版,第292页。

"罪刑法定原则其实质是对有利的保护和对不利的禁止，它不是要求个别正义为规范付出代价，而是要求规范本身为刑罚的正当性付出代价。"[1]司法权威的建立当然离不开"个别正义"的实现，也唯有"让人民群众在每一个司法案件中都能感受到公平正义"，才可以说司法的权威得以建立。当规则之治遇到了适用上的困境时，刑事司法中的情理法融通至少可以成为建立司法权威的选择之一。

---

[1] 郭百顺："刑事司法裁判合情理性与司法公信力"，载《福建法学》2014年第1期。

第四章 刑事司法中情理法融通面临的挑战

虽然本书在定义了"国法""天理""人情"的前提下发掘了本土法治资源，也尝试着寻找在刑事司法中进行情理法融通的法理依据，又从不同的角度肯定了情理法融通的内在价值，但是我们却也不得不面对刑事司法中进行情理法融通的现实挑战，也唯有真正理解或者解决这些挑战，才能够找到情理法融入刑事司法的方法以及路径。

第一节 普世情感与司法结果的悖离

一、舆论与刑事司法的冲突与调适

当下中国正处于转型时期，再加上网络媒体的推波助澜，舆论在刑事司法中起到了不可忽视的作用，虽然这种作用可能是正面的也可能是负面的，但是舆论与刑事司法确实处于对立统一之中。司法活动的专业性及其过程的相对封闭性和舆论的公开性有着天然的矛盾。在当代中国，引起舆论关注的案件都有着共性，一般都是对于弱者的同情或者关乎社会基本伦理并冲击了普通民众情理观的个案。这样的案件在网络媒体的助推之下很容易引起汹汹舆论，刑事司法本是司法者严格适用法律的结果,但是这一过程却并不是像数学公式般的只有唯一结果,司法者对于案件事实的认定以及证据证明力大小的判断是一个主观认识客观的过程,经过网络媒体放大的舆论不可避免地会影响司法者的内心确信,且舆论的发声也有着法律上的依据,《宪法》第三十五条和第四十一条都明确了公民享有言论自由权和批评建议权,对于刑事司法的舆论监督当然属于《宪法》所明确的言论自由。我们在思考舆论与刑事司法的关系时必须明确一个前提,也即在网络时代的刑事司法实际上已经不可能无视或者完全屏蔽舆论的影响了,舆论之中表现出的合乎"情理"的内容应当被肯定,也正是这样的时代变迁导致刑事司法或主动或被动地去思考其和舆论的关系。古代中国的司法实践实际上并不强调独立审判,更不排斥司法中的融通情理因素,但是互联网时代对刑事司法提出了新的挑战,实践中引发巨大舆情的案件也几乎都是首先在互联网上发酵的。在触及普通民众情理底线的案件中,社会舆论的及时发声可能是失真或者有失偏颇的,但是这也是让引起大家极大关注的热点案件成为全民"法治公开课"的绝佳契机。

采用陪审团制度的英美法系国家也不能完全无视舆论的影响,在传播方式相对传统的时代,英美法系国家构建了屏蔽舆论以免影响司法的特殊机制,这些机制在网络时代的冲击下几乎宣告失败。从源头上看,英美法系国家倾向于直接切断传统媒体报道以实现对舆论的管控。对传统媒体的限制或者禁止诉讼参与人向媒体泄漏案件情况的做法确实可以从源头上防止舆情的产生,但是这一措施却又面临着新闻报道自由和司法独立之间的矛盾,特别是在注重私权利保护和公权力限制的英美法系国家,这一措施的正当性饱受质疑,现今的庭审公开和直播无疑宣告了对这一措施的摒弃。英美法系国家面对更多的是在媒体报道后已然产生了舆论的情况,可资借鉴的经验是以拉长审限或者变更审理地点等方式来减弱或者缓释舆论的影响。在互联网时代到来之前,这一措施确实在一定程度上能够降低舆论热度,但是现在信息一旦上传到互联网上就很难被抹掉,特别是在重要的程序节点本应沉寂的话题很容易又一次被唤醒,延缓时间和空间的努力在互联网时代的作用非常有限。将陪审员与信息来源隔离开来,禁止陪审员接触由媒体传播出来的信息。[1] 但是互联网时代信息来源的多样性以及自媒体的发达让这样的隔离并没有什么意义。我们发现,上述管制措施在互联网时代的效果值得怀疑,对于这一点的坦率承认有助于我们正视互联网时代的舆论与刑事司法的关系。

互联网时代下刑事司法和舆论的冲突更甚的原因大体上是由于司法者和普通民众的信息不对称以及理解不一致等所致。具体而言,首先是情理底色的舆论和理性的司法之间难以取得共识。刑事司法不论是追求实体正义还是追求程序正义都应当是通过法律实现的正义,司法的理性是刑事司法最大的美德,也唯有如此,正义的实现才能充满确定性。舆论则是公众情感的集中体现和宣泄,它体现的是民众在主观上对"国法""天理""人情"的理解,它没有既定的范式也没有特定的形成路径。一方面,网络媒体为普通民众表达意见提供了一个平等的空间;另一方面,普通民众在网络平台上的发声多是匿名,这也决定了这样的信息传递难免出现失真的情况。以全国范围内具有较大影响的刑事案件为

---

[1] 参见卞建林、焦洪昌等:《传媒与司法》,中国人民公安大学出版社2006年版,第184~186页。

研究脚本，自媒体的传播之所以迅速，很多都是因为信息被刻意处理或者裁剪过，这样失之理性的信息传播当然可能导致对客观真实的偏航。[1]网络时代下的以情理为内核的舆论与民众的朴素情感加以汇合，实现了其对司法理性的质疑。其次是由程序正义和实质正义不同理念导致的冲突。刑事司法作为一种纠纷解决的模式，其自有严格的程序性，这样的"让正义以看得见的方式实现"是其与诸如调解等其他纠纷解决模式的显著区别，程序正义理念要求只要通过正当程序保障了被告人合法权益，即便是在判决结果不利的情况下也要息讼服判。这样的理念显然与我们的司法传统并不完全一致，诉诸并不客观理性的"天理""人情"和正义直觉的评价在互联网等媒体渲染之下极容易形成实体正义的"言论洪流"，进而冲击程序正义。最后是网络时代的信息不对称进一步加剧了这样的冲突。刑事司法固有的闭环属性让普通民众无从知道案件的具体细节，但是互联网时代下在网络平台上汇聚而成的各种猜测怀疑会加剧这样的信息不对称。特别是民众在了解到初步案情后急切地希望表达观点，这样的观点表达多是从情理角度出发而非理性的法律分析，但是司法机关面对汹涌舆论往往选择沉默或者应付了事，这样的信息不对称会让普通民众怀疑刑事司法的公正性，这种怀疑的表征就是舆论和刑事司法的冲突，"社会通过理解司法自身的有限性，从而避免对司法需求过剩而产生供需错位；而司法也要理解社会诉求的多样性和复杂性，进而避免机械形式主义的回应，最终达至司法与社会的融洽相处。"[2]

---

[1] 参见刘春园："论舆论监督、媒体审判与刑事司法独立关系"，载《南京师大学报（社会科学版）》2016年第5期。

[2] 张鹭、侯方明："案中隐性社会结构对司法裁判的影响及其调和——以张扣扣案为素材的实证分析"，载《甘肃政法学院学报》2020年第2期。

既然在网络时代刑事司法已经不可能完全屏蔽舆论,刑事司法与舆论因其理解的不一致或者信息不对称导致的冲突也确实存在,或许我们更应该在刑事司法的视野中考虑如何消解这样的冲突,对于冲突的消解既能实现个案中"国法""天理""人情"有机结合,更能体现出中国特色刑事司法的温暖内核。本书认为首先要确立刑事司法应当接受舆论监督的理念,既然刑事司法与舆论的冲突客观存在,我们就不能武断粗暴地忽视或者排斥其作用,刑事司法应当转变理念,更多地关注情理表达而非径直关闭沟通的大门。具体而言,我们发现在刑事司法中引发舆论关注的案件几乎都是引起民众对量刑畸重的质疑,从"许霆案"到"山东于欢案",实则都是个案的量刑畸重冲击了普通民众的情理观念,所以刑事司法在这样的个案中应当就量刑部分进行更加细致的说理,刑事司法中兼顾法理和情理的说理也是实现"看得见的正义"的方式和抓手。同时,舆论与司法的互动也有着明确的依据和参考。2009年,最高人民法院印发的《关于人民法院接受新闻媒体舆论监督的若干规定》明确:"对于社会关注的案件和法院工作的重大举措以及按照有关规定应当向社会公开的其他信息,人民法院应当通过新闻发布会、记者招待会、新闻通稿、法院公报、互联网站等形式向新闻媒体及时发布相关信息。"[1]这一规定明确要求人民法院应当主动接受舆论监督,同时规定了发布信息的举措和方式。其次在舆论和刑事司法发生冲突之时,法律职业共同体应当互相理解、互谅互信。本书所讨论的舆论主要是指当个案的审判与

---

[1] 参见最高人民法院《关于人民法院接受新闻媒体舆论监督的若干规定》第二条之规定。

普通民众基于"天理""人情"形成的朴素正义观或者道德观出现重大差异时的主流呼声。"现代法治应当是人性之治，良心之治，常识、常理、常情之治，现代法治中的法律规范，只能是反映人性，个人良心共性的社会常识、常理、常情的具体化、规则化。"〔1〕但是当刑事司法与个人的良心共性产生牴牾之时，法律职业共同体的尊重和理解则变得尤为重要，虽然在刑事司法中法官、检察官、辩护律师的角色职责并不一致，但是正确适用法律、准确定罪量刑的追求却是一致的。特别是在舆论关注的疑难复杂个案中，法律职业共同体成员不应进行内耗，而应当以理性的态度专业的技能回应普通民众的质疑，引导舆论回归到尊重"国法"顺应"天理"遵循"人情"的道路上来。

2013年，北京市延庆县发生了一起交通事故，行为人酒后驾车致使刚刚下课的花季少女殒命，2013年9月23日晚，被告人李某在饮酒后由其同学驾车送回家。嗣后，李某不听劝阻驾驶其轿车接上其他人往延庆方向行驶。李某酒后超速驾车至延庆县第七中学门口时，恰逢该中学晚自习下课，大量学生涌出校园，李某未及避让行人并撞上了在人行横道的高三女生张某，致张某受伤经抢救无效于当日死亡。〔2〕李某这一行为构成以危险方法危害公共安全罪还是交通肇事罪引发了舆论的广泛关注。从普通民众的情理观出发，行为人酒后在人流密集的大街上超速驾驶致使未成年少女的人生戛然而止，对此普通百姓理解的合情合理就是"以命抵命"，检察机关也是以量刑更重的以危险方法危害公共安全罪向人民法院提起公诉。花季少

---

〔1〕 宣海林："法应当向民众认同的常识、常理、常情靠拢——访十一届全国人大代表、重庆大学法学院院长陈忠林教授"，载《中国审判》2011年第11期。

〔2〕 参见北京市延庆县人民法院（2015）一中刑终字第1797号刑事判决书。

女、酒后、超速驾车等词汇足以让本案成为热点案件,一审法院在舆论重压之下认定李某构成交通肇事罪,判处其有期徒刑二年一个月。一审宣判后,检察机关不服一审判决提起了抗诉,二审法院并不是简单地维持原判或者予以改判,而是进行了极具人文关怀的说理:"虽然在法律层面上,本案看起来只是一起醉酒后超速驾车的交通肇事案件,但在情感方面,本案被害人张某是一名对未来人生充满美好憧憬、正在努力准备高考的高三女生。可以想象,当这个正值花样年华的少女在完成一天繁重的课业,准备通过人行横道过马路返回家中享受父母的呵护时,无论如何不会想到自己那本该精彩的人生、尚未绽放的生命,会终结在一个素昧平生的醉酒司机手中。而更加残酷的是,本案被害人母亲当时正在马路另一侧准备迎接自己的女儿。这咫尺之间的距离也许所谓人世间最近却又最远的距离。这样的场景对于每一个情感正常的人来说都难以想象和接受。正因如此,在本案二审审理过程中,特别是在面对正处中年却已早生华发的被害人之母以及沉默寡言的被害人之父张某时,合议庭法官同样经历了最为痛楚的心路历程。如果基于一般的社会情感及其体现出的情绪评价,一审判决对被告人李某科处的刑罚可能无法与被害人父母遭受的痛苦相匹配。但基于前文对本案事实、证据认定及法律适用方面的分析,这种失衡并非源于一审判决在事实、证据认定或法律适用方面存在错误,而是源于罪刑法定原则与个人情感接受度之间的冲突。在面对内心悲伤情绪激动的被害人亲属时,合议庭也曾经多次讨论过是否要为了追求被害人亲属的情感接受度与刑罚的高度契合,而改变本案的定罪与量刑。但法官不应是情绪化的法律人,而应是能够遵守法律规定,严守法律底线,在法律框架内从事审判活动的理性法律人,不能以个人同情之心去突破法律规定和司法认知界限。因此,在经历情感与法律的艰难抉择后,合议庭一致认为,对于案件的审判只能以法律为唯一标准和底线。虽然尊重被害人亲属的情感是司法联系人民群众的重要纽带,更是司法裁判合法性及正当性的基础,是实现公平正义的重要依托,但是司法对于当事人情感的尊重不能是盲目的和随意的,必须是基于理性而非感性,必须遵循司法规律而非个人道德观念,必须保证坚守法律界限而非个人价值选择,必须坚持公正立场而非袒护一方。无论是根据法律,还是司法规律,刑事审判都应该坚持以罪定刑,如果仅仅为追求最终刑罚后果与被害人亲属情感的契合来决定案件罪名,就会演变为以刑定罪,不仅会使刑事责任失去确定性,而且会使刑事法律规范也失去确定性,其代价就是牺牲刑法的基本原则和法治的基本精神。面对本案这样一起对被害人一家造成严重伤害的悲剧,合议庭法官完全能够理解被害人亲属,特别是被害人父母在本案诉讼过程中,多次强烈表达诉求的心情,也深知如何严谨的逻辑论证也不能挽回被害人的生命,如何专业的法律分析也不能抚平被害人亲属的悲伤。也许在被害人亲属看来,上述判决理由过于冰冷无情,但可以确定的是,本案的裁判结果是合议庭法官经历对情与法的纠结和挣扎后,严格依据法律所作,而且也是合议庭唯一能够作出的裁判结果。"[1]在说理中,我们发现司法者在法律适用上秉持了法律人的冷静和理性,更为重要的是站在普通民众的角度将刑事司法中的情理法融通淋漓尽致地展现出来。该案在沸腾舆论的影响之下,

---

[1] 参见北京市第一中级人民法院(2015)一中刑终字第1797号刑事判决书。

司法者主动听取了不同主体的意见,以透彻的说理昭示着理性的司法,以凝聚共识的情理彰显了司法的良善,实现了严谨的法理和普通民众的情理之间的良性互动。刑事司法坚持了独立审判,守住了公平正义的最后一道防线,而融通了情理法的刑事个案反过来通过舆论培养了民众的法治观念和法治意识。

二、普世情感与独立审判的关系

三权分立是资本主义国家的基本政治制度,意味着司法权、立法权、行政权的互相制约和牵制。独立审判作为一种国家权力有别于资本主义国家的三权分立,司法独立是资本主义国家的政治体制,这不同于我们的独立审判,我国的独立审判原则是"依法独立公正行使审判权",我国的独立审判原则的主要目的是为了实现公平正义。根据《宪法》第一百二十七条、第一百三十一条和第一百三十六条的规定,监察委员会、人民法院和人民检察院分别独立行使职权"不受行政机关、社会团体和个人的干涉。"这是独立审判的宪法依据,这一规定也为《刑事诉讼法》第五条所再次申明,这就是人民法院独立审判原则在法律层面的依据。在现代法治国家,独立审判这一原则是没有争议的,但是我们发现,刑事司法中为数不少引发巨大舆情的个案让我们不得不思考刑事司法中"天理""人情"与独立审判的关系。"在现代法治国家,为了确保规范精密、审判公正,必须承认司法独立——不仅独立于政府的权力,而且还要独立于人世间的舆论。司法也因独立而产生信任和权威。"[1] 刑事司法

---

[1] 季卫东:"'舆论审判'的陷阱",载《浙江人大》2011年第12期。

中的独立审判原则当然是追求公平正义的前提和基础,如若独立审判都无从谈起,刑事司法中实现公平正义恐怕也是缘木求鱼。独立审判是我们对于现代刑事司法的基本共识之一,陈瑞华教授认为独立审判包括法院层面的整体独立和法官的个体独立两个方面。[1]法院层面的整体独立是指人民法院独立于其他国家机关、社会团体和个人,审判活动不受任何国家机关、社会团体和个人的干预。法官的个体独立是指法官在审理案件过程中独立行使职权,不受任何其他个人的干涉。[2]本书所谈论的"天理""人情"下的普世情感与独立审判的关系主要是指作为司法者的法官独立审理案件,"法律代表了社会成员的良知,而司法裁判是法官对法律的解释和适用、以追求个案正义的过程,该过程并非单纯而机械地适用法律条文"[3],是法官结合其职业背景和正义良知作出的价值判断,如果在这一判断过程中法官无法独立行使职权,司法公正恐怕也无从谈起。如果刑事司法在审理案件的过程中总是无法避免案外因素的影响,则有悖于司法者客观中立的原则,司法的结果也很容易偏离事实和法律,只有当刑事司法的程序公开、结果公正,不明显悖离普通民众的凝聚了"天理""人情"的普世情感,刑事司法才会得到真正的尊重。如果独立审判原则得不到普遍的落实,"可以左右司法者会藐视司法,不能左右司法者也同样会轻视司法"[4],如此一来,刑事司法何来的司法权威与司法公信力。

---

[1] 参见陈瑞华:《刑事审判原理论》,北京大学出版社1997年版,第164页。

[2] 参见陈瑞华:"现代审判独立原则的最低标准",载《中国律师》1996年第3期。

[3] 吴建功:"法律适用方法的正当性标准与实践性要求",载《求索》2012年第10期。

[4] 卓泽渊:《法政治学》,法律出版社2005年版,第314页。

司法者对于独立审判的坚守不仅实现了刑法惩罚与教育并重的功能，更会让现代法治观真正落实为普通民众内心的坚守，也可以"通过法律价值观念体系、法律逻辑思维方式及证据判定法律事实的裁判过程，向社会大众传递文明法治信息，有效遏制'同态复仇'回潮的苗头，以刑罚的确定性彻底消除部分人妄图以舆情绑架、以情废法的方式滥用私权的危险心理，引领推崇理性、宽容、以法律手段解决矛盾冲突的现代文明法治社会价值观。"[1]

发生于2009年的"李昌奎案"虽然已经过去了十多年，但是其对于我们思考刑事司法中普世情感和审判独立的关系依然具有参考价值。"当年5月的一天，李昌奎的兄长与陈礼金（被害人的母亲）因水费事宜发生争执，李昌奎的家人曾经到陈礼金家中说媒被拒，因此两家埋下了矛盾的种子。说媒被拒的李昌奎在得知两家人又发生了争吵之后，在外打工的李昌奎随即赶回了老家，回来后李昌奎在被害人王家飞的门口遇到了时年18岁的王家飞以及只有3岁的弟弟。李昌奎同被害人王家飞发生了争执并暴发了肢体冲突，李昌奎将被害人王家飞掐晕后将其强奸，后李昌奎用锄头将王家飞杀害，杀害后将被害人尸体拖入屋内，时年仅仅3岁的王家红也被李昌奎倒提着摔死，在该二人死亡后李昌奎还用绳子勒住二人脖子后才逃离现场，后云南警方布下重重关卡，自知逃跑无望的李昌奎选择了自首。李昌奎到案后如实供述了自己的犯罪事实，一审法院依法判处其死刑，李昌奎不服一审判决上诉后，云南省高级人民法院基

---

〔1〕 谭鹏：“每起案件的办理都应在法治进程中发挥滴水穿石的力量”，载《中国检察官》2019年第14期。

于一审已经认定的量刑情节，改判其死缓。"[1]该案二审宣判后引起了极大的舆论关注，李昌奎对一个少女先奸后杀，连其3岁的弟弟也不放过，其主观恶性之大、客观手段之残忍都令人悚然，这些情节极大地冲击了普通民众的普世情感，"自首""积极赔偿"作为判处死缓的理由饱受公众质疑。云南省高院启动对李昌奎案件的再审后，对其改判死刑。后经最高人民法院核准，李昌奎依法领刑。

　　李昌奎案的特殊之处在于其一审被判处死刑后，二审在没有新的事实和证据的情况下改判其死缓，虽然刑事司法确实秉持的是"少杀""慎杀"的刑事政策，但是李昌奎用残忍的手段强奸杀害18岁的少女，又将其年仅3岁茫然无知的弟弟倒提摔死，在逃离现场之前竟然还用绳子将姐弟两人的脖子勒紧，这些情节极大地冲击了民众的普世情感，喧嚣的舆论裹挟着普世情感汹涌而来，为此云南省高级人民法院依法启动审判监督程序并最后改判李昌奎死刑。这不得不引起我们关于普世情感和独立审判间的关系的思考，难道作为审判机关的法院确实被"公众狂欢"所影响了吗？刑事司法作为专业性的活动当然应当具有独立性，而由普世情感代表的情理相对主观和非理性，对于当代中国的法治建设而言，包括"李昌奎案"在内的重大个案的尘埃落定，绝非仅限于个案意义上的正义实现，更应当为我们思考刑事司法的前进方向提供实践素材。虽然审判独立是我们关于刑事司法的基本认知，但是法律规范亦来源于社会生活实践，社会生活实践中的常理和常情自然也应当体现在法律

---

[1] 参见"李昌奎案"，载百度百科，https://baike.baidu.com/item/%E6%9D%8E%E6%98%8C%E5%A5%8E%E6%A1%88/9000529? fr = aladdin，最后访问日期：2020年11月28日。

规范之中，不论是刑事司法的初衷还是目的都应当是服务于社会生活实践。普世情感是社会生活实践的一部分，普世情感凝聚着一定社会背景下的民众对于"天理""人情"的基本认知，刑事司法在作出判决之时，在独立审判的基础之上，应当关注普通民众的情理感受。实际上"李昌奎案"所引起的普世情感甚至具有了罪责刑相适应的影子，普通民众对于改判李昌奎死缓的质疑主要集中于李昌奎故意杀害两人，属于强奸罪和故意杀人罪的数罪，且对无辜的三岁幼儿痛下毒手，手段残忍、情节恶劣，即便其自首也是由于公安机关布下天罗地网，其自知逃跑无望，这样"伤天害理"的犯罪行为居然能够被改判死缓那么"天理"何在，这样的质疑难道不正是罪责刑相适应的基本要求吗？"李昌奎案"的一再改判也要求刑事司法在独立审判之时不能忽视反映了民众情理观的普世情感，如果以独立审判的名义有意无意地忽略了蕴含着"天理""人情"的普世情感，独立审判这一本意是为了建立司法权威的原则反而会损害司法权威。

三、法律职业共同体的观念对立

虽然诸如"内蒙古农民王力军无证收购玉米"案以及"天津大妈摆摊被控非法持枪案"这样的个案所关注的焦点在量刑的轻重上或者说是在司法者和普通民众之间的认知差异上，这类触及普通民众情理观的个案很难取得全体公民对司法结果的一致认可，也正是这样的认知差异才使得刑事司法需要去反躬自省情理法的融通。但是刑事司法中，法律职业共同体成员基于其不同的角色和职能也可能在个案中产生重大分歧，坦率地面对这样的分歧不仅能在个案的处理中有利于我们更加深刻地理解"天理""国法""人情"，也能实现个案对普通民众的普法教育。司法实践中引发巨大舆情的案件多是发生在司法者和普通民众之间，而发生于2018年的"张扣扣案"虽然也有着对于"情理法的关系""道德与法律的关系""血亲复仇"等讨论，但是本案另一个值得注意的焦点是在法律职业共同体成员之间出现了观念上的对立，在一审辩护律师发表了极其煽情的辩护意见后，苏力在其《是非与曲直：个案中的法理》的序言中对于张扣扣的一审辩护律师的辩护意见进行了言辞激烈的反驳，童之伟教授紧接着提出了应容忍和支持刑辩律师正常执业的观点，贺希荣教授也发表了"过分的理性，其实就是虚伪——对苏力评张扣扣案的感想"一文。实际上，该案本身的案情并不复杂，而且张扣扣因其故意杀人的行为不论是从"国法""天理""人情"哪个角度出发都应该受到惩罚，但是法律职业共同体成员却出现了截然不同的观点，这样的观念对立显然是对在刑事司法中实现情理法融通的现实挑战。

张扣扣案也鉴于其重大影响入选了中国法学会案例法学研究会、最高人民法院司法案例研究院、《法律适用》、《中国法律评论》和《南方周末》联合主办的中国十大影响性诉讼。"1996年8月27日，陕西省汉中市南郑区新集镇王坪村14组发生一起故意伤害致人死亡案件，村民王自新三子王正军（时年17岁）故意伤害邻居张扣扣之母汪某某并致其死亡。同年12月5日，汉中市原南郑县人民法院鉴于王正军犯罪时未满18周岁、张扣扣之母在案件起因上有一定过错等情节，以故意伤害罪判处王正军有期徒刑7年，民事赔偿9639.3元（已履行）。此后，两家未发生新的冲突。但张扣扣对其母被王正军伤害致死之事始终心怀怨恨，伺机为母报仇。2018年春节前夕，张扣扣发现王正军回村过年，决定报复杀害王正军及其父兄，并准备犯罪工具，在进行暗中观察后决定作案。2018年2月15日（农历除夕)12时许,当王校军、王正军兄弟二人祭祖返回行至本村村委会门前时,守候在此的张扣扣蒙面持尖刀朝王正军颈部猛割一下,连续捅刺其胸腹部等处数刀,并追赶惊慌逃跑的王校军,朝其胸腹部等处连续捅刺数刀,后返回再次捅刺王正军数刀,致王校军、王正军死亡。随后,张扣扣闯入王自新家,持刀捅刺王自新胸腹部、颈部数刀,致王自新死亡。之后,张扣扣点燃王校军轿车,致车辆后部烧毁。逃离现场后,张扣扣于同月17日7时许到公安机关投案。2019年1月8日,陕西省汉中市中级人民法院以故意杀人罪判处张扣扣死刑,剥夺政治权利终身,以故意毁坏财物罪判处张扣扣有期徒刑4年,决定执行死刑,剥夺政治权利终身。张扣扣不服判决提起上诉。2019年4月11日,陕西省高级人民法院开庭审理本案,当庭宣布维持原判并报最高人民法院核准。2019年7月6日,最高人民法院裁定核准张扣扣死刑。"〔1〕正如本案入选理由所言:"现代法治国家无不禁止私力救济或者擅自复仇,更不容许不择手段不计后果地剥夺他人生命,何况张母被害一案已被司法机关依法处理,张扣扣为母报仇之说无从成立。根据罪责刑相适应原则,人民法院依法判处张扣扣死刑,不仅是对这一严重罪行的公正惩处,亦是对事出有因的重大凶杀案件如何兼顾天理国法人情的良好示范。同时,本案判决对于引导公民正确处理民间矛盾纠纷和个人恩怨,弘扬法治精神和化解社会戾气,亦具有重要意义。"〔2〕

---

〔1〕参见"张扣扣",载百度百科,https://baike.baidu.com/item/%E5%BC%A0%E6%89%A3%E6%89%A3/22393180?fr=aladdin,最后访问日期:2020年11月11日。

〔2〕参见李辉远:《法庭不需要煽情的辩护词》,载民主与法制网,http://www.mzyfz.com/cms/benwangzhuanfang/xinwenzhongxin/zuixinbaodao/html/1040/2020-05-13/content-1426462.html,最后访问日期:2020年11月11日。

第四章 刑事司法中情理法融通面临的挑战

从张扣扣自首到执行死刑的近两年时间，张扣扣案引发了持续的关于情理与法律关系的讨论。本案张扣扣的辩护律所发表的"网红辩护词"引起了轩然大波，辩护人纲领式地认为首先"'法律是一整套国家装置。它不能只有形式逻辑的躯壳，它还需要填充更多的血肉和内涵。今天，我们不是为了拆散躯壳；今天，我们只是为了填补灵魂'，然后描述了'这是一个血亲复仇的故事'，再次引用了弗洛伊德的心理学理论高度怀疑张扣扣有创伤后应激障碍，且归结于当年的刑事司法没有给张扣扣'足够的正义感受'，没有抚平其'心灵创伤'，没有排遣其'复仇欲望'，张扣扣属于血亲复仇因而'有可原谅或可宽恕的基础'，辩护律师还认为张扣扣因为没有杀在场的女人其复仇具有节制。"[1]辩护词中还大量引用了西方法谚以及"一堆纯属虚头巴脑的民（社）科类辩解。"[2]苏力认为，辩护律师跳过案件事实而不就实体法和程序法展开辩护，用拼凑的事实将案件描述成了具有一定正当性的复仇。[3]且不论该辩护词毁誉参半妥当与否，但是其却精准地抓住了普通民众内心深处的"天理""人情"，并寄希望于以这样的普世情感影响法院判决，辩护律师认为张扣扣在二十多年后行凶的理由是当年的案件没有得到公正的处理，所以是具有一定正当性的"血亲复仇"。"六神磊磊读金庸"在其公众号发文"张扣扣案：白日不到处，青春恰自来"称："张扣扣的案件里，如果那些传言是真的，对方有权有势，所以当年就给轻判了，那

---

[1] 苏力：《是非与曲直——个案中的法理》，北京大学出版社2019年版，第8页。

[2] 苏力：《是非与曲直——个案中的法理》，北京大学出版社2019年版，第8页。

[3] 苏力：《是非与曲直——个案中的法理》，北京大学出版社2019年版，第8页。

说明当时治权不成功。在张扣扣的心里，法治的公平就建立不起来。他就会追求所谓的第二种'公平'——武侠的公平。"[1]

"欠债还钱、杀人偿命"是很多普通民众的普世情感，这也是在二十多年后舆论同情张扣扣的理由之一，"血亲复仇""为母报仇""司法不公"这些词汇抓住了普通民众的敏感点，使得刑事司法直面伦理纲常的孝道文化，由于这种诉求是儒家道德伦理所推崇的义举，[2]因为其具有了情理上的可接受性，也因此获得了普通民众的认同。正如在于欢案中普通民众对于什么是正当防卫或者防卫过当并不太关心，普通民众关注的重心更在于"辱母"的情节，也只有在这样的案件中，情理观念与法律的冲突才会更加凸显，"情理反映事理和常情。情理起源于道德情感，体现民众的道德情感，是社会道德观念的反映。"[3]在极端煽情的辩护词以及血亲复仇搅动形成的舆论下，法律职业共同体之间亦出现了重大分歧，这是本案与"山东于欢案"的明显不同之处。苏力毫不客气地指出："完全且故意漠视本案以及与本案有关的基本事实，用所谓的名人名言趣闻轶事代替说理，以引证代替论证，以华而不实的修辞、堆砌和'中二'的多情表达，蛊惑不了解案情的公众，不谈实体法，也不谈程序法，就胡扯随意剪辑的所谓法理，捎带着打个擦边球，搞点司法政治：让不会吱声的社会，让此刻没法吱声的前案法官，来背锅。彻底地无视本案事实，彻底地不讨论可能相关的法律，这份辩护词根本没把审案法官当回事，只想放到网上煽情网民。

---

〔1〕 参见公众号六神磊磊读金庸："张扣扣案：白日不到处，青春恰自来"。
〔2〕 蒋楠楠："法律与伦理之间：传统中国复仇行为的正当性及限度"，载《法学评论》2018年第4期。
〔3〕 刘道纪："法律内的天理人情"，载《政法论坛》2011年第5期。

这是份法庭辩护词吗？这是个赝品！"[1]许身健教授则言辞直接地指出："辩护词虽然吸引了众多粉丝，但其案件理论极为荒谬。审判是两造对抗，是庭上言辞交锋，不是鲁迅梁实秋打笔账。不关注庭审，而去关注什么辩护词判决书等等，这反映了某些人对书面文件的迷恋，审判活动不是说给你听，而是写给你看，这样的刑事审判是形式审判。"[2]陕西省人民检察院第一检察部主任谭鹏的观点很有代表性："刑事司法是司法人员运用专业知识、专业技能在甄别、运用证据的基础上查明法律事实并准确适用法律的过程。刑事司法的专业性决定了检察官在执法办案中应以法律人的职业素养审查案件，以法律人的专业视角剖析问题。检察官体现出的应是职业法律人独特的法律思维，善于倾听群众呼声并积极关注舆情，但绝不因情弃法，以舆情为导向，绝不以民众思维代替法律思维，甚至丧失独立的思考与判断。"[3]

刑事司法中的舆论关注并不是洪水猛兽，舆论也确实在一些疑难复杂个案的改判中起到了一定的作用，司法者通过关注舆论背后所反映的深层次原因，通过对司法中普通民众理解的"天理""人情"进行及时梳理与回应，根据证据构筑的事实在法律的框架之内接受舆论的监督，有利于司法目的的实现。"张扣扣案"的辩护意见基于人伦传统和正义情感取得了普通民众的认可，但是法律职业共同体之间的观念冲突在"张扣扣案"

---

〔1〕 苏力：《是非与曲直——个案中的法理》，北京大学出版社2019年版。
〔2〕 许身健："这次我给苏力点赞"，载《检察日报》2019年7月24日，第07版。
〔3〕 谭鹏："每起案件的办理都应在法治进程中发挥滴水穿石的力量"，载《中国检察官》2019年第14期。

中也表现得尤为明显，辩护律师在法庭上的职责是通过事实和法理说服司法者，纵使华美的言辞和华丽的辞藻非常动听，但是其无论如何也不应当脱离刑事司法"以事实为依据，以法律为准绳"的基本原则，这一点也为苏力所肯定。本案的辩护律师邓学平面对质疑也作出了回应：为生命辩护，为什么不能动之以情，晓之以理？"张扣扣案"中这样的观点交锋实际上对案件最后的审判结果大有裨益，公诉人基于案件事实、举证质证、法律适用的情况更加慎重地发表当庭公诉意见，甚至要对辩护律师提出的情理因素进行及时的回应。辩护律师不仅仅要从常规的辩护策略出发，更要另辟蹊径。司法者、学者以及辩护律师在同一个案件中基于其职能角色的不一样出现了不一样的观点实属正常，但是即便其存在着理念上的差异也不能互相攻击彼此对立。学者的发声基于追求社会整体层面的公平正义，辩护律师则根据个案的特殊情况选择维护当事人权益的途径，司法者则既要考虑被告人定罪量刑的主客观因素也要兼顾被害人是否得到了赔偿以及社会关系是否得到了修复等情形。不论是法律职业共同体的哪一方主体，在庭审的分庭抗礼之间，都要处于对抗而不对立，都要和而不同，都要有着共同的法治理念和法治信仰。

第二节　情理法融通之下的同案同判与个案公正

一、同案同判的现实追求

同案同判虽然不是刑事司法中的基本原则，但是这是普通民众感受司法正义最直观的方式之一,大法官卡多佐说:"涉案当事人或多或少地会期望法官对'要点相同'的案件能作出'同样决定',否则'一种愤怒和不公的感觉'将使当事人难以相信司法活动是公平的。"[1]相较于民事诉讼,普通民众对刑事司法中判决结果的公正性有着更高的期待,因为刑事司法的结果往往与当事人的生命与自由休戚相关。在本书所屡屡提及的引发巨大舆情的个案中,司法机关在舆论关注之下对于案件的判决妥否肩负了普通民众对公平正义的期待。刑事司法一方面应当放眼于整体层面上正义的实现,另一方面也要关注个案中的正义如何得到彰显,特别是在刑事个案中出现了明显有悖于普通民众心目中"天理""人情"的因素时,刑事司法如何在不违背同案同判的原则的基础上实现个案正义是一个现实问题。近年来密集发布的包括量刑规范化、司法责任制、定期发布指导性案例以及颁行统一法律适用、加强类案检索的指导意见等都有着实现同案同判、维护司法权威的现实考量。张志铭教授认为:"从最为直接而显著的意义上说,案例指导制度或指导性案例所追求的价值目标就是'同案同判'。"[2]刘作翔教授提出:"案例指导制度的核心是旨在通过'指导性案例'的模本或标本作用,来解决'同案不同判'的问题。"[3]同案同判当然是判断司法公正的标准之一,无论是在法理基础还是情理观念上,某一类型的案件裁判结果应当大抵是相同的。但是刑事司法实践

---

[1] 参见[美]本杰明·卡多佐:《司法过程的性质》,苏力译,商务印书馆2009年版,第17~18页。

[2] 张志铭:"中国法院案例指导制度价值功能之认知",载《学习与探索》2012年第3期。

[3] 刘作翔:"案例指导制度的定位及相关问题",载《苏州大学学报(哲学社会科学版)》2011年第4期。

是多变复杂的,每一个案件中都有事实认定和证据裁判上的特殊之处,特别是在一些引发巨大舆论反弹的案件中,如若掺杂了传统的"天理""人情"因素,包含了普通民众的普世情感,同案同判与个案正义是否是对立统一的关系就成为刑事司法必须解答的问题。对于在哪些场合会产生同案同判的问题,大卫·斯特劳斯认为:"在以下两种特定的场合中才会产生'同案同判'的问题。第一种情形是在道德不确定性的条件下做出一些分散性裁决,其典型者例如对刑事罪犯的定罪,由于量刑幅度的存在,导致法官可能面临多种不同的选择。第二种情形则涉及法官的制度性角色,这一角色要求裁判者一以贯之地执行某些规则,但同时又赋予他们在特定个案中进行自由裁量的权力。比如说,当法律在道德上出现错误时,或者当法律适用者手中握有自由裁量权的时候,法官便不得不考虑'同案同判'这一司法要求。"[1]

同案同判是从"Similar cases be decided similarly"或"Treating like case alike"翻译而来,显然这里的"similar case"或"like case"不是"same case",从语义上而言,"similar case"或"like case"对应的就是"类似案件"。既然如此,"只有在判定两个以上案件是否属于'同等情况'的基础上,方能继续第二步判断是否属于'同等对待'。"[2]我们对于何谓"同案"的理解是同案同判的前提,而"同判"则是"同案"应有的追求和目的。刑事司法是一个案件发生后以调查取得的证据倒推案发当时情况的过程,时间、空间、人物都会有所变化,每个

---

[1] 转引自孙海波:"'同案同判':并非虚构的法治神话",载《法学家》2019年第5期。
[2] 刘树德:"刑事司法语境下的'同案同判'",载《中国法学》2011年第1期。

案件的行为人的主观动机和犯罪目的也不尽然相同。另外,"司法实践中的案件事实是司法机关工作人员对案发现场进行勘验,对现场遗留物进行提取和案件当事人对案发过程进行回忆而还原的案件事实,实际上是以各类人员的认知活动为核心的建构过程。"[1]各类人员在还原案件事实的过程中鉴于其主观认知以及过往经历的不同都不可能完全还原客观事实,在司法实践中严格意义上完全相同、一模一样的案件是不可能出现的,不论是从英文词源出发还是就实践而言,同案同判意义上的"同案"应当是指同一类案件或者类似案件,2020年7月31日起试行的《最高人民法院关于统一法律适用加强类案检索的指导意见(试行)》也证明了这一点,那么司法实践中对同类案件或者类似案件的认定标准是什么。王利明教授的观点颇具代表性,他认为类似案件的"类似性"应该体现在以下四个方面:"案件事实相类似、案件的法律关系相类似、案件的争议点相类似、案件所争议的法律问题具有相似性。如果两起案件在这四个方面存在相似性,即可认为这两起案件属于'类似案件'。"[2]张志铭教授提出:"两起案件是不是属于'同案',需要有两个分析步骤,即案件性质上的定性分析和案件情节上的定量分析",需要"立足于案件事实与具体法律条文的联系,以案件事实的法律特性为线索,来确定两个案件的事实在整体上是不是涉及相同的法律问题,是不是属于同样法律性质的案件。"[3]除了学界,实务

---

[1] 孔繁灵:"'同案同判'与'同案不同判'",载《人民法院报》2014年2月15日,第02版。

[2] 参见王利明:"成文法传统中的创新——怎么看案例指导制度",载《人民法院报》,2012年2月20日,第02版。

[3] 参见张志铭:"中国法院案例指导制度价值功能之认知",载《学习与探索》,2012年第3期。

界也提出了自己的标准,四川省高级人民法院联合四川大学课题组从裁判要旨的角度提出了类似案件的判断标准,也就是"待决案件的事实与指导性案例'裁判要旨'中所包括的必要事实具有相似性,待决案件所要解决的法律问题与'裁判要旨'中所涉及的法律问题具有相似性。"[1] 从事实和法律适用的角度出发,如果这两个方面均和指导性案例的相似就是我们所说的相似案件,也就是后来的案件如果与在前的案件在事实上认定和法律关系上同时具有相似性,则属于同案同判标准下的"同案"。明确了"同案"的标准后,则"同判"也意味着"相同的裁判"或者"类似的裁判"。参考"同案"的标准,本书认为同案同判下的"同判"是指后来的案件如果与在前的案件在事实上认定和法律关系上同时具有相似性,则司法的结果也应该是与在前的案件相同或者类似。我们唯有在厘清"同案"以及"同判"的基础上,才可以更好地探讨司法实践中出现的在定罪量刑上争议巨大的个案,能够理性地思考同案同判与刑事司法的情理法融通的关系,因为刑事司法中情理法的融通有着同案同判的现实隐忧。"天理""人情"本来就并非像"国法"一般明确具体,这进而导致对于哪些案件属于情理意义上的"同案"存在争议。在情理型的个案中,由于法律本身的缺陷导致了司法结果失之正义,那么在以后的刑事司法实践中,到底是坚持依"有缺陷的法"进行裁判还是以后坚持同案同判也成为一个问题。就刑事司法的本质而言,依法裁判和同案同判并不矛盾,它们是保障刑事司法运行的一体两面,在任何情况下

---

[1] 四川省高级人民法院、四川大学联合课题组、陈明国、左卫民:"中国特色案例指导制度的发展与完善",载《中国法学》2013年第3期。

都绝对坚持依法裁判极有可能导致僵化司法的结果，如果依法裁判会导致案件结果极大地违背我们对于"天理""人情"的认识，那么司法者通过关注个案的差异以实现情理法融通下的个案正义就成为一种必然。

二、情理法融通下的个案正义

我们一方面要看到同案同判在刑事司法中的重要意义，另一方面也要看到个案之间的差异，考虑同案同判之下的个案正义实现，或者说本书所研究的刑事司法中的情理法融通实际上更加关注个案正义。刑事司法视野下的正义实现当然离不开个案正义，可以说，没有个案正义就不能断言实现了司法正义，个案正义是抽象的法律规范的具体化过程，"让人民群众在每一个司法案件中都感受到公平正义"当然是刑事司法中的追求个案正义的体现。"关于刑事个案公正，基本可以从两个方面得到界定：一是实质意义上的'罚当其罪'（《刑法》第5条'罪责刑相适应原则'），二是形式意义上的'平等适用'（《刑法》第4条'适用刑法人人平等原则'）。它们所解决的问题实际上都是刑罚的均衡问题：前者要求刑罚与行为的罪责程度相适应，体现的是公正的实质内涵；而后者要求在不同主体之间要坚持同样的刑罚适用标准，体现的是公正的形式要求（平等）。"[1]一个难以回避的问题是，刑事司法中的每一个个案都有特殊性，在"天津大妈摆摊被控非法持枪案"发生后，依然有行为人因为非法持有或者买卖被鉴定为枪支的枪形物而被判处重刑。在"山东于欢案"发生后也并不意味着

---

[1] 周少华："刑事案件的差异化判决及其合理性"，载《中国法学》2019年第4期。

正当防卫的标准正式得以明确，关于行为人的行为是正当防卫还是故意伤害的个案依然在不断地发生。同案同判是我们追求的应然结果，但是刑事司法中案情类似的个案最后获得不同的判决结果的现象实际存在，这显然不符合普通民众的"情理"。"许霆案"与"于德水案"在案情上极为类似，这两个案件也都引发了法学界以及普通民众持久地关于"国法""天理""人情"的关系的讨论，但是这两个案件的适用结果却有着天壤之别，对这两个案件的对比研究有助于加强我们对个案正义的理解。这两个案件都是因为银行的 ATM 机出错而导致行为人从银行非法获利，但是最后的判决结果却并不属于"同判"。许霆从 ATM 机取了 17.5 万元后，广州市中级人民法院在一审中认为许霆构成盗窃金融机构罪并判处其无期徒刑，在许霆上诉至广东省高院后，广东省高院并未直接改判或者维持原判而是将该案发回重审，广州市中级人民法院作出重审判决时，依然认为许霆构成盗窃金融机构罪，将其量刑从无期徒刑降为有期徒刑五年。而于德水是在 ATM 机上取款时发现，虽然存入现金会被退回但是账户余额却增加了，于德水通过反复存取的方式使自己的账户余额多出了 9 万多元并取了出来。从客观行为上看，于德水和许霆一样，都是利用银行 ATM 机故障占有了银行的资金，但是在许霆曾经甚至被判处无期徒刑的前提下于德水竟然被判处了缓刑。从同案同判的角度看，既然许霆最后被判处五年有期徒刑，那么在几乎同样的情况下于德水有什么理由仅被判处缓刑。这样的问题既关乎刑事司法中的同案同判，更涉及个案正义应如何实现的问题。当然许霆和于德水案亦有区别之处，许霆涉案 17.5 万元而于德水涉案 9.4 万元，但是这区区几万元之间的差距是无期徒刑和缓刑的距离，这当然没有"天理"。在"许霆案"和"广东于德水案"中，另一个值得研究的问题是司法文书如何说理,许霆案的判决书中规中矩援引法律规定,并根据法条对许霆定罪量刑,但是从其犯意产生、主观恶性等角度对其在法定刑之下减轻处罚,这也是刑事司法中最为常见的说理方式。而于德水案的裁判文书却是从刑事司法暖慰人心的角度展开的说理,这正是司法者从"天理""人情"的角度作出的裁判。正如本案的审判长万翔所说,他希望通过这份判决书传递一种价值导向,在疑难复杂案件的审理中要从法理、情理、道义等多个角度进行分析,他坦言,如果在于德水涉案金额不大,主动认罪悔罪并主动退赃的情况下,还要让于德水去坐牢,很难迈过良心的那道坎。[1]在刑事司法中追求同案同判当然也应当关注个案正义的实现,这是程序正义与实质正义的要求,也是法律效果与法律效果统一的应然状态。"山东于欢案""许霆案""天津大妈摆摊被控非法持枪案"的一审、二审法院对于相同的案件作出了不同的认定并不意味着这一定就是错误的裁判,司法者对于成文法的遵守是"同案同判"的前提,但在特殊情况下对刑事司法中的个案注入人文关怀以实现个案的正义是司法理念进步的体现。因此,"同案同判"和"同案异判"实际上是刑事司法的统一性与差别性的关系,在"确保法律适用的一致性、确定性和可预见性"的同时,也要"允许对于新难问题进行尝试和探索","允许在一定时期内和一定条件下存在无法避免的差异性和多样性。"[2]周少华教授认为司法实践中的常态是"差异化判决",他认为刑事司法中的"同案同判"是不存在的,"在刑事司法中'同案同判'命

---

〔1〕 参见"'惠州许霆案'审判长:让他坐牢我良心上过不去",载搜狐网,https://www.sohu.com/a/285428186_120078003,最后访问日期:2021年1月15日。
〔2〕 孔祥俊:《司法哲学》,中国法制出版社2017年版,第446页。

题的核心内容是,对于犯罪性质相同、罪责程度相当的案件就应该作出相同的判决。虽然这种主张从'适用法律人人平等'的宪法原则就可轻易导出,其正当性毋庸置疑,但是,其成立的前提是必须有'同案',而前文的讨论已经表明,这个前提是不存在的……'同案同判'正当性的理据仅在于它对形式公平的表达,而对实质公平的实现,它却无法给出有力的论证。"〔1〕因此,"差异化判决"是刑事司法的常态,周少华教授注意到"差异化判决"的本质作用在于实现实质正义,这也正是本书一再强调的在刑事司法中实现情理法融通的目的所在。"'同案同判'作为司法的构成性义务,意味着它首先已经是一种法律义务或司法义务。"〔2〕根据大卫·斯特劳斯关于同案同判发生于特定场合中的观点,其潜在意思是指同案同判其实并不属于司法的一般原则,由于法律自身的原因以及个案之间的差异,所以司法者的自由裁量权才有了存在的价值。诚如本书刚刚所比较的"许霆案"和"广东于德水案",对于自动取款机出现故障时行为人恶意取款的定罪量刑,司法者会面临"同案同判"的困难,因为在立法之时立法者并没有考虑到这一点,司法者对于这样的行为的评价很难做到同案同判。正如于德水案的承办法官的最后那段说理一样:"我们对与本案类似的著名许霆案作了详细的研究和对比,许霆案犯罪金额是十几万元,终审判决确定的刑期是五年。我们知道,法学理论界对许霆案的判决分歧非常大,国内多位顶尖刑法学教授也各自发表了论证严密但结论完全不同的法律意见。这既说明本案作为一个新类型案件有其自

---

〔1〕 周少华:"同案同判:一个虚构的法治神话",载《法学》2015年第11期。
〔2〕 参见孙海波:"司法义务理论之构造",载《清华法学》2017年第3期。

身的特殊性,另外也说明正义本身具有多面性,从不同的角度观察和认识会得出不同的结论。众多争论也说明,对复杂的新类型案件作出正确的司法判断是件非常困难的事,对法官的各项能力甚至抗压能力要求都非常高,因为法律毕竟是一门应对社会的科学,司法判断面临的是纷繁复杂、日新月异的世界,面临的是利益交织、千差万别的社会矛盾和价值取向,面临的是当事人、公众、媒体、专业人士等的挑剔眼光和评价。因而法律专家也好,法官、检察官也好,即使法律观念一致,但也存在不同的伦理观、道德观、世界观,存在不同的思维方式和行为路径,因此,在追求正义的过程中,司法官对案件的判断经常是不一致的但同时也是正常的。检察机关和审判机关之间,以及不同层级的审判机关之间对同一案件存在不同的认识和答案是正常的,希望得到社会各界的理解和尊重。"[1]在于德水案件宣判之后,业界称之为"一份伟大的判决",也许将其称之为"伟大"有赞誉成分,但是却没有怀疑其违背了"同案同判"的声音,实践中的声音告诉我们这样的刑事司法既未受到"同案同判"的质疑也实现了个案正义。德沃金主张司法者在每次案件裁决时找到唯一正确答案[2],这里的唯一正确答案当然不能以违背同案同判作为前提,但是唯一正确答案本身就不唯一的,刑事司法的过程并非如数学公式一样计算精确且只有一个答案,同案不同判的情况至少在短期内会在司法实践中客观存在,况且同案不同判也不意味着其就是错案。"裁判中以牺牲社

---

[1] 参见广东省惠州市惠阳区人民法院(2014)惠阳法刑二初字第83号刑事判决书。
[2] [美]罗纳德·德沃金:《认真对待权利》,信春鹰、吴玉章译,中国大百科全书出版社1998年版,第365页。

会效果、个案正义为代价,盲目追求'同案同判'是不可取的,固守'同案同判'无疑会导致裁判思维的僵化,最终对司法公正造成的损害才是更致命的。"〔1〕

刑事司法中"同案同判"的核心要义是对案件事实、法律关系以及案件的争议焦点等方面相类似的案件作出的司法判决结果也应当是类似的,但是本书并不主张对于类似案件作出的判决应当完全一致,正如波斯纳在讨论"形式正义"时所指出的那样:"'同等人应当受到同等对待'这一命题在某种层面上是一种陈词滥调,而在另一层面上又是一种误解。一个理性的判决制度会避免在分类上有不合逻辑的专断,这是在形式层面上唯一可以予以谴责的'不平等'。而所谓形式层面,即是不深入探究具体实质问题的优劣。这种形式的平等会将某些结果排除掉,但会留下一个巨大的空白地带。更有甚者,没有任何现实世界的法律制度有可能(也不应当)避免一切专断的区分。因此,必须允许法官改变自己的观点,尽管这种改变的结果是对不同时期的相同案件作了'专断的'区分。"〔2〕波斯纳认为,即使法律制度无懈可击,但是其施行成本也会难以承受,所以即便是最好制度都会导致"法律结果的不平等"。波斯纳所谓的"法律结果的不平等"是形式上的不平等而非实质上的不平等,而对于实质上不平等的法律的调整正是本书研究刑事司法中进行情理法融通的意义之一,在"同案同判"的理念之下,我们仍然需要关注个案中的特殊情况。在刑事个案中,司

---

〔1〕 谢进杰、邓慧筠:"刑事司法如何回应'同案不同判'",载《法治论坛》2019年第1期。

〔2〕 参见[美]理查德·A.波斯纳:《法理学问题》,苏力译,中国政法大学出版社2002年版,第417页。

法者通过法律论证的方式追求司法结果的公正性,这样的论证过程意味着司法者需要兼顾合法性与合理性以实现实质正义。刑事司法程序的价值之一在于警惕司法者滥用自由裁量权,但是自由裁量权却又是实现个案正义所必须具备的前提之一,刑事司法在个案的法律适用中应当使结果在普通民众的情理预料之中,司法者的自由裁量权则为这种情理之中的妥当性提供了一种可能,基于每一个个案都存在差异,因为一定限度内的差异是刑事司法无法回避的问题,这一客观情况导致同案同判并非是完全绝对的,它"具有原则性,而不是规则性。"[1]作为一项法律原则,其自然在适用的时候有别于法律规则"全有或全无"的方式,拉伦茨就明确指出"当初正确的解决方式,今日因规范情境变更或整个法秩序的演变,须为他种决定时,则其不仅有权利,亦且有义务摒弃判决先例的见解……在某种程度上,判决先例可以主张其享有正确性推定;但法官不可不假思索地信赖它,如其发现判决先例有可疑之处,即须自为判断。"[2]"同案同判"作为刑事司法的司法者在裁判案件时的义务并非是没有限制条件的绝对适用,在某些特定个案中,对于同案同判的绝对遵守可能会导致普通民众对于正义的怀疑。本书当然不是否定刑事司法中的"同案同判"原则,只是认为应当在个案正义的实现遇到危机的情况下,或者说在个案正义中的"国法"适用结果超出了普通民众对于"天理""人情"的理解时,应当为实现个案正义留出一定的空间,因为

---

〔1〕 张骐:"论类似案件应当类似审判",载《环球法律评论》2014年第3期。

〔2〕 [德]卡尔·拉伦茨:《法学方法论》,陈爱娥译,商务印书馆2003年版,第301~302页。

"绝对的平等也可能会造成不正义的情况出现,在某些特定情况下的不平等也可能最后的结果是公正的。"[1]

第三节 社会效果与法律效果的统一

一、刑事司法中社会效果和法律效果的内涵

在当代中国的法治图景中,追求社会效果和法律效果的统一无疑是极具中国特色的亮点之一,虽然有学者对此持不同意见[2],但是司法实践已经在这个问题上给出了答案,法律效果和社会效果早已在各类司法文件中被屡屡提及。刑事司法不仅需要司法者具备专业的司法技能,更需要司法者拥有丰富的阅历和悲悯的良心,刑事司法的结果合乎普通民众的朴素情感就是情理法的融通。波斯纳早就说过:"司法中应当以合乎情理作为指引,司法者应当致力于努力在每一个案件中都获得合乎情理的司法结果。"[3]波斯纳所强调的最合乎情理的结果其实也就是社会效果和法律效果的统一。

最高人民法院在1983年的人民法院工作报告中首次提出了

---

[1] Kent Greenawalt, "How Empty Is the Idea of Equality?", *Columbia Law Review*, Vol. 83, No. 5., 1983, p. 1183.

[2] 比如陈金钊教授在"被社会效果所异化的法律效果及其克服——对两个效果统一论的反思"中提出社会效果是一个被误解和误用的概念。在统一论的言辞之下,法律效果被社会效果所异化,法律固有的意义被政治效果所统一。而这种在法律方法论的角度看并不具有可操作性的统一论,不仅贬抑了法律的规范功能,而且蔑视了法律方法处理法律与社会紧张关系的能力。他还在"法律人思维中的规范隐退"中认为追求社会效果偏离法治的目标,甚至可能走向去法治化的极端。

[3] 参见[美]理查德·A.波斯纳:《法理学问题》,苏力译,中国政法大学出版社2002年版,第165页。

社会效果,1999年最高人民法院发布的《全国民事案件审判质量工作座谈会纪要》要求"在审理新类型民事案件时,要注重探索,讲求社会效果。"[1]当时的司法实务界和理论界对于社会效果和法律效果的研究开始起步,时任最高人民法院副院长的李国光的观点在今天看来依然没有落后,"审判的法律效果是通过严格适用法律来发挥依法审判的作用和效果;审判的社会效果则是通过审判活动来实现法律的秩序、公正、效益等基本价值的效果……法律效果倾向于法律的证明,侧重于法律条文的准确适用;社会效果倾向于法律价值的实现,侧重于司法目的的实现。"[2]随着中国司法改革的愈益进步,刑事司法中的社会效果从概念逐步落实为司法实践的基本政策之一。2005年,最高人民法院直接在《法官行为规范(试行)》中规定法官要"提高审判质量,努力追求法律效果和社会效果的有机统一"。[3]法律效果和社会效果的统一成为官方认可的司法政策进而指导司法实践,江国华简明扼要地提出了法律效果和社会效果的三原则:"法律效果的含义有三,即法律规则之实现;法律原则之实现;法律目的之实现。社会效果的含义有三,即当事人息诉服判;判决获得公众普遍认同;判决有利于扬善抑恶。"[4]法律效果的实现意味着从立法上要遵循法律的预测和指引功能,要求立法

---

〔1〕 参见《全国民事案件审判质量工作座谈会纪要》第二条第二款之规定。

〔2〕 参见李国光:"认清形势,统一认识,与时俱进,开拓创新,努力开创民商事审判工作新局面,为全面建设小康社会提供司法保障——在全国民商事审判工作会议上的讲话(2002年12月9日)"。转引自孔祥俊:《法律解释方法与判解研究》,人民法院出版社2004年版,第439页。

〔3〕 参见《法官行为规范(试行)》第二条第二项之规定。

〔4〕 参见江国华:"审判的社会效果寓于其法律效果之中",载《湖南社会科学》2011年第4期。

之时考虑公平正义的要求，在司法活动中遵循"法律至上"的理念，正确适用法律依法裁判，司法结果不仅要符合成文法的规定，还要契合法律所应有的理性。我们确实从西方法治传统中借鉴了大量的经验，基于对人治的批判我们大力倡行法治的重要性，在这样的背景之下我们完成了法治的初步启蒙，从官方到学界都对法治所体现的权利保护、规则意识、程序正义等内容大加赞扬。法律效果意味着法律成为司法的标准和尺度所在，普通民众也有了行为上的可预测性以及规则适用上的平等性，这实际上也是形式正义的基本要求。但是除却形式正义的要求，法律还内在地包含了特定社会背景下的普通民众的愿景诉求和普世情感，刑事司法如果伤害了这样的普世情感，形式正义还是否为我们所追求的法律效果就值得商榷，"法律规则和其他法律形式不仅仅是形式的容器，而是有实质内容的。当法律被创设和适用时，它的内容必定被价值锁定。这些价值体现在法律自身的制定中，体现在立法者、法官及其他公职人员为其行为辩护的理由上。"[1]

但是正如本书此前所一再强调的那样，法律作为一种文化现象，其必然会被打上传统经验的烙印，关于法治的思维方式和理念必然会受到传统法治文化的影响。时至今日，当代中国司法的特色之一就是旨在恢复被破坏的社会关系，这也是当代中国刑事司法中的恢复性司法以及刑事和解等制度的理念来源。这当然和西方的法治传统与所区别，西方的法治传统往往提倡"我们眼中的法律是确定性的，它不能模棱两可而必须给出是或

---

[1] 参见[美]罗伯特·S.萨默斯：《美国实用工具主义法学》，柯华庆译，中国法制出版社2010年版，第41页。

者否的答案,法官也不能以法律没有提供答案而拒绝裁判。法官不能说,你俩各自有理,你们去调解吧。"[1]从司法传统的角度看,在刑事司法中考虑社会效果自有其文化基础,它充分考虑了司法中应当实现"国法""天理""人情"的和谐统一。这样的传统资源使得当代刑事司法依然会关注情理法融通之下的个案的衡平,"中国司法传统中的衡平是指法官基于对天理、国法、人情的考量,从社会善良风俗角度出发,以现实理性为需要对于案件做出的处理,是司法官在以儒家伦理为主的多元思想、意识的指导下,并受到诉讼的特定语境和技术制约下对于裁判方案的合情合理合法性,反复权衡与最终确定的选择过程。"[2]2004年,最高法院原院长肖扬在耶鲁大学的演讲中提出:"对于一个正向法治目标迈进的国度来说,法律是司法机构和法官必须考虑的首要因素,但是中国传统上又是一个'礼俗'社会,法律不可能成为解决所有纠纷的'灵丹妙药',法律以外的因素如道德、情理也是司法过程中不可忽略的。判决不仅是单纯的法律责任的判断,更重要的,它是一个可能造成一系列社会影响的司法决策。为此,中国司法机构提出了审判的法律效果与社会效果的有机统一问题。"[3]正如冯象所谈到的,在西方,代表正义的女神是蒙着眼睛的,也就是司法不能单纯靠眼睛这样的感官印象,而是应当依赖于理性。但是在当代中国,转型时期的刑事司法有着深刻的时代特征,新形态的犯罪行为、观念之间的急剧冲突、基于互联网产生的裂变效应等不断考验

---

[1] [美]亚伯拉罕·艾德尔、伊丽莎白·弗罗尔著,梁治平译:《关于法文化概念的思考》,载《比较法研究》1994年Z1期。

[2] 顾元:"中国衡平司法传统论纲",载《政法论坛》2004年第2期。

[3] 肖扬:"中国司法:挑战与改革",载《人民司法》2005年第1期。

着刑事司法如何应对转型时期的诸多新情况。"今日中国正处于经济尚欠发达,群众法律意识参差不齐,体制转型和利益格局深刻调整的关键时期,这种现实国情决定着法官在审理案件时不能机械司法,不能把自己的思维局限于已有文字表现出来的法律规则中,而必须把司法投入到广阔的社会空间,适时地将来自社会的活生生的问题与自己的知识和理论相对照,在社会的大背景下认识法律、运用法律。而这也是时代对司法的新要求,人民对司法的新期待,也是司法权本质属性以及司法运作规律所决定的。"[1]面对情况各异的个案,刑事司法若忽视社会效果则可能会导致个案悖离实质正义的情况出现,正是在这样的司法传统和现实状况的双重作用下,在刑事司法中关注社会效果就有了正当性依据。

在信息传播高度发达的今天,生活在社会实践中的司法者必然会耳听目睹各种声音和意见,特别是在舆论鼎沸的案件中,司法者被迫在满足普通民众的人之常情和遵守法律底线之间走钢丝。司法者由于其职责所系更无法拒绝裁判,对于社会效果的追求则是以一种实用主义的态度来化解矛盾以实现个案正义。首先,从实然的角度看,社会效果当然是刑事司法过程中所必须考量的因素;从刑事司法的目的和功能的角度看,司法活动的目的之一就是以调整社会关系为抓手以解决社会问题,既然刑事司法的导向是解决社会问题,那么如果刑事司法不考虑司法对社会问题可能产生的影响,则其很可能会偏离刑事司法的目的,一味沉迷在司法技巧中而失去了司法固有的方向。同时,

---

〔1〕 赵华军:"积极回应民众需求 注重司法社会效果",载《人民法院报》2011年9月1日,第02版。

第四章 刑事司法中情理法融通面临的挑战

法律天然地存在落后性和僵化性，这也决定了如果我们在适用法律时所援引的法律本身就是落后或者僵化的，则可能会出现有违常识的司法结果，因此法律所本身具有的缺陷也是我们需要考虑的司法的社会效果的因素之一。再者，在刑事司法中遵循程序正义是实现公平正义是前提，但并不是只要遵循了程序正义就一定会实现实质正义，诚如罗尔斯在《正义论》中所总结的，有些情况下，程序确实是可以实现实体正义的，但是也有一些时候，即便是程序正义也并非意味着实体正义就能实现。[1]程序正义和实质正义之间不是一一对应的关系，司法者遵循了程序正义也不必然会实现实质正义，在实质正义的实现遇到了危机的情况下，司法者对社会效果的思考和努力有着正当性和必要性。最后，这也是由我国现阶段的法治实践现状所决定的。虽然我们已经建成社会主义法制体系，但是我们离真正的良法善治确实还有一定的距离，法治的权威尚未完全树立，司法的公信力还没有完全建立，普通民众的法治信仰也没有得到彻底的确立。刑事司法中的"同案同判"当然是我们关于刑事司法的理想图景，但是如果我们过于追求这样的理想图景而忽视情理法融通，其结果我们已经看到了，无疑，刑事司法对社会效果的关注在短期内会是当代中国司法的必选项，忽视社会效果的刑事司法可能会导致普通民众怀疑进而损害司法的权威。基于以上诸多因素和理由，在转型时期的当代中国刑事司法中，不论我们愿不愿意，社会效果都是我们必须面对的问题，在建立法治信仰的过程中社会效果自然有着其生长的土壤和存在的价值。

---

〔1〕 参见［美］约翰·罗尔斯：《正义论》，何怀宏、何包钢、廖申白译，中国社会科学出版社1988年版，第80~84页。

二、刑事司法中社会效果和法律效果的关系

最高人民法院的历年工作报告显示，2009年全国法院审结的一审刑事案件是76.7万件，而2020年全国法院审结的一审刑事案件已经飙升到了111.6万件，一审被判处刑罚的人从99.7万人上升至152.7万人，不论是案件量还是人数都呈现出明显的上升趋势。于司法者来说，惩罚犯罪当然是其本职工作，但是在宽严相济的刑事政策中又有着保障人权的一面，同时司法者还要关注被害人情感和权利保护，刑事案件的背后有着被告人以及被害人等多方主体，司法者当然还要考虑更为宏大的社会效果。诸如刑事和解制度的产生正是基于刑事司法兼顾法律效果和社会效果的考量，在行为人真诚认罪悔罪并积极采取措施取得被害人谅解进而极大修复了被破坏的社会关系的情况下，司法机关尊重当事人的意志以对行为人从轻处罚或者免于追究刑事责任并无不妥。刑事和解制度就是当代中国刑事司法兼顾法律效果和社会效果的现实选择，这也与中国传统的"和为贵"的思想一脉相承，更是为在刑事司法中实现情理法融通提供了制度依据。刑事司法的目的和追求是实现公平正义，司法层面的公平正义对全社会的公平正义有着正向的引领作用。在刑事司法中所体现的良善和温暖都要求司法者应当重视在判决结果与"天理""人情"相悖时，应当如何正确适用法律以实现司法的功能，特别是在疑难复杂的个案中，社会效果更加侧重地从情理法兼顾的角度评价案件，这能够避免因僵化适用三段论所导致的"客观归罪"。刑事司法对于法律效果和社会效果关系的思考在情理法融通的背景下确实具有现实的实践意义。事实上，我们所追求的社会效果在一方面确实受到了传统司法理念

的影响，另一方面也是因为在新的时期刑事司法遇到了一定的困难，这样的困难在我们前面所关注的疑难复杂个案中表现得淋漓尽致，这也是我们寻找司法适用中的社会效果的契机和动因。在刑事司法过程中，司法者遇到"国法""天理""人情"的冲突和矛盾并不鲜见，司法者往往容易陷入非此即彼的思维窠臼。司法过程一方面当然要遵守既定的法律，但是也要关注人心向背和情感诉求。虽然社会效果和法律效果的统一已经是司法实践中的司法政策之一，但是我们也要警惕的是，对社会效果的无底线适用会导致法律效果被架空，因此对于法律效果和社会效果关系的思考有着理论上以及实践上的依据。

第一，法律效果和社会效果存在对立的情况。虽然法律效果与社会效果的统一实际上已经成为各级人民法院在司法裁判中所必须要考虑的重要准则之一，但是我们也要看到，学界对此也有反对的声音，其中陈金钊教授的观点最具有代表性。"西方人对概念法学、体系思维、三段论逻辑的批判，以及在此基础上提出的新方法和新思维，是带有问题意识的，即他们在走过了严格法治阶段以后，已经深切地感觉到了机械司法的弊端。他们的法治因搞得'太好'而走过了头，所以是矫枉过正，西方法治国家的政治早已经是法治束缚下的政治。但在我国，法治建设才刚开始，法律还没有足够的权威，在很多人还不习惯依法办事的时候，已经在开始抛开法律了。"[1]对于我们所强调的社会效果在我们司法遇到困难时可以实现个案的公平正义，他直接指出："在各种被称为社会效果的法律外因素中，实现社

---

[1] 陈金钊："被社会效果所异化的法律效果及其克服——对两个效果统一论的反思"，载《东方法学》2012年第6期。

会公平正义等法律价值是最鲜亮的口号。这可能是社会效果或统一论的最主要目标。原本公平正义就是法律的组成部分，但现在却转换成了社会效果，它比法律价值有了更宽泛的内容，成了可以否定法律的正当性理由。"[1]陈金钊教授对于法律效果和社会效果的统一并不赞同。从法律的本质属性看，法律效果和社会效果确实存在对立的情况。这种对立可能是法律自身的原因也可能是司法的问题，就法律自身而言，这是由法律的滞后性和社会飞速发展之间的矛盾所导致的对立。社会实践的发展瞬息万变，这样的客观规律无法忽视更无从抵挡，具备相对稳定性的法律一经制定就已经落后于社会实践了。虽然立法者会通过司法解释的方式试图跟上时代进步的步伐，但是不断颁行的司法解释本身就已经证明了法律作为上层建筑是基于社会实践发展而得以发展的。如果司法者在适用法律的过程中罔顾社会实践的变化反而固守滞后的法律规定，这则会成为法律效果和社会效果对立的原因之一。同时，法律规范相对抽象，其所适用的对象具有普适性，"法律绝不可能发布一种既约束所有人同时又对每个人都真正最有利的命令。法律在任何时候都不能完全准确地给社会的每个成员作出何谓善德，何谓正确的规定。人类个性的差异、人们行为的多样性、所有人类事务无休止的变化，使得无论是什么艺术在任何时候都不可能制定出可以绝对适用于所有问题的规则。"[2]既然"法律绝不可能发布一种既约束所有人又对每个人都真正最有利的命令"，那么司法者如果不考虑到每一个案件的特殊之

---

[1] 陈金钊：《被社会效果所异化的法律效果及其克服——对两个效果统一论的反思》，载《东方法学》2012年第6期。

[2] 转引自［美］埃德加·博登海默：《法理学——法哲学及其方法》，邓正来、姬敬武译，华夏出版社1987年版，第8页。

处,忽视了普通民众关于"天理""人情"的朴素情感而机械地适用滞后的法律,这当然会导致法律效果和社会效果的对立。从司法的角度看,司法者无视实质正义而僵化地适用法律也会导致法律效果和社会效果的对立,司法者对自己的司法技巧过于自信,沉迷于逻辑层面的分析判断从而忽视司法的价值判断的情形并不鲜见。一种观点是将司法的过程视为一个逻辑严密自成体系的程序,其认为在事实认定和法律适用上没有错误就一定会得出唯一且正确的结论,因此司法又被比喻为"自动贩卖机",这种极端强调司法的统一性和稳定性的观念在实践中相当常见。在司法过程中严格适用法律规范是当代法治实践的应然图景,但是如果固守司法的技能、僵化地适用法律从而一概无视个案中的具体情况,以法律效果作为借口抗拒社会效果的实现,这实际上也不符合当代中国司法的精神。法律效果的实现并不意味着社会效果一定会实现,而社会效果在当代中国的刑事司法实践中有着历史原因及其现实价值。刑事司法作为一种社会实践活动体现着实践理性,其天然地反映了时代背景之下的价值观念,凝结了"天理""人情"内容的价值观念是刑事司法必须尊重的普遍价值认同。

第二,法律效果和社会效果存在统一的关系。刑事司法要注重社会效果是因为法律本来就会受到特定背景之下的观念、道德等上层建筑的影响,法律效果和社会效果具有内在的一致性。"司法的过程就是既要严格遵照法律规定调处纠纷,又要把社会需求、社会价值和社会变化等因素纳入其中加以衡量,从而将法律条文的准确适用与司法目的的实现结合起来,将法治意识和大局意识结合起来,将法制的原则性与灵活性结合起来,深入发掘案件所涉法律的立法宗旨,体察当今中国社会发展的国情状况、社情民意，注重情、理、法的有效融合，尽可能地使裁判结果符合社会所公认的主流价值取向，得到广大人民群众的广泛认同和普遍接受。"[1]法律效果与社会效果的统一表现为法律效果是社会效果的抽象凝炼，而社会效果是法律效果的现实追求。相较于社会效果，法律效果表现得相对抽象，法律规定是对社会实践活动的总结，其所预设的行为模式具有普适性和广泛性，这样的行为模式仅仅是抽象的概念总结和行为标准。社会效果所遵循的实质判断标准类似于实质正义的实现，这样的实质判断标准深深印刻在普通民众长期于社会生活实践中形成的情理观之内。我们不能为了追求具有实质正义意义的社会效果而罔顾具有形式正义意义的法律效果，因为"审判或判决的过程是一个受法律严格羁束的过程，法治是规则治理的事业，法律面前人人平等、类似案件类似处理是法治社会的重要特质。"[2]司法者在裁判过程中应当以法律为唯一依据，正是这样的依法裁判能够实现法律的可预测性以及权威性等价值，在树立了法律权威的法治社会中，对法律的遵守是司法运行过程中的基本底线，司法者不能以社会效果为借口和理由来搁置法律效果，对法律效果的追求是实现社会效果的前提，社会效果的实现也必须在法律效果的框架之内，也唯有确立这样的原则才不会冲击我们尚未完全成熟的法治思维和法治理念。社会效果又是法律效果的现实目标，"法律规范的法律效果实现是取得社会效果的前提条件，如果未取得良好的法律效果，则意味着法律规范无法实现，但如果法律没能从纸面上走到现实当中，

---

[1] 刘峥："司法裁判中的法律效果与社会效果"，载《人民法院报》2018年1月8日，第02版。
[2] 严存生主编：《西方法律思想史》，法律出版社2004年版，第388页。

第四章　刑事司法中情理法融通面临的挑战

那么法律的社会效果也无从谈起。"[1]社会效果在刑事司法中是具象而又容易被感知的，如果普通民众认为刑事司法的结果违背了他们的"天理""人情"，则会寻求法治途径之外的路径去实现他们所理解的社会效果。在互联网时代，普通民众通过媒介发声当然是一种方式，亦有对法律效果持怀疑态度之后绕过司法体系的"信访不信法"，刑事司法自有着法治体系之内的申诉通道，但是普通民众基于其对于法律效果的不理解而将司法范畴内的纠纷寄希望于通过上访加以解决，这本身就是对司法权威的一种内耗。刑事司法所面对的对象多元性决定了其关注社会效果的实现是一种必然，刑事司法的目标之一就是追求公平正义，而公平正义本身也就包括着社会效果的内涵。司法者在作出判决的时候当然也要考虑当事人的息讼服判以及判决能否得到不同主体的认可，司法的结果不应当与普通民众对"天理""人情"的理解以及特定时代背景之下的主流价值观相去甚远，这也是本书认为社会效果是法律效果的现实目标的原因所在，当然，这些社会效果需要经由司法的方式予以具体实现，这也就是江必新大法官所提出的"在法律之内寻求社会效果"。"作为善和公正的艺术，法律就穿行在各种冲突的价值之间。一个具体案件解决方案的选择，往往是各种价值目标综合平衡的结果。这一点也决定了我们将没有绝对正确的选择，只有比较适宜的选择"[2]司法者在事实和法律之间综合平衡各种价值目标，找到合法合情合理的方案达至法律效果和社会效果的统一，

---

[1] 洪良友："论司法的社会效果——由张明宝案引发的思考"，载《成都理工大学学报（社会科学版）》2010年第3期。

[2] 何海波："行政行为对民事审判的拘束力"，载《中国法学》2008年第2期。

这也就是当代刑事司法实现情理法融通的制度价值。

三、法律效果和社会效果如何统一

虽然法律效果和社会效果有着对立的一面，但是我们更应当思考的是如何实现二者的统一，因为"司法效果的一体两面体现在法律效果和社会效果上，又在司法实践上相统一。"[1]我们所强调的刑事司法应当实现法律效果和社会效果的统一，这并不是一句响亮的口号，而是实践中出现的诸如"山东于欢案""天津大妈摆摊被控非法持枪案"这样情理难容的案件让我们不得不去关注两个效果的统一路径。一个尴尬的情况是，在一些个案中，司法者运用司法技能裁判案件，其事实认定和法律适用都严格遵守了法律规定，但是判决结果却招致了广泛的怀疑和猜测。与这样的情况相对应的另一种极端是，司法者过度考虑了普通民众的情感诉求而失之法律依据，"药家鑫案"在这一点上具有样本意义。大学生药家鑫开车将他人撞伤后，因为担心对方记住自己的车牌而索赔，竟然连续捅刺被害人八刀致其死亡。案件发生后一时间舆论甚嚣，要求判处药家鑫死刑。在该案一审庭审期间，西安市中级人民法院在庭审中向旁听人员做了关于多少人希望药家鑫被判处死刑的民意调查问卷，且法官表示会在量刑时参考民意调查问卷的结果。显然，司法者参考民意调查问卷的做法在现行法律体系中缺乏依据，西安市中级人民法院的做法虽然考虑了普通民众的情感，但是却有损于刑事司法的权威，如果刑事司法在这样的案件中以问卷调查的

---

〔1〕 刘政：《民事诉讼理论探讨与制度创新——基于能动司法的视角》，中国法制出版社2015年版，第125页。

方式参考民意,那么其是不是也要在实刑和缓刑之间两难等案件中参考民意,参考民意和严格司法的界限何在。刑事司法在面对"许霆案"以及"山东于欢案"这类情理法交融的个案中,不论是绝对要求法律效果还是过于考虑普通民众的情感诉求都容易有失偏颇,这也让我们不得不去思索法律效果和社会效果如何统一以实现情理法的融通。

第一,刑事司法在法律效果和社会效果之间两难抉择的时候要注重法律解释方法的运用。法律所固有的缺陷使得对法律进行解释是司法的基本方法之一。文字的多义性和模糊性使得司法过程中存在着不确定性,正是这种不确定性使得通过解释对法律漏洞进行弥补和对司法进行纠偏存在着可能。法律解释是"依照一定的标准和原则,根据法定权限和程序,对法律的字义和目的所进行的阐释。"[1]梁慧星教授将法律解释的方法分为四类:"①文意解释;②论理解释,包括体系解释、立法解释、扩张解释、限缩解释、当然解释、目的解释、合宪性解释等等;③比较法解释;④社会学解释。"[2]他进一步认为:"法官的判决离不开法律解释,法官的判决要实现法律效果和社会效果的统一,更需要创造地运用法律解释的方法。"[3]刑事司法更要关注社会效果的原因当然和其关乎行为人的生命和自由直接相关,司法实践中引发全民关注的热点案件的形成很多都是由司法者固守法条主义所导致的,虽然司法者希望借助三段论的司法方法以获得符合"国法"的司法结果,但是这样的司法方法显然不会考虑普通民众内心的"天理"、"人情"以及价值

---

[1] 张文显主编:《法理学》,法律出版社2007年版,第255页。
[2] 参见梁慧星:《民法解释学》,中国政法大学出版社1995年版,第134页。
[3] 梁慧星:《裁判的方法》,法律出版社2003年版,第50页。

观。为了实现法律效果和社会效果的统一，刑事司法在疑难复杂个案中应当重视法律的解释范式，在刑事司法的过程中运用人本主义的解释范式。"与规则主义解释范式不同，人本主义刑法解释范式放弃了追求客观理性的立场，转向以人为本的理念，承认人的理性与非理性，以促进人的发展作为刑法解释的出发点和最终目标，强调刑法解释的结果应当符合公众的基本情感。"[1]人本主义的解释范式将抽象的正义具象为人的权利保护，拥抱并接受在刑事司法中的多元价值标准，以"国法""天理""人情"的融通，在疑难复杂个案中注重蕴含了价值标准的法律解释，以实现刑事司法中的情理法融通，追求法律效果与社会效果的统一。

第二，以法律原则的适用实现法律效果和社会效果的统一。完善的司法体系是包括法律原则和法律规则在内的科学结合，我们在面对疑难复杂个案时所运用的法律解释方法着眼于规则层面，而当这样的解释遇到了规则层面的困难时，我们或可求助于法律原则的适用以实现两个效果的统一。当代中国刑事司法所适用的法律规范实际上相当复杂，时代的飞速发展和立法的更迭使得不同效力等级、不同时期、不同颁行主体之间的法律规范错综复杂，司法者不可能在每一个案件中都能全面发掘所有的法律规定，而在适用司法规则实现不了实质正义的案件中，对于法律原则的适当关注亦可能实现法律效果和社会效果的统一。法律原则是"以作为众多法律规则之基础或本源的综合性、稳定性的原理或准则。"[2]法律原则的统摄性勾连了立法

---

[1] 袁林："公众认同与刑法解释范式的择向"，载《法学》2011年第5期。
[2] 张文显主编：《法理学》，法律出版社2007年版，第121页。

和司法,并成为立法和司法之间的桥梁和纽带。在刑事司法中诸如罪刑法定、疑罪从无、罪责刑相适应等基本原则是法律规则的制定依据以及价值总结,法律原则体现着一定时期内的立法和司法的基本价值观念。法律原则的弹性和适用范围都更大,相较于法律规则的滞后性,法律原则能最大程度地辐射到对疑难复杂个案的审理中,这些疑难复杂个案往往是刑事司法中适用情理法融通的难题所在。当疑难复杂案件中法律规则的适用结果冲击了我们对于公平正义的认知,违背了普通民众对"天理""人情"的理解时,司法者可以用相对柔性的法律原则使得司法的结果符合普通民众对于公平正义的预期。目前刑事司法中的定罪量刑对刑法总则的原则性规定的关注显然不够,刑事案件一旦进入追诉程序,被告人在当代中国的刑事诉讼中能够被认定为无罪的可能性极小,但是否每年的一百多万被判处有罪的被告人都具有可责性,又有多少案件符合《刑法》第十三条中的但书规定:"情节显著轻微、危害不大的不认为是犯罪",甚至有些疑难复杂个案采取"疑罪从轻"的方式以促使当事人被动的息讼服判。"法律本身是可以自足的,即法律内部存在着一个协调的体系,如果我们稍微注意到它的协调性,充分利用其内部的调整机制,实质正义和社会效果就不难实现。"[1]

第三,构建刑事司法与公众的理性对话渠道。"社会公众更容易接受给定的命题而不愿意舍近求远地获取一个推论。群体更擅长应用形象思维,而形象本身又会立刻引起与它毫无逻辑关系的一系列形象。"[2]普通民众对案件的分析判断往往容易失

---

[1] 江必新:"在法律之内寻求社会效果",载《中国法学》2009年第3期。
[2] [法]古斯塔夫·勒庞:《乌合之众:大众心理研究》,冯克利译,中央编译出版社2017年版,第36页。

之理性,特别是在面对相对生涩的法言法语时,其缺乏理性思考的耐心和能力,"社会公众也不会轻易形成新的深刻的观念,群体既会放纵自己的本能,表现出低智或野蛮的状态,也会树立起舍身取义的美德。"[1]这样的特点使得刑事司法应当构建其与民众的理性对话渠道,刑事司法中逻辑严密、适用法律准确、说理恰当是实现法律效果的前提,但是还要对普通民众的"天理""人情"观念有所关注,以普通民众能够理解和接受的方式建构理性对话渠道以实现社会效果。虽然普通民众对于刑事司法有着不同的价值立场和个人主张,但是其背后所蕴含的朴素正义观和正义情感大抵类似,这样基于"天理""人情"的群体性共识是构建刑事司法与公众的理性对话渠道的前提。于普通民众而言,法律效果或者严格司法都是过于飘渺的法律概念,他们更加关注刑事司法是否实现了他们所理解的"天理""人情","如果要实现司法裁判的法律效果与社会效果的统一,那么,个案裁判或者刑事诉讼给社会公众传递的信息应该侧重于朴素价值观的世俗体现,而不应仅仅局限于个案裁判是严格、公正司法的结果。"[2]刑事司法与公众的理性对话渠道的构建还需要司法机关进行适时的信息公开,在2013年庭审直播尚未像今天一样普及的时候,"薄熙来案件"一审时有声音怀疑司法能否加以公正审理,但是济南市中级人民法院的全程微博直播让全民坦诚围观取得了良好的效果,当时的济南市中级人民法院的新闻发言人刘延杰将其总结为"公布要及时、内容要真诚、

---

〔1〕 陈洪杰:"民意如何审判:一个方法论上的追问",载《法律科学(西北政法大学学报)》2015年第6期。

〔2〕 寿媛君:"论司法裁判法律效果与社会效果的统一路径——以刑事司法裁判为例",载《法律科学(西北政法大学学报)》2020年第4期。

语言要严谨、态度要大方",这样公开的沟通渠道最大程度地降低了普通民众对案件可能存在的质疑。特别是在一些疑难复杂的重大案件中,信息时代下的司法机关不能固步自封,应当以坦然自信的态度畅通对话渠道,消除普通民众因信息不对称而导致的主观臆测。一个值得注意的现象是,在近年来的重大案件中,公安机关已经开始主动会通过公开渠道发布《警情通报》,最高人民检察院更是颁行了《人民检察院案件信息公开工作规定(试行)》,这些做法无疑使得司法机关在其和公众的互动中赢得普通民众的信任,真正实现法律效果和社会效果的统一。

第五章　刑事司法中情理法融通的实践路径

第一节　社会主义核心价值观的融入

习近平总书记提出:"人类社会发展的历史表明,对一个民族、一个国家来说,最持久、最深层的力量是全社会共同认可的核心价值观。核心价值观,承载着一个民族、一个国家的精神追求,体现着一个社会评判是非曲直的价值标准。"[1]党的十八大将社会主义核心价值观从国家、社会和个人三个角度凝炼为"富强、民主、文明、和谐,自由、平等、公正、法治,爱国、敬业、诚信、友善"。其中,"富强、民主、文明、和谐"是从国家层面而言的应然目标,而"自由、平等、公正、法治"则是社会层面的追求,最后"爱国、敬业、诚信、友善"是对公民个人的要求。最高人民法院于 2018 年 6 月 13 日施行的《最高人民法院关于加强和规范裁判文书释法说理的指导意见》开宗明义地指出:"裁判文书释法说理的目的是通过阐明裁判结论的形成过程和正当性理由,提高裁判的可接受性,实现法律效

---

[1] 习近平:"青年要自觉践行社会主义核心价值观——在北京大学师生座谈会上的讲话(2014 年 5 月 4 日)",载《人民日报》2014 年 5 月 5 日,第 02 版。

果和社会效果的有机统一；其主要价值体现在增强裁判行为公正度、透明度，规范审判权行使，提升司法公信力和司法权威，发挥裁判的定分止争和价值引领作用，弘扬社会主义核心价值观，努力让人民群众在每一个司法案件中感受到公平正义……要讲明情理，体现法理情相协调，符合社会主流价值观。"[1]最高人民法院院长周强在工作报告中指出："在审判工作中培育和践行社会主义核心价值观，充分发挥司法的教育、评价、指引、规范功能。"[2]这样的要求一方面从顶层制度设计层面肯定了社会主义核心价值观在司法适用中的价值，另一方面也有助于树立司法权威。不论是国家层面的"文明""和谐"还是社会层面的"平等""公正""法治"抑或是公民个人层面的"诚信""友善"，其中都包含着"天理""人情"的影子，对社会主义核心价值观的强调当然有益于实现刑事司法中的情理法融通。

一、社会主义核心价值观在刑事司法中的法理依据

刑事司法自有其应当遵循的司法逻辑，但是在寻找司法依据的过程中也不能忽视基本法理。社会主义核心价值观并不属于传统层面的法律渊源，其不能毫无依据和论证地在刑事司法中被予以适用，社会主义核心价值观若要进入刑事司法，也必须找到其法理依据。2013年中共中央办公厅印发的《关于培育和践行社会主义核心价值观的意见》是关于培育和践行社会主义

---

[1] 《最高人民法院关于加强和规范裁判文书释法说理的指导意见》，载中国法院网，https://www.chinacourt.org/article/detail/2018/06/id/3335921.shtml，最后访问日期：2020年12月21日。

[2] 周强："最高人民法院工作报告——2018年3月9日在第十三届全国人民代表大会第一次会议上"，载《人民法院报》2018年3月26日，第1版。

核心价值观的首份官方文件,2016年中共中央办公厅、国务院办公厅印发了《关于进一步把社会主义核心价值观融入法治建设的指导意见》,其中提出:"运用法律法规和公共政策向社会传导正确价值取向,把社会主义核心价值观融入法治建设"。[1]在最高人民法院于2018年施行的《关于加强和规范裁判文书释法说理的指导意见》中也要求在司法过程中要弘扬社会主义核心价值观,"在全面依法治国的'新十六字方针'中,司法是维护社会公平正义的最后一道防线,司法公正对社会公正具有重要引领作用。立法只是把核心价值观写在纸上,而司法则将其从'纸面上的法'变为'行动中的法',通过复活'法的精神'让核心价值观栩栩如生……司法裁判是否正确传递和弘扬了社会核心价值观,成为检验裁判认同度或可接受度的重要试金石。"[2]作为当代中国的主流价值观的社会主义核心价值观,其在刑事司法中的适用当然有了文本意义上的依据,特别是在价值多元的当代社会,各种价值观念和思维方式都处于交流和碰撞之中,刑事司法不可避免地会直面包括"天理""人情"在内的各种价值观和道德观念的影响。德沃金在《法律帝国》提到:"诉讼不可避免地包含着道德性维度,从而始终存在着产生特殊形式公共不正义的风险。法官不但必须判定谁应当得到什么,而且必须判定谁的行为得当,谁尽到了公民责任,谁因蓄意、贪婪或浑

---

〔1〕《中共中央办公厅 国务院办公厅印发〈关于进一步把社会主义核心价值观融入法治建设的指导意见〉》,载中华人民共和国中央人民政府网,http://www.gov.cn/xinwen/2016-12/25/content_5152713.htm,最后访问日期:2020年12月21日。

〔2〕廖永安、王聪:"路径与目标:社会主义核心价值观如何融入司法——基于352份裁判文书的实证分析",载《新疆师范大学学报(哲学社会科学版)》2019年第1期。

噩而忽略了自己对他人的责任，或者夸大了他人对自己的责任。倘若法官判决不公，社群就对其中的一个成员造成了道德上的伤害，因为不公的判决在某种程度或某个维度上给他打上了违法者的烙印。"[1]刑事司法所具有的指引和教育功能，在将社会主义核心价值观融入司法的过程中，在对公平正义的追求中不断为司法注入求真向善的正能量。

　　社会主义核心价值观进入刑事司法的前提不是依靠几份文件或者几句口号就可以加以解决的，我们必须找到可以作为裁判依据的法律渊源，因为明确"作为法官之法的裁判规范（个别规范）来自何处"[2]是刑事司法的前提，而司法活动的依据不应当是随意而无边界的，它应当有一个基本的范畴。社会主义核心价值观作为一种法律渊源，其进入刑事司法当然也应当在这个大体的范畴之内，不同类型的法律渊源的强制效力以及作用有所区别。当社会主义核心价值观作为规范层面的正式法律渊源，其当然可以成为刑事司法可以直接援引的依据；而当其作为非正式法律渊源被引用时则是需要证成的。具有规范意义的社会主义核心价值观当然是司法适用中的正式法律渊源。2018年3月11日，十三届全国人大一次会议通过的《宪法修正案》增加了"国家倡导社会主义核心价值观"的内容，既然社会主义核心价值观已经为《宪法》所确认，那么其自然具有作为正式法律渊源的正当性。社会主义核心价值观作为正式法律渊源在家事案件中表现得更为明显，但是这绝不意味着刑事司

---

〔1〕［美］罗纳德·德沃金：《法律帝国》，许杨勇译，上海三联书店2016年版，第1页。

〔2〕陈金钊："法律渊源：司法视角的定位"，载《甘肃政法学院学报》2005年第6期。

法中的社会主义核心价值观不可以作为正式法律渊源。没有得到法律规范层面的确认但是却又被司法政策所认可的社会主义核心价值观则属于非正式法律渊源。《中共中央办公厅关于培育和践行社会主义核心价值观的意见》、《关于进一步把社会主义核心价值观融入法治建设的指导意见》，以及最高人民法院于2020年5月13日发布的十大弘扬社会主义核心价值观典型案例等都属于司法中参考适用的非正式法律渊源。非正式法律渊源进入刑事司法应当是对不确定的法律规则的补强，也是对于立法目的进一步解释。司法者在适用非正式法律渊源的时候应当结合具体法律规定，社会主义核心价值观作为非正式法律渊源应当是说理的辅助依据而非主要依据。刑事司法对作为正式法律渊源和非正式法律渊源的社会主义核心价值观当然存在适用上的区别，"法官在说理的时候，必须首先以最具体的规则作为涵摄的大前提。只有当具体规则欠缺时，才可以一般规则作为大前提。"[1]对于具体规则的优先适用是司法的基本准则，在司法过程中通过援引社会主义核心价值观以提升裁判结果的接受度当然是可以的，但是如果在有法律规范的情况下则不能直接用社会主义核心价值观取代现行的法律规范，而对于已经成为正式法律渊源的社会主义核心价值观则可以和法律规范一起成为裁判依据，因为虽然社会主义核心价值观已经成为正式法律渊源，但是其毕竟属于原则层面而缺乏适用的确定性，所以社会主义核心价值观需要和确定性的规范予以共同适用。"裁判说理的可证成性和裁判结果的公正性，共同构成了司法裁判的正当性。只有结论的正

---

〔1〕 王泽鉴：《法律思维与民法实例》，中国政法大学出版社2001年版，第242页。

确,而没有充分的理由支撑,则意味着公平正义没有得到完整表达。"[1]社会主义核心价值观在当代中国的意义当然不局限于司法层面,它成为各个层面都应当遵守的共识性的"最大公约数",刑事司法将社会主义核心价值观作为说理依据,于刑事司法而言,增强了司法的权威与公信力,是公平正义从笼统走向具体、从抽象的理念走向看得见的正义的过程。在刑事司法中融入社会主义核心价值观,将社会主义核心价值观作为说理依据,在裁判文书中讲清"法理""事理""情理",经得起普通民众的发声和质疑,以在"国法""天理""人情"中理清司法裁判的思路。

弘扬与践行社会主义核心价值观是刑事司法实现公平正义的应有之义,或者说刑事司法若要实现既定的目标当然不能忽视社会主义核心价值观的指引。惩罚犯罪和保障人权是刑事司法的一体两面,社会主义核心价值观中的公正、法治当然是保障人权的直接体现。刑事司法中的保障人权体现在:①作为"犯罪人的大宪章""善良人的大宪章",刑事司法一方面保障无罪的人享有正当权利免受刑事追诉,另一方面又通过打击犯罪以保护普通民众的合法权益。②保障刑事诉讼的诉讼参与人充分行使权利。若使被追诉人从实体和程序两个层面都能受到公正对待,那么被害人的权利也能得到充分保障。刑事司法追求的是社会整体以及个人层面的公平正义,同时也关注司法效率与公平正义之间的价值选择,在这样的选择中应当体现出对作为个人需求和尊严的尊重。刑事司法的追求与社会主义核心

---

〔1〕夏克勤:"释法说理:彰显新时代司法裁判核心价值",载《人民法院报》2018年8月19日,第02版。

价值观具有高度的契合度,社会主义核心价值观中的"平等、公正、法治"等内容当然是和刑事司法的追求同气相求。正如《关于进一步把社会主义核心价值观融入法治建设的指导意见》中所要求的:"司法是维护社会公平正义的最后一道防线,司法公正对社会公正具有重要引领作用。要全面深化司法体制改革,加快建立健全公正高效权威的社会主义司法制度,确保审判机关、检察机关依法独立公正行使审判权、检察权,提供优质高效的司法服务和保障,努力让人民群众在每一个司法案件中都感受到公平正义,推动社会主义核心价值观落地生根。"[1]刑事司法中对公平正义的追求与社会主义核心价值观所要求的公正有着价值上的一致性,这也要求刑事司法应当纠正长久以来的重打击轻保护的思维方式,实现惩罚犯罪和保障人权并重。同时,刑事司法中的庭审实质化改革当然也是为了最大限度避免冤假错案以实现公平正义,在庭审实质化的制度设计之中,当然地包含了通过以审判中心来实现疑罪从无以及非法证据的排除等,庭审实质化制度之下的司法公正对社会主义核心价值观有着当然的引领作用。

二、刑事司法与社会主义核心价值观的内在融通性

在当代中国的刑事司法中强调社会主义核心价值观有着司法传统的原因,也有着来自公平正义的现实考量,这决定了在当代的刑事司法中融入社会主义核心价值观具有可能性和必然

---

[1]《中共中央办公厅 国务院办公厅印发〈关于进一步把社会主义核心价值观融入法治建设的指导意见〉》,载中华人民共和国中央人民政府网,http://www.gov.cn/xinwen/2016 - 12/25/content_5152713.htm,最后访问日期:2020 年 12 月 22 日。

第五章 刑事司法中情理法融通的实践路径

性。首先,中国传统司法注重情理法结合以达至实质正义,社会主义核心价值观当然不会拒绝情理法的融通,"国法""天理""人情"的关系也是司法一直在探索的命题。传统司法经过两千多年儒家思想的影响早已成为德治、礼治和法律交相融汇的样式,传统司法的判词也要求情理并重以展现出"国法""天理""人情"的结合,正如瞿同祖所言:"儒家以礼入法的企图在汉代已开始。虽因受条文的拘束,只能在解释法律及应用经义决狱方面努力,但儒家化运动的成为风气,日益根深蒂固,实胚胎蕴酿于此时,时机早已成熟,所以曹魏一旦制律,儒家化的法律便应运而生。……归纳言之,中国法律之儒家化可以说是始于魏、晋,成于北魏、北齐,隋、唐采用后便成为中国法律的正统。"[1]这样一脉相承的理念从古代中国的司法传统过渡到了当代中国的司法实践,当代中国的刑事司法当然要接受和拥抱作为主流价值观念并被科学提炼的社会主义核心价值观,而社会主义核心价值观融入刑事司法也是对传统司法理念的再次超越。其次,社会主义核心价值观融入刑事司法是司法适用中的关键性环节。社会主义核心价值观既然是国家、社会、个人三个层面的体系性价值观念之集合,就要"把社会主义核心价值观融入法治国家、法治政府和法治社会建设全过程,融入科学立法、严格执法、公正司法、全民守法各环节"。[2]本书已经一再强调,公正司法的实现绝非仅仅依靠科学立法就可以实现,将社会主义核心价值观融入刑事司法可以避免形式正

---

[1] 瞿同祖:《法学论著集》,中国政法大学出版社1998年版,第381页。
[2] 《中共中央办公厅 国务院办公厅印发〈关于进一步把社会主义核心价值观融入法治建设的指导意见〉》,载中华人民共和国中央人民政府网,http://www.gov.cn/xinwen/2016-12/25/content_5152713.htm,最后访问日期:2020年12月22日。

义和实质正义之间可能的偏颇,以程序正义和实体正义并重进而实现司法结果符合"国法""天理""人情"。将社会主义核心价值观融入刑事司法的疑难复杂个案中意义更大,因为这些疑难复杂个案仅仅依靠三段论无法演绎出符合公平正义的司法结果,司法者往往在各种法律规范中迷失了方向或者干脆找不到相应的法律规范,此时司法者不得不考虑更高位阶的价值规范。在中国的司法实践中,更高位阶的价值规范就是"天理""人情",而"天理""人情"毕竟只是非正式法律渊源,社会主义核心价值观已经载入《宪法》并成为最高位阶的法律渊源,将其在刑事司法中和其他规则加以结合运用有助于我们准确把握规则背后的法律精神。刑事司法中融入社会主义核心价值观在司法实践中已然得到了印证,在李玉明扰乱国家机关工作秩序罪案件中,司法者在说理部分认为:"社会主义核心价值观倡导文明、和谐、公正、法治、敬业、诚信,作为中华人民共和国公民,应当通过自己的劳动来获取收入、创造美好生活,而不能存有贪念,以'我弱我有理'的不良想法,以非正常上访相要挟,向政府及其工作人员提出无理要求。试想,如果人人都怀着这样的心态,我们将如何建设美好中国?如果因为无理上访就满足上访人员的要求,那对其他通过自己的双手勤劳致富、爱国守法的民众来说是否太不公平?在当今法治中国,即便是合理、合法的要求,也应依法定程序、法定途径来维护权利,非正常上访从来不是解决问题的正当手段。"[1]本案中,司法者并没有冰冷地援引法条后迳行裁判,社会主义核心价值观作为说理的依据同时兼顾了情理和法理,特别是在面对以非正

---

[1] 参见(2018)鲁1482刑初173号刑事判决书。

常方式上访构成犯罪的案件中,这样的兼顾情理和法理的说理更能使得行为人从内心息讼服判。邹碧华法官在《要件审判九步法》中提出的观点很有启发:"不存在最佳的法律适用方法,只存在最适合我们的法律适用方法。"[1]纵然我们的法制体系和司法方法几乎都来源于西方,但是我们不能忽视司法传统中的有益养分,不能无视当代刑事司法中的情理因素,将社会主义核心价值观融入刑事司法不仅仅具备理论上的可能性,更在实践层面已经为司法者接受并运用。

我们在刑事司法中强调融入社会主义核心价值观还因为二者在逻辑上具有共通之处,这样的共通之处会推动刑事司法从形式上的规则之治走向实质上的良法善治。法律规则和社会主义核心价值观都属于社会治理的依据,二者在外部的规则层面以及内核的实质上都有着趋同的因素。就外部的规则层面而言,法治是"经过理性选择和契约规定而形成的治理,是以规则为基础的理性规制。"[2]刑事司法作为规则之治,其当然蕴含了价值规范作为判断行为的标准和指引。当代中国的刑事司法与传统社会的司法存在着本质上的区别,传统社会的司法更多的是工具意义,其地位和今天我们所提倡的司法不可同日而语。当代中国的刑事司法已经从人治走向了法治,从"以法治国"迈向了"依法治国",这自然要求刑事司法必须以法律规范作为裁判说理的依据,刑事司法不仅仅应当遵守实体法也应当看到程序法的规定,对于作为制定法的信仰是刑事司法的首要美德。社会主义核心价值观是一种经过科学总结和凝练后,从国家、

---

〔1〕 邹碧华:《要件审判九步法》,法律出版社2010年版,第176页。
〔2〕 亓同惠:"法治中国背景下的'契约式身份':从理性规制到德性认同",载《法学家》2015年第3期。

社会、个人三个维度提供行为引导的价值规范,是"对人们的价值取向、价值认同、价值选择、价值评价和价值践履等的规范。"[1]社会主义核心价值观分别从国家、社会、个人层面倡导建立一套规范体系,这样的规范体系有别于刑事司法中的法律规范,其相对宏观和温和。在非正式法律渊源的层面上,社会主义核心价值观也不具备强制性和法律后果,其更多的是通过教育和引导作用实现直抵人心的精神洗礼。刑事司法与社会主义核心价值观在客观上首先都表现为一种行为指引的规范体系。刑事司法以强制性作为后盾规范行为人的外在行为,社会主义核心价值观以润物无声的方式规定了行为人的精神境界。刑事司法与社会主义核心价值观在外部规则层面的一致性和作用方式上的互补性使得在刑事司法中融入社会主义核心价值观具有了可能性与正当性。就内核的实质而言,刑事司法和社会主义核心价值观的关键词之一都是良法善治,刑事司法所追求的以人为本和权利保障等内容当然是良法善治的应有之意;而社会主义核心价值观中,不论是"富强、民主、文明、和谐"还是"自由、平等、公正、法治"抑或是"爱国、敬业、诚信、友善",都是为实现国家治理的终极价值——善治。[2]"我们可以把社会主义核心价值观的完整表述,看作是一个'多层同心圆'的逻辑结构:最大的外层圆圈是'中国梦',即'国家富强,民族振兴,人民幸福';往里边一层一层,有'富强''民主''文明'……,这样一层一层地画下来,可以画很多层;最后,这些同心圆的圆心,就是'公平正义'。圆心决定整个同心圆的体系的定位和定

---

〔1〕 孙正聿:《哲学通论》,人民出版社2010年版,第69页。
〔2〕 刘奇英:"社会主义核心价值观入法入规与惩罚性赔偿制度——以自由价值观为分析中心",载《云南社会科学》2018年第2期。

性。能够把所有这些统一起来，使之成为一个有机整体，并体现社会主义特质的核心，只能是公平正义。"[1]既然社会主义核心价值观的多层同心圆的圆心是公正，那么社会主义核心价值观的内在逻辑自然也就包括了良法善治。刑事司法与社会主义核心价值观所追求的良法善治都是一致性的价值诉求，刑事司法中的情理法融通意味着"善性"价值构成了支撑中国法治主体性的要素之一。[2]良法善治成为刑事司法与社会主义核心价值观的共通逻辑，这也是社会主义核心价值观在刑事司法中实现融汇贯通的前提。

三、社会主义核心价值观融入刑事司法的方法论指引

在当代中国的社会生活中，"天理""人情"依然是普通民众心中的伦理标准，它也是当代中国基本的是非对错、好坏与否的判断标准之一。而刑事司法中的情理法融通自然要符合"富强、民主、文明、和谐，自由、平等、公正、法治，爱国、敬业、诚信、友善"的要求。2018年5月7日，中共中央印发了《社会主义核心价值观融入法治建设立法修法规划》，要求"司法解释，要按照社会主义核心价值观的要求，及时进行修订完善"。2018年6月，最高人民法院发布了《关于加强和规范裁判文书释法说理的指导意见》。2018年9月，最高人民法院又发布了《关于在司法解释中全面贯彻社会主义核心价值观的工作规划（2018—2023）》，指出："要在司法解释中大力弘扬正义、

---

[1] 李德顺：《谈社会主义核心价值'公正'》，载《中国特色社会主义研究》2015年第2期。

[2] 李拥军：《中国法治主体性的文化向度》，载《中国法学》2018年第5期。

友善、互助的社会主义核心价值和道德要求。要适时出台防卫过当的认定标准、处罚原则和见义勇为相关纠纷的法律适用标准，鼓励正当防卫，保护见义勇为者的合法权益；修订完善人民法院国际司法救助工作的意见，进一步体现司法的人文关怀。"[1]在刑事司法中融入社会主义核心价值观能够实现情理法的有机结合，本书认为有必要从方法论的角度思考社会主义核心价值观如何融入刑事司法。

第一，应当坚持和贯彻习近平法治思想。在 2020 年 11 月份召开的中央全面依法治国工作会议上，我们党在社会主义核心价值观的基础上更进一步提出了习近平法治思想，习近平法治思想和社会主义核心价值观有着传承与纵深的联系。习近平法治思想不仅仅在理论层面高屋建瓴地阐释了法治价值，更在具体实践路径上回答了怎样依法治国的问题。习近平法治思想中提出的"一切为了人民"体现了坚持以人民为中心的目标指引，这反映了人民权益至上的价值追求，"坚守人民立场，闪耀以人民为中心的思想光辉；饱含人民情怀，铺洒法治中国始终如一的底色；植根民心，走出依靠人民推动法治进步的人间正道。"[2]该价值追求的要义还是在于追求公平正义，在于关注普通民众的呼声和诉求，通过对普通民众关注的突出问题以及涉及普通民众根本权益的事项施以法治保障，增强普通民众的安全感、幸福感。这样的价值追求更体现了将公平正义作为了

---

〔1〕《最高人民法院出台工作规划——在司法解释中全面贯彻社会主义核心价值观》，载《人民法院报》2018 年 9 月 19 日，第 01 版。

〔2〕参见"新华社重磅文章带你深刻领会习近平法治思想"，载新华网，http://www.xinhuanet.com/2020-11/18/c_1126756837.htm，最后访问日期：2021 年 3 月 18 日。

司法实践的核心追求,"必须牢牢把握社会公平正义这一法治价值追求,努力让人民群众在每一项法律制度、每一个执法决定、每一宗司法案件中都感受到公平正义。"[1]公平正义体现在司法层面的价值无疑就是"坚持以人民为重心",既然"坚持以人民为中心",其自然要关注人民的利益诉求和价值取向,关注人民心目中的公平正义。人民对于一些个案的发声正是因为这些案件的裁判结果不符合人民心中的公平正义,情理法融通作为中华法系中的优秀文化积淀,应当为当代中国特色的法治文化所借鉴和吸收。"天理""国法""人情"作为传统刑事司法中的优秀组成部分,其重要性为当今刑事司法实践进一步验证,这是我们在刑事司法中无法忽视或者跳过的环节。习近平法治思想牢牢把握住了司法中公平正义的内核,关注到了传统刑事司法中的有益养分,其从立法到执法再到司法都能实现"在每一个司法案件中都感受到公平正义"的整体要求,彰显了当代中国特色法治的中华品格。

第二,社会主义核心价值观融入刑事司法的前提是遵循法治思维。最高人民法院发布的《关于加强和规范裁判文书释法说理的指导意见》以及《关于在司法解释中全面贯彻社会主义核心价值观的工作规划(2018—2023)》都从顶层设计的角度肯定了社会主义核心价值观在融入司法中的应有作用,同时这也意味着社会主义核心价值观全面融入刑事司法有了规则依据,但是这样的依据不是随意与不规范的,而应当坚持在法治的轨道之内予以实现。"我们可以相当稳妥地指出,价值判断在法律制度中所起的主要作用在于它们被整合进了作为审判客观渊源的宪法规定、法规以及其他种类的规范之中。法官们在解释这

---

[1] 习近平:"加强党对全面依法治国的领导",载《求是》2019年第4期。

些渊源时，往往必须弄清楚它们得以颁布与认可所赖以为基的目的和价值论方面的考虑。"[1]社会主义核心价值观融入刑事司法的目的之一是为了提高司法结果的接受度，因此其当然首先需要遵循法治的理念和思维。2018年10月26日，第十三届全国人民代表大会常务委员会第六次会议通过了《全国人民代表大会常务委员会关于修改〈中华人民共和国刑事诉讼法〉的决定》，在此次修订中，其将认罪认罚制度在法律规范层面予以确定。"应当说，这一诉讼制度安排契合千百年来人民群众心目中的正义观念，兼顾了普遍正义与个别正义，体现了法治与德治相结合的要求，实现了情、理、法的有机结合，能让人民群众在此类刑事案件的办理中感受到公平正义，鲜明体现了社会主义核心价值观的要求。"[2]但是在刑事司法中，虽然已经有案件在说理部分开始适用社会主义核心价值观，但是其还是多以整体适用的方式从非正式法律渊源的角度作泛泛而谈。最高人民法院在《最高人民法院关于加强和规范裁判文书释法说理的指导意见》中也明确要求说明裁判所依据的法律规范以及适用法律规范的理由，我们认为社会主义核心价值观得以成为刑事司法的裁判依据应当是从法律规范的角度进行说理，这样的司法适用保证了规则之间内在逻辑的一致性，司法适用的结果自然也最大限度地被接受。"裁判理论与实践一直致力于追求司法的确定性，特别是在当下这样一个日益多元化的社会里。"[3]社会

---

[1] [美]E.博登海默：《法理学：法律哲学与法律方法》，邓正来译，中国政法大学出版社2004年版，第528页。

[2] 彭新林："社会主义核心价值观融入刑事立法的典范——从最新《刑事诉讼法》修正说开去"，载《知与行》2018年第4期。

[3] 方乐："司法参与公共治理的方式、风险与规避——以公共政策司法为例"，载《浙江社会科学》2018年第1期。

主义核心价值观融入刑事司法应当遵循的法治思维也意味着法律规则优先,这样的规则优先也有利于防止社会主义核心价值观的滥用。

第三,通过对法律解释的运用以实现社会主义核心价值观融入刑事司法。法律解释的方法能够在事实认定和司法结果之间架接沟通的桥梁,而且"因为法律解释方法的妥适运用会产生一种逻辑力量,而这种力量不仅能够调试因由公共政策司法所带来的经验性解释的开放结构,也能够调和基于方法所生成的逻辑与解释语言所依赖的经验之间的碰撞所产生的矛盾性力量,进而丰富司法的理性的构成,增强司法裁判的确定性。"[1]这也是《最高人民法院关于加强和规范裁判文书释法说理的指导意见》所允许和鼓励的,其规定了"除依据法律法规、司法解释的规定外,法官可以运用下列论据论证裁判理由,以提高裁判结论的正当性和可接受性:最高人民法院发布的指导性案例;最高人民法院发布的非司法解释类审判业务规范性文件;公理、情理、经验法则、交易惯例、民间规约、职业伦理;立法说明等立法材料;采取历史、体系、比较等法律解释方法时使用的材料;法理及通行学术观点;与法律、司法解释等规范性法律文件不相冲突的其他论据。"[2]法律解释可以弥补由社会主义核心价值观的原则性和开放性所带来的缺陷,刑事司法中的"天理""人情"在没有成为正式法律渊源的情况下其实也并非是内涵确定的,综合运用多种法律解释的方法当然能够提

---

[1] 陈林林:《裁判的进路与方法——司法论证理论导论》,中国政法大学出版社2007年版,第205~206页。

[2] 参见《最高人民法院关于加强和规范裁判文书释法说理的指导意见》第十三条之规定。

升刑事司法说理的深刻性。其一,文义解释是刑事司法中正确解释法律应当遵循的首要规则,文义解释要求司法者必须秉持着对文本原本意思的高度尊重,不能离开法律文本进行解释,否则可能会有裁判权的滥用之虞。在刑事司法中,不论是对作为正式法律渊源还是非正式法律渊源的社会主义核心价值观之内涵进行解读时都必须体现其在特定情境下的客观含义,对社会主义核心价值观的文义解读应当优先于其他解释方法。其二,运用体系解释的方法以实现社会主义核心价值观融入刑事司法,刑事司法的低层次要求是依法判决,高层次要求是发挥司法的价值引领作用,刑事司法内在的价值导向使得其不可能游离于主流价值观之外,"其不仅向其他法律规范开放,还要向道德、价值等其他社会规范开放,在法律与其他社会规范、法律与社会之间寻求一致性,这是社会主义核心价值观融入法律意义的主要方法。"[1]据此,社会主义核心价值观可以在法律规范和其他社会规范之间寻求一致性和共洽性,运用体系解释将刑事司法中的情理因素予以具体化。更为重要的是,社会主义核心价值观本身就是国家、社会、个人三个层面的和谐有序的体系建构,不同层面体系的价值观具有涵摄和包容关系。刑事司法必须看到不同层面体系之间的价值观的内在联系,运用体系解释的方法,在不同情境、不同维度下进行分层理解才能更好地将社会主义核心价值观融入刑事司法。三则应当使用目的解释探究社会主义核心价值观的根本目的所在,以实现刑事司法和社会主义核心价值观的内涵链接。社会主义核心价值观实际上已

---

[1] 陈金钊:"'社会主义核心价值观融入法治建设'的方法论诠释",载《当代世界与社会主义》2017年第4期。

经作为立法目的成为法律规范,比如《民法典》第一条规定:"为了保护民事主体的合法权益,调整民事关系,维护社会和经济秩序,适应中国特色社会主义发展要求,弘扬社会主义核心价值观,根据宪法,制定本法。"[1]刑事司法中将是否符合社会主义核心价值观作为其裁判的目的导向,将其作为解释的方向进路,司法者使用目的解释时对"目的"应当是清晰明确的,明确社会主义核心价值观中明确具体的价值与刑事司法所追求的目的之间的联系。

第四,社会主义核心价值观融入刑事司法应当注重价值引领。司法来源于社会实践,作用于社会生活,它从来就不仅仅是概念和规则的简单堆砌,其背后自然蕴含着特定背景之下的价值观念和情感诉求。即便是在美国,"司法活动与直接的政治的、道德的和其他情绪化的社会因素疏离,并不意味着完全脱离这些因素。"[2]刑事司法当然不是司法者的自说自话,它不可能超脱于既定的社会生活。凝炼于共同的社会生活之中的核心价值自然应当被树立和引领,正如《最高人民法院关于加强和规范裁判文书释法说理的指导意见》所要求的,要阐明事理、释明法理,更"要讲明情理,体现法理情相协调,符合社会主流价值观……要立场正确、内容合法、程序正当,符合社会主义核心价值观的精神和要求。"[3]司法者不能在法律规范中迷失了方向,而应具备价值判断的勇气和能力。在不同裁判依据之

---

[1] 参见《中华人民共和国民法典》第一条之规定。
[2] 苏力:《法治及其本土资源》,北京大学出版社2015年版,第146页。
[3] 参见《最高人民法院关于加强和规范裁判文书释法说理的指导意见》,载中国法院网,https://www.chinacourt.org/article/detail/2018/06/id/3335921.shtml,最后访问日期:2020年12月6日。

间的往返逡巡，在不同位阶的价值之间的平衡和论证才是司法者必须具备的司法技能。社会主义核心价值观之下的国家、社会、个人三个层面的价值观念当然也适用于刑事司法，或者说不论其愿意与否，刑事司法都会受到主流价值观的影响，正如霍姆斯所说："可感知的时代必要性、盛行的道德理论和政治理论、公共政策的直觉知识（无论是公开宣称的还是无意识的），甚至法官及其同胞所共有的偏见等，所有这一切在确定支配人们所应依据的规则时，比演绎推理具有更大的作用。"[1]司法者不能死守规范层面的法律字眼，甚至在法律解释的方法也无力实现个案正义时，其对规则背后的价值理念的发现很有必要。总体而言，刑事司法还是应当作用于建设和谐有序的法治社会，而和谐有序的社会本身就包括公正、法治等社会主义核心价值观的内容，因此，社会主义核心价值观融入刑事司法的价值引领，从宏观层面而言是建设法治中国环节中的重要一环，从微观层面则是每一个个案中的"看得见的正义"的具体实现。

第二节　刑事司法中情理法融通的基本规则

一、确立刑事司法中情理法融通的基本标准

在刑事司法中，不论是对实质正义和形式正义的追求，还是对兼顾社会效果与法律效果而作出的努力都是为了实现公平正义。刑事司法中的公平正义与情理法融通具有价值上的一致

---

[1] [美] 小奥利弗·温德尔·霍姆斯：《普通法》，冉昊、姚中秋译，中国政法大学出版社2006年版，第1页。

性,对法律的遵守是刑事司法中实现情理法融通的前提和基础,情理法融通则是司法的理念和方法的提升。中国传统司法所关注的情理判决在当代中国的司法中的自然有着新的内涵和意义,"正义并不仅仅取决于法庭与法官的个人标准,而是那些有正常智力和良心的人可能都会合乎情理地认为是正确的东西。"[1]这也是我们遵循罪刑法定原则作出判决的案件却不被普通民众理解的原因之一。本书已经充分阐释了刑事司法中进行情理法融通的理论渊源和必要条件,但是如果刑事司法中的情理法融通失之标准和规范,难免又会陷入滋贺秀三所谓的司法随意化或者是马克斯·韦伯认为的随意专断的"卡迪司法"的怀疑。

第一,我们认为在刑事司法中实现情理法融通的首要标准就是对情理适用的适当限制。虽然刑事司法中的情理法融通确实能解决僵化司法的问题,但是这同样是一个硬币的一体两面,情理在民事纠纷特别是婚姻家庭纠纷中的适用范围广阔,但是在刑事司法中应当把握其适用限度。如果刑事司法在情理之下没有限度地退让,刑事司法的价值就会被怀疑,同时普通民众甚至会形成刑事司法常常"屈法伸情"的错觉。而且,"天理""人情"相对主观的特点和现代司法是有着冲突的,"中国人自古重视对情理精神的追求,这种追求情理的逻辑思维导致了一种严重的后果:作为一个民族,中国对任何制度都难以产生自信心,使得法制政府在中国的生存举步维艰。"[2]学者所讨论的当然是我们必须直面的现实问题,但是在司法实践中出现的情

---

[1] 许章润:《法学家的智慧:关于法律的知识品格与人文类型》,清华大学出版社2004年版,第188页。
[2] 肖群忠:"论中国文化的情理精神",载《伦理学研究》2003年第2期。

况却告诉我们，至少在刑事司法中，虽然追求情理的逻辑思路并不一定有利于法治建设，但是忽视情理法融通一定不利于法治建设。我们已经看到了刑事司法固守形式理性可能造成的个案失衡的结果，这样由个案招致的全民发声提醒我们"天理""人情"作为一种司法理念从未走远，它作为传统司法的基因深深镌刻在中国普通民众的内心深处，一旦刑事司法实践中的疑难复杂个案没有实现实质正义，普通民众会用行为告诉司法者情理法融通的重要性，情理中所蕴含的民族精神和传统理念在刑事司法中依然发挥着作用。但是在今天以"宪法法律之上"理念为核心的司法活动中，对于情理的适用应当作出一定限制，这样谨慎而理智的限制保证了情理的适用是在法治的轨道之内。就使用范围而言，对于有着法律明文规定的案件，当然要遵从罪刑法定的要求严格依法裁判，"只有在发现有法律无可适用或一旦适用判决结果将显示公正时，法官才可依据公平正义的价值理念合理地考量情理因素，但仍应控制在适度和有限的范围内。在情理融入判决的表现形式上，应通过形式合理化论证来实现判决中的情理因素。"[1]而且，从刑事司法适用情理的目的来看，应当将其限定在实现实质正义的司法目的，相较于事实和法律，情理缺乏客观理性以及稳定性，情理不能动辄居于事实和法律之上而直接进入刑事司法程序，唯有在刑事司法的结果与朴素情感出现很大的矛盾之时才可以以情理因素实现实质正义。如果所有的刑事案件都适用情理裁判，这既不现实也缺乏可能性，当然，这样的目的最终还是为了树立法律的公信力

---

〔1〕 郭百顺："从形式到实质：论刑事判决的合情理性"，载万鄂湘主编《建设公平正义社会与刑事法律适用问题研究——全国法院第24届学术讨论会获奖论文集（上册）》，人民法院出版社2012年版，第612页。

第五章 刑事司法中情理法融通的实践路径

和权威性。

第二，刑事司法中的情理法融通应当遵循常识、常理、常情的标准。虽然有观点认为"法律理性背离常识、常理与常情，这是百年中国法制领域的一大难题，虽为不悦之事，预期之外，却属必然之举，意料之内。"[1]近年来的司法实践告诉我们，至少在短期内，刑事司法还是应当关注常识、常理、常情的适用价值，正如哈耶克所说："我们几乎不能被认为是选择了情理；毋宁说，是这些情理自然地约束着我们，选择了我们，使我们得以生存。"[2]既然情理约束并选择了我们且使我们得以生存，司法中也必然会包括了使我们得以生存的常识、常理、常情，刑事司法中的情理法融通自然也应当遵循常识、常理、常情的标准。而且我们认为刑事司法中的情理法融通遵循这样的标准也是有理论渊源的，"由于不可能全体人民都懂得法律的具体规定，这就使得刑法立法、司法、刑法的解释都只能以普通百姓都认同、都懂得的最基本的是非观、最基本的善恶观、最基本的伦理道德为前提、为标准、为基础、为指导、为界限，这就是常识、常情、常理。"[3]普通民众对于司法裁判的评价标准是合情合理，这也意味着刑事司法中应当引入普通民众共同遵循的常识、常理、常情。"由于普通民众只可能以社会普遍认同的常识、常理、常情作为自己判断是非曲直的标准，因此，坚持以民众认同的常识、常理、常情为基础，指导我们系统全面地

---

[1] 陈诚：《司法判决应求之于情理——法意与人情二元结构对立之悖论的思考》，载《中国发展观察》2006年第8期。

[2] 谭丽丽：《作为一种民间资源的情理——其进入当代中国司法的途径与技术》，载《甘肃政法学院学报》2009年第3期。

[3] 周国文：《刑罚的界限——Joel Feinberg 的"道德界限"与超越》，中国检察出版社2008年版，第158页。

理解适用法律，不断地检验我们对法律的理解和适用是否符合社会普遍认同的常识、常理、常情，不断地使我们理解适用法律的结果向民众的普遍认同靠拢，是确保我们的司法得到人民认同的根本性措施。"[1]常识、常理、常情凝聚着我们对于客观规律的认识和总结，也是一个社会的价值观和善恶观的集中体现。刑事司法中的情理法融通通过遵循常识、常理、常情的标准能更好地实现司法"定争止纷"的作用，只有作为普通民众所共同认可的常理、常识、常情在刑事司法中得到遵守，法律才能获得普通民众内心的认同，这样的内心认同"请到你们自己的本性中去找，请到你们心灵深处去找，请到你们自己的良心中去找。"[2]

第三，刑事司法的情理法融通要遵循可普遍化证成的标准。虽然情理因素相对主观，但是刑事司法所依据的法律却是一种可普遍化的标准，这也意味着，情理如果要成为刑事司法的依据，其也应当成为一种可普遍化的标准，这种标准要求刑事司法中的情理法融通能够普遍性地适用于类似案件，传统司法中的情理实际是儒家文化影响下的人所共知的伦理道德，仁义礼智信以及天地君亲师等内容决定了司法者和普通民众之间存在着共识性的内容。"事实上在情理裁判的展开过程中，可普遍化证成是一条构成性的司法原则。可普遍化证成为中国古典司法的现代解读，提供了一个新的视角。基于可普遍化证成原则，

---

[1] 宣海林："法应当向民众认同的常识、常理、常情靠拢——访十一届全国人大代表、重庆大学法学院院长陈忠林教授"，载《中国审判》2011年第11期。

[2] 陈忠林："'恶法'非法——对传统法学理论的反思"，载《社会科学家》2009年第2期。

情理考量能够以恰当的方式进入现代法律论辩的场域内。"[1]可普遍化原则是"指法律或道德判断的作出必须基于理由,该理由必为一般性陈述(规则),而非任何单称陈述。作为普遍实践的论证规则,可普遍性原则亦适用于法律推理。该原则要求推导必须符合逻辑有效性外,还旨在保证每一结论(最终结论及推导过程中的判断)均立基于可普遍化的理由,即具有可普遍化规定性的规范。"[2]刑事司法中的可普遍化证成要求司法所依据的理由是一般性的规则,刑事司法不仅仅需要符合法律逻辑推理,更要保证司法的结果立足于可被普遍化证成的规范。情理因素在可普遍化证成之下能够表现为权利保障或者法律规则的基本内容。不论是在疑难复杂的个案还是普通案件中,可普遍化证成应当是刑事司法中进行情理法融通的标准之一,普通民众也只有依据普遍规则才能预测自己行为的法律后果。

二、指导性案例是可行路径

2010年11月26日,最高人民法院颁行了《最高人民法院关于案例指导工作的规定》,这也是我国关于案例指导制度的首部规范性文件,其将"指导性案例"界定为:"(一)社会广泛关注的;(二)法律规定比较原则的;(三)具有典型性的;(四)疑难复杂或者新类型的;(五)其他具有指导作用的案例。"[3] 2015年最高人民法院又发布了《〈最高人民法院关于案例指导

---

〔1〕 陈林林、王云清:"论情理裁判的可普遍化证成",载《现代法学》2014年第1期。

〔2〕 [德]罗伯特·阿列克西:《法律论证理论——作为法律证立理论的理性论辩理论》,舒国滢译,中国法制出版社2002年版,第253页。

〔3〕 参见《最高人民法院关于案例指导工作的规定》第二条之规定。

工作的规定〉实施细则》,将"指导性案例"定义为:"裁判已经发生法律效力,认定事实清楚,适用法律正确,裁判说理充分,法律效果和社会效果良好,对审理类似案件具有普遍指导意义的案例。"[1]按照最高人民法院的要求,凡是公布的指导性案例都对司法审判具有指导作用,这是最高人民法院在统一裁判尺度和司法理念方面做出的努力之一。"目前案例指导制度的重心在于解释法律、统一法律适用。在司法实践中,事实认定是法律适用的前提,而且在司法实践中存在不少问题需要解决,也有许多经验需要总结。因此,案例指导制度应在总结事实认定方法经验方面加大力度,对作为认定事实的重要依据——经验法则予以足够的关注,以案例去确认、积累、传承和限制经验法则,使经验法则类型化和规范化。"[2]自2011年12月30日,最高人民法院发布了第一批指导案例后,截至2021年1月,最高人民法院已经发布了26批共计147个指导性案例,这些指导性案例在各级法院的司法过程中应当"参照适用"。根据最高人民法院的上述规定,一是"'指导性案例'这个术语,专指经最高人民法院审判委员会讨论通过,并以最高人民法院'公告'的形式发布的案例,其他案例一概不得称之为指导性案例或指导案例。二是'参照'这个术语,专指各级人民法院审判类似案件时参照最高人民法院发布的指导性案例,即参照指导性案例的裁判要点裁判案件。"[3]于普通民众而言,指导性案例的作

---

〔1〕参见《〈最高人民法院关于案例指导工作的规定〉实施细则》第二条之规定。

〔2〕杨秋生:"当代中国法学学者情理法观的文化思考",吉林大学2018年博士学位论文。

〔3〕胡云腾:"关于参照指导性案例的几个问题",载《人民法院报》2018年8月1日,第005版。

用比规范性文件更加重要,所谓的"一个好的案例胜过一沓文件"就是最好的注解。刑事司法中的情理法融通还是为了彰显以人为本的价值追求,是为了实现类案以及个案的公平正义,指导性案例的颁行是为了解决实践中裁判尺度不一的问题,其目的也是通过案例指导各级法院在司法中维护司法公正的原则,通过指导性案例实现"同案同判"的司法追求,因为对司法有一个统一的标准和尺度是一个理性的法治社会的基本特征。指导性案例一方面指导各级法院在司法过程中应当遵循的司法方法和正义原则,另一方面其也是对于自由裁量权的一种限制。指导性案例要求司法者"不仅要受法律、司法解释的约束,同时还应当受自己制作的判决和裁定的约束","以保障国家法律表现在时间上、地域上、对象上的同一性,及法律的统一性"。[1]指导性案例直观地展现了司法者进行逻辑推理和法律选择的过程,并总结出法律适用的基本准则,将司法过程中的法律因素和法外因素都进行说理论证,既为司法者提供了裁判的依据也为可能存在的裁量失衡明确了底线。于普通民众而言,指导性案例作为最高人民法院通过并确定的案例将司法过程向全社会公开,这实际上也是普通民众监督司法的一种方式,纵然刑事司法的过程相对专业,普通民众未经专业化的训练难以全部理解刑事司法的技能,但是普通民众的朴素正义观是刑事司法中难以忽视的"天理""人情",指导性案例作为标杆自然能为普通民众评判司法提供参考。于司法者而言,指导性案例可以使司法者严谨论证、理性裁量以及尊重先例,"作为成文法国家,法官不需要

---

〔1〕 武树臣:"激活判例机制 提升司法权威",载《河北法学》2011年第3期。

从案例中提炼规则，法官需要的是，当成文法躲在现实难题背后拒绝发言的时候，法官如何以同样的思维方法和推理方法得出结论，而不是各有所想，各有怀抱。因此，中国的案例指导制度，给我们的是方向，并非结论。"[1]

刑事司法中疑难复杂个案对定罪量刑的失当使我们不得不回溯本土法治资源，关注情理在司法中的作用，而这样的关注也确实能够实现实质正义，能够达到社会效果和法律效果的统一，但是在立法无法朝令夕改的情况下，指导性案例作为各级人民法院在司法过程中应当参照适用的法治资源，自然可以以指导的角色为当代中国刑事司法中的情理法融通提供指引，为"法律自身的不完整或不圆满的法律漏洞"[2]提供补全方案。在刑事司法中出现的引发了普通民众巨大舆论反弹的案件也是司法者过于依赖通过逻辑推理的方式实现司法目的所导致的结果，当然这是规范法学的应有之意，规范法学的使命在于"了解、认识并运用法律必须遵守的一系列标准或规则"[3]，规范法学的外在表现为以法律规则为核心，但是规范法学的适用在中国的刑事司法实践中遇到了困难，正如学者所批评的："我们的法理学存在教条主义照搬移植和被意识形态化利用的问题。"[4]指导性案例恰恰构成了规范法学的有益补充，指导性案例对传统

---

[1] 陈旗："法治视野下的法官自由裁量权研究"，武汉大学2013年博士学位论文。

[2] 参见舒国滢、王夏昊、雷磊：《法学方法论》，中国政法大学版社2018年版，第399页。

[3] 舒国滢、王夏昊、雷磊：《法学方法论》，中国政法大学版社2018年版，第12页。

[4] 参见高全喜："略论当代中国法理学的几个基本问题"，载《环球法律评论》2010年第6期。

司法理念的吸收和继承能够实现对实质正义的追求。一方面，传统司法理念在当代中国的刑事司法中有着实际的意义；另一方面，司法者在发现法律规范和填补法律漏洞方面对传统司法理念施以适当关注，能够在严格适用法律规范的同时，防止为了追求形式正义而导致的不正义。如果在指导性案例中对司法的思维和方法融入了价值判断标准，这样的判断标准一旦树立也意味着其超越了纯粹的规范法学，将特定时代背景下的普通民众的价值诉求、"天理""人情"观念等内容予以综合适用。那么，既然指导性案例是各级法院在司法过程中"应当参照"的原则，刑事司法在参照之时自然既包括法律适用也包括了价值诉求和"天理""人情"观念等内容。诸如在最高人民法院指导案例4号王志才故意杀人案中，一审、二审法院都判处了王志才死刑立即执行，但是最高人民法院未予核准死刑，山东省高级人民法院进行重新审理，对其改判死缓并限制减刑。山东省高级人民法院对此给出的理由是："被告人王志才的行为已构成故意杀人罪，罪行极其严重，论罪应当判处死刑。鉴于本案系因婚恋纠纷引发，王志才求婚不成，恼怒并起意杀人，归案后坦白悔罪，积极赔偿被害方经济损失，且平时表现较好，故对其判处死刑，可不立即执行。同时考虑到王志才故意杀人手段特别残忍，被害人亲属不予谅解，要求依法从严惩处，为有效化解社会矛盾，依照《中华人民共和国刑法》第五十条第二款等规定，判处被告人王志才死刑，缓期二年执行，同时决定对其限制减刑。"[1]司法机关将死缓的适用和限制减刑结合起来，结合引发案件的原因以及行为人的平时表现和到案后态度

---

[1] 参见山东省高级人民法院（2010）鲁刑四终字第2-1号刑事判决书。

等因素改判其死缓并限制减刑,体现了少杀慎杀的价值倾向,这样的改判符合法律规定、契合情理要求,也为以后类似案件的处理指明了裁判的方向。从表现形式上看,指导性案例当然符合法律规范的要求,但是当代中国的刑事司法确实又不得不考虑情理法融通的问题。在最高人民法院指导性案例71号毛建文拒不执行判决、裁定案中,法院认为:将判决、裁定生效之日确定为拒不执行判决、裁定罪中拒不执行行为的起算时间点,能有效地促使义务人在判决、裁定生效后即迫于刑罚的威慑力而主动履行生效裁判确定的义务,避免生效裁判沦为一纸空文,从而使社会公众真正尊重司法裁判,维护法律权威,从根本上解决"执行难"问题,实现拒不执行判决、裁定罪的立法目的。[1]这类"使社会公众真正尊重司法裁判"的指导性案例很好地实现了规范层面的法律和价值层面的情理法融通,虽然我们的法律就制度层面而言确实移植于西方,但是中西法律文化有着源流上的区别,中国传统司法实际上是"软法"与"硬法"的并行不悖,是以"软法"的情理统摄"硬法"的规范,最终成就扬善惩恶的系统规范体系。[2]指导性案例融合了传统司法理念以及当代司法技能,是在刑事司法中实现情理法融通的新路径和方法。

三、法律职业共同体之培育

刑事司法所面对的对象当然是社会全体成员,刑事司法中

---

〔1〕 参见浙江省平阳县人民法院(2014)温平刑初字第314号刑事判决书。

〔2〕 参见马小红:"'软法'定义:从传统的'礼法合治'中寻求法的共识",载《政法论坛》2017年第1期。

的"天理"和"人情"也是全体社会成员所认可的价值观念。在疑难复杂个案中，法律职业共同体成员基于共同的教育背景和职业经验所作出的判断对社会全体成员有着重要的引导作用。虽然职能和定位存在差异，但是"法律职业共同体的最终目的是寻求一种共同的法治理念和法治精神，[1]"这样的共同目的实际上也是法律职业共同体存在的前提，不论是法官、检察官还是辩护律师，都有着同样的法治信仰、基本的法律职业伦理以及基本的认同与尊重，不论是对法律适用还是"天理""人情"的理解都有着基本的理性认知，刑事司法中法律职业共同体对疑难复杂个案形成较为一致的理性认知也是对公平正义的一种参考和检验。法律职业共同体成员和普通民众在专业知识构成上是不一样的，张文显教授对此的总结颇为精当，法律职业共同体"是一个由法官、检察官、律师以及法学学者等组成的法律职业群体，这一群体由于具有一致的法律知识背景、职业训练方法、思维习惯以及职业利益，从而……形成其特有的职业思维模式、推理方式及辨析技术，通过共同的法律话语进而形成法律文化使他们彼此间得以沟通，通过共享共同体的意义和规范，成员间在职业伦理准则上达成共识，尽管由于个体成员在人格、价值观方面各不相同，但通过对法律事业和法治目标的认同、参与、投入，这一群体成员终因目标、精神与情感的连带而形成法律职业共同体。"[2]而诸如程序正义与实体正义并重、法律效果和社会效果等内容则构成了法律职业共同体

---

[1] 刘作翔、刘振宇："对法律职业共同体的认识和理解——兼论中国式法律职业共同体的角色隐喻及其现状"，载《法学杂志》2013年第4期。

[2] 张文显、卢学英："法律职业共同体引论"，载《法制与社会发展》2002年第6期。

的职业伦理和实践方法的基础,当司法者在疑难复杂个案中面对各方的质疑之时,法律职业共同体不应受到非理性的干扰,应当基于共同的知识背景以及职业训练,表现出对审判独立的理解和尊重,表现出对司法公正的追求和法律尊严的维护。法官、检察官、律师以及学者作为法律职业共同体成员应当恪守维护司法公正的责任,在司法程序中,法官、检察官、辩护律师不能因为其角色定位的不同而罔顾事实和法律从而撕裂法律职业共同体之间的信任基础。正如在"山东于欢案"二审期间,承办检察官多次听取专家学者的意见,在庭审过程中,通过证据客观公正地再现于欢案的过程,从法理、情理不同的角度阐释了法律适用的问题。最高人民法院将"山东于欢案"列为第18批指导性案例,人民法院的裁判要旨之一为:"防卫过当案件,如系因被害人实施严重贬损他人人格尊严或者亵渎人伦的不法侵害引发的,量刑时对此应予充分考虑,以确保司法裁判既经得起法律检验,也符合社会公平正义观念。"[1]在"山东于欢案"二审期间,法律职业共同体之间良好的沟通与互动使得最后的判决结果保证了司法的准绳和定力,同时实现了刑事司法的情理法融通,这样遵国法、通情理的司法结果被法律职业共同体成员所赞许,而这样的赞许也会引导普通民众回归到法治的路径上来。

对于建设法律职业共同体已然倡言了多年,这恰恰说明了法律职业共同体的建设既是可能也是必要。刑事司法中法律职业共同体的价值观念以及法治信仰等基础都是建设法律职业共同体的前提。首先,法律职业共同体都有着共同的价

---

[1] 参见最高人民法院指导案例93号于欢故意伤害案。

值观念,不论是任何职业共同体,基于共同的价值观念都是建设的前提,公平正义、人人平等、程序理性等内容都是法律职业共同体的基本共同价值观念。刑事司法中的事实认定和法律适用应当有着基本的规则,但是这样的规则无法解决刑事司法中的所有问题,而刑事司法中的情理法融通实际上也是法律职业共同体除却规则之外的共同价值观念。如果法律职业共同体之间对法律的价值观念都无法达成共识,正确适用法律也会失去价值基准,特别是在疑难复杂个案中,价值观念对于法律职业共同体成员正确理解法律规定、准确适用法律规范有着理念上的指引作用,这样的指引作用在刑事司法的情理法融通中有着价值论上的意义,也是保证刑事司法实现公平正义的路径之一。如果法律职业共同体看不到刑事司法中蕴含的价值观念,则可能出现"合法但不合情理"的司法结果,法律职业共同体的共同价值观念实则也有助于实现"同案同判",更能避免法院在定罪量刑上出现明显的错误。其次,法律职业共同体有着共同的法治信仰。"在一定意义上说,信仰是人类正常生活的精神内容之一,是人类社会行为的精神动力之一,是人类幸福生活的精神源泉之一。人类具有信仰,是人类精神生活崇高的必需。信仰属于思想观念的范畴。它使人类的精神生活丰富多彩,并具有神圣的意味。崇高的精神生活必须以崇高的信仰作为内在的支柱。"[1]厉行法治作为一种人类社会的基本治理模式,自然应当成为当代中国社会生活中的信仰之一,正如铂尔曼在其

---

〔1〕 卓泽渊:"法律人的价值精神、法律信仰和法律理性——法律职业共同体的观念基础",载《中国法律评论》2014年第3期。

演讲中所提到的"法律必须被信仰，否则它将形同虚设"，刑事司法的结果能否得到人们的认可绝非仅仅依靠国家强制力得以保证，而是基于人们对法律权威的主动信仰。法律职业共同体成员作为法治的参与者和亲历者，更应该有着法治信仰，这种信仰也是法律职业共同体成员之间的纽带和达成一致的桥梁。虽然在疑难复杂个案的处理过程中，法律职业共同体可能存在认识上的差异，但是基于共同的法治信仰，不同的主体也可能彼此认可进而达成一致。再次，法律职业共同体之间共通的理性也是必备基础之一。不论是法律本身还是司法过程实际上都应当是理性的，但是刑事司法中的普通民众是非理性的，特别是在爆发舆情的案件中，普通民众在沸沸舆论之下难言客观理性地分析和评判案件。但是法律职业共同体对于个案中罪与非罪、重罪与轻罪的分析是相对理性的，共同的法律认识、思维逻辑和法律文本都为这样的理性提供了资源，只有法律职业共同体的不同主体对于刑事司法的认知也基于基本的理性，司法共识的形成才有可能，法律职业共同体之间也才会形成"最大公约数"。

  法律职业伦理也是建设法律职业共同体时无法忽视的条件之一，法律职业共同体所具有的职业伦理并不完全一样，法律职业共同体的建设和不同主体的职业伦理息息相关。拥有着共同的职业理想的群体把法治作为信仰当然会有利于职业共同体的形成，基于法律职业伦理能够在法律职业共同体内部形成强大的合力。法律职业共同体中不同主体的职业伦理并不完全一致，根据职业和职责的不同而有所区别，但是总体而言应当有着基本的准则，存在着共通的共性，"法官、检察官、律师作为法律职业共同体的成员，其所追求的最终目标是同一的，应遵循的法律职业伦理的规范的构造与基本伦理是趋同的。"[1]在刑事司法的疑难复杂个案中,法官、检察官、律师在观点上出现分歧很正常,但是其对于"国法""天理""人情"的基本认知存在着共性,在当代中国的刑事司法中应当实现情理法融通这一问题上也没有本质上的对立。当然,我们也要注意到,法律职业共同体的不同成员在职业伦理方面存在着一定的区别,《法官法》《检察官法》《律师法》对于职业伦理的规定当然不尽相同,而司法实践中出现的诸如法官轻视辩护律师、辩护律师闹庭、检察官过度追诉等问题使得从职业伦理的角度来探索共同的行为规范尤为必要,在当代中国的刑事司法实践中,不同主体在不同的职业伦理规范之下各行其是,这也导致不同主体之间的误解和偏见,同时这也是法律职业共同体建设过程中的障碍之一。因此,我们可以思考在法律职业共同体之间建立共同的职业伦理,在法官、检察官、辩护律师、学者之间寻找到关于职业伦理的共通点,对不同主体之间的职业伦理规范进行系统性的整合和构建。

四、刑事司法对民意的接纳

本书已然充分阐释了民意在刑事司法中的客观存在,而诸如"许霆案""天津大妈摆摊被控非法持枪案"等案件引发的广泛关注与讨论而导致的改判使我们不得不审视刑事司法与民意之间的关系,甚至有辩护律师将"许霆案"的改判称之为"民意的胜利",刑事司法要意识到民意的存在并不是当代中国

---

[1] 常艳、温辉:"法律职业共同体伦理问题研究",载《河南社会科学》2012年第2期。

司法的特色而是对古代司法传统的扬弃,从"法不外乎人情"到"杀人偿命"再到"法律效果和社会效果的统一",其司法逻辑的内核都是要兼顾民意。特别是在当代中国的特殊语境之下,由社会急剧发展所带来的价值观的多元化容易使得司法与民意的关系难以协调,但是失去了民意认同的司法结果不仅引发了激烈的反弹更可能损害司法权威。"因此,从现实性来看,吸纳民意未必贬损司法独立,相反可能是司法独立的保证和司法权威的培育,至少在中国目前是如此。这个实用主义的道理不用多说。"〔1〕在刑事司法中,讨论是否需要接纳民意并没有太大的意义,其更应当关注的是如何通过制度性的建构去接纳民意。

第一,本书认为就是要接纳刑事司法适度开放的实然状态。民意集中反映着普通民众的情理观念,刑事司法应当以兼收并蓄的态度予以适度开放,当然,刑事司法对于民意的接纳应当是制度化以及程序化的,这就避免了蕴含情理意味的民意所具有的随意性。人民陪审员制度就是司法保持适度开放的制度化设计,人民陪审员的制度价值不仅在于其是司法接纳民意的一种方式,其更是对于可能存在的司法不公和司法腐败起到了监督作用。陪审团在"辛普森案件"中对于认定事实上起到了重要的作用,且不论这样的事实认定是起到了好的作用还是产生了坏的影响,但是将事实认定和法律适用予以区分的制度设计就是刑事司法接纳民意的通道。西安市中级人民法院在"药家鑫案件"中希望通过陪审团和问卷调查的方式来接纳民意的做

---

〔1〕 苏力:《是非与曲直——个案中的法理》,北京大学出版社2019年版,第327页。

法最终告于失败,尽管"药家鑫案件"中的"听审团"不能等同于人民陪审员,但是其本意都是希望以开放的态度接纳民意,虽然"听审团"的成员构成以及问卷的问题本身等受到了强烈的质疑,但是"需要用民意来支持其认为就该案案情来说更为合理公正的判决,这一举措可以说是西安中院有担当的表现。"[1]人民陪审员制度是刑事司法接纳民意的正当性程序,如果发挥其应有的制度价值将产生巨大影响,罗伯茨指出,"让公众参与到刑事司法的讨论中就可能对公信度产生有益的影响,而无论这些讨论是否导致了犯罪和刑事司法的公众认知的显著增长。"[2]选自于普通民众的人民陪审员将"天理""人情"引入司法审判,以实现对司法者的常识常理常情的补强,司法实践中人民陪审员发挥的作用确实不尽如人意,我们认为为了实现刑事司法对民意的接纳,应当明确和保障人民陪审员的表决权,人民陪审员在司法实务中"陪而不审"的尴尬境地正是因为其表决权未得到认可和尊重,根据 2018 年 4 月 27 日公布施行的《中华人民共和国人民陪审员法》第二十一条:"人民陪审员参加三人合议庭审判案件,对于事实认定,法律适用,独立发表意见,行使表决权。"[3]但是实践中,这样的表决权却在一定程度上没有得到应有的尊重,人民陪审员应当予以保障的权力主要包括:"一是事实认定中对证明标准的把握;二是对既定法律的理解与推理,即对可能适用的法律进行文义解释、情理解

---

[1] 苏力:《是非与曲直——个案中的法理》,北京大学出版社 2019 年版,第 130 页。

[2] [英]朱利安·罗伯茨、麦克·豪夫:《解读社会公众对刑事司法的态度》,李明琪等译,中国人民公安大学出版社 2009 年版,第 190 页。

[3] 参见《中华人民共和国人民陪审员法》第二十一条之规定。

释或进行演绎推理、辩证推理的权力;三是法律适用中的自由裁量权。"[1]刑事司法中连对人民陪审员的表决权都没有予以明确,更勿论是对上述三项权力的明确,而这恰恰是刑事司法中人民陪审员制度改革的方向和进路,因为如果人民陪审员在刑事司法中的表决权得不到尊重,其他所有的有关人民陪审员的改革几无可能也没必要。

第二,完善刑事司法对网络民意的参考。司法实践中引发了"天理""国法""人情"关系巨大讨论的案件几乎都是在互联网上首先被披露并发酵的,互联网背景下普通民众的表达方式多元化,互联网上由民意汇聚而成的力量对刑事司法有着不容小觑的影响,但是互联网背景下的民意表达并不总是真实的,意见领袖和普通民众之间的民意常常掺杂着理性与非理性的因素,应当建构起何种渠道让网络之上的民意进入刑事司法显得相当重要。我们认为首先可以建立不同维度的沟通渠道,针对司法实践中引发舆情的个案,包括司法者、学者以及辩护律师在内的专业人士可以通过微博、电视、报纸等渠道发表专业性的意见,通过专业的理性分析完成对普通民众的普法教育,这样的普法教育为普通民众分析问题和发表意见提供了一条新的参考渠道,这当然会对于普通民众形成正确的法治观念有着潜移默化的帮助,这样的渠道建立会使得网络背景下的民意回归到法治的视野之内,进而会消解普通民众对法治的质疑和误解。刑事司法还应当以公开的姿态来实现司法和民意的和谐互动。贝卡利亚曾言:"审判应当公开,犯罪的证据应当公开,以便使

---

[1] 参见齐飞:"完善我国人民陪审制度的思考",载张卫平、齐树洁主编:《司法改革论评(第七辑)》,厦门大学出版社2008年版,第156页。

或许是社会惟一制约手段的舆论能够约束强力和欲望;这样,人民就会说:我们不是奴隶,我们受到保护。"〔1〕司法公开是现代法治社会的基本要求,一方面司法公开彰显的是我们的底气和自信,另一方面也是通过庭审公开和裁判文书的公开实现对普通民众的法治教育。普通民众对个案的发声如果是基于及时公开的裁判文书和庭审直播,无疑在观点的表达和思想的碰撞时会变得更加理性。

第三,建立司法的整体自治。刑事司法不可能完全隔绝民意的影响,如果我们无底线地放任民意进入刑事司法,则很可能导致法律虚无主义的盛行。司法的整体自治要求司法者在个案中面对着来自民意的压力之时应当依法裁判而不能为民意所绑架,司法者当然是用法律解决问题而非动辄求助于民意,司法必须保持着对行政和道德的整体自治。诸多的实践案例告诉我们,民意对刑事司法的影响是一种客观存在,其最终往往是通过行政的力量影响司法,"因为从法院角度来看,多数受干扰的案件是引起公众和舆论关注和议论的'焦点案件'和'热点案件'。而正是这类案件,恰恰折射出民主与法治的可喜进步和堪忧困境的双重形势。这就出现了连锁现象:涉及公案的司法过程中,出现了多个角力主体的介入,都基于政治的而非法律的理由参与到司法之中,导致了司法的'政治力学'现象。"〔2〕在"稳定压倒一切"的背景之下,行政力量不得不关注引发巨大舆情的个案,普通民众充满情理色彩的发声也确实会引起行

---

〔1〕 [意]切萨雷·贝卡利亚:《论犯罪与刑罚》,黄风译,中国法制出版社2002年版,第23页。

〔2〕 孙笑侠:"司法的政治力学——民众、媒体、为政者、当事人与司法官的关系分析",载《中国法学》2011年第2期。

政力量的关注,在行政力量介入之后,刑事司法能否秉持高度自治便值得怀疑。虽然"立法和行政机关一般不能通过法律规章推翻法院根据宪法作出的判决,但是他们能够采取措施处罚'犯错误的'法院,不仅使得法官们无法实现其政策目标,而且这些措施还具有一定程度上的正当性。"[1]在舆论关注的个案中,刑事司法应当是独立于行政力量的,这样的独立表现为刑事司法作出判决依据的是自身的技能与逻辑,刑事司法的技能和逻辑的评判标准是合法与非法,而行政力量的逻辑则是命令与被命令,司法者的眼中是宪法与法律而非行政力量。除此之外,中国的刑事司法的实际状态是,下级法院会受到上级法院或明或暗的影响,司法者也会受到法院内部或者外部或多或少的影响,在各种考核体系和指标的枷锁之下司法者也难言其是"法律世界的王侯"。引发"天理""国法""人情"争议的舆情案件一般都会向审判委员会或者上级人民法院汇报,但是作为决策者的审判委员会委员或者上级人民法院却没有参加庭审,既然人民法院审理案件的过程中要注重社会效果,不论是法院院长还是审判委员会无疑都会关注到刑事司法中的民意,而在没有参加庭审情况下所施加的关注,则可能成为司法者屈从于民意的行政枷锁。

第三节　刑事司法中情理法融通说理的应有姿态

刑事司法中注重说理应当是一个基本共识,但是司法实践中司法者"不愿说理""不会说理""不敢说理""说不好

---

[1] [美]奥斯丁·萨拉特编:《布莱克维尔法律与社会指南》,高鸿钧等译,北京大学出版社2011年版,第194页。

理"等问题依然客观存在。我们在关注文本意义上的刑事司法说理的同时,必须看到刑事司法说理背后的文化背景和演进路径。刑事司法的文书说理已经在官方层面倡导了多年,但是目前刑事司法的文书说理离学界甚至普通民众的期待差之甚远,实务中诸如"山东于欢案"以及"天津大妈摆摊被控非法持枪案"等背离了刑事司法基本价值观的案例的发生并不仅仅是法律适用的问题,也有着说理未尽充分的缘由。

一、公平正义是说理的根本目的

刑事司法的目的是"让人民群众在每一个司法案件中感受到公平正义",但是公平正义本身就是一种价值判断,从"许霆案"到"天津大妈摆摊被控非法持枪案"以及"内蒙古农民王力军无证收购玉米案",这些案例都告诉我们,若要在刑事司法中实现公平正义,"有许多案件仅依法律条文的字句进行逻辑推论是无法解决的。……它要求,法官在具体的案件中必须依据各种事实关系与条文规定的内容进行对照,自己去作出价值判断。"[1]情理型的疑难复杂个案将公平正义的价值观念引入司法裁判,将情理作为说理的补充和借鉴是增强刑事司法说服力的要求之一。而既然"每一个司法案件中感受到公平正义"则意味着公平正义是具体的而非抽象缥缈的,"所谓的'批判理论'其认定现行法不过是片面'支配关系'的规定,也因此否定现行法的正当性,它不必费神审究个别规定、决定的正义内涵,因为消极的结论已经预设在那儿。而这种工作却

---

[1] [日]川岛武宜:《现代化与法》,申政武等译,中国政法大学出版社2004年版,第243页。

正是法学所应致力的。它所关心的不仅是明确性及法的安定性，同时也致意于：在具体的细节上，以逐步进行的工作来实现'更多的正义'。"[1]刑事司法的说理当然属于拉伦茨所谓的"具体的细节"，也正是"具体的细节"才能实现"具体的正义"。

刑事司法实现"具体的正义"的思维进路是查明案件事实—衡量社会危害—证成裁判结果—补助逻辑结论—强化判决说理。[2]判决说理是刑事司法的最后也是极为重要的一步，是将此前四个步骤展现出来的载体，是能看得到见的公平正义，判决说理是前面四个步骤的形式化表现，而在疑难复杂个案中，说理部分的情理法融通更是实质正义得以彰显的关键，"广东于德水案"以及"陆勇代购抗癌药不起诉案"等案件的判决结果实现了我们所追求的公平正义，而对于定罪量刑上的差异，不论是法律职业共同体还是普通民众都没有人怀疑司法不公，就是因为司法者在查明案件事实、衡量社会危害、证成裁判结果以及补助逻辑论证的基础上，在说理部分揉进了人文关怀以实现了实质正义，这也正是说理的至高标准和根本目的。根据佩雷尔曼的观点，"具体正义是存在于具体的人、行为或事件之中的具有实际的、具体内容的正义。与此相对应的形式正义即抽象正义，是指舍弃了具体内容和特殊情况的一般正义，也就是对每个人同样的对待。"[3]具体正义可以理解为

---

〔1〕［德］卡尔·拉伦茨：《法学方法论》，陈爱娥译，商务印书馆2003年版，第77页。

〔2〕马凤岗："主流价值观融入刑事裁判思维的路径——以情理型疑难刑事案件为研究对象"，载《山东法官培训学院学报》2019年第5期。

〔3〕转引自孙笑侠："法的形式正义与实质正义"，载《浙江大学学报（人文社会科学版）》1999年第5期。

让人民群众"在每一个案件中都感受到公平正义。"抽象正义与具体正义是刑事司法中的不同方面,我们实现了法律实施上的抽象正义后,当然也要实现具体正义,而刑事司法中的情理法融通的目的固然是为了实现结果上的具体正义,但是其还是要通过说理实现看得见摸得着的公平正义。正如"于德水案"的审判长在说理部分的最后所说的"是基于我们对实现看得见的司法正义的不懈追求",这样的刑事司法说理,其"'打动人'依靠的不是艰深晦涩的法律推理,更不是法官的威严,而是法官在裁判时诉诸理性的真诚性。此时法官给人的形象不是机械的法律技工,而是深思熟虑、洞观世事、审慎周全的说理者。"[1]

司法的特点使得所有人都认为法院就是用来讲理的地方,普通民众之所以信任司法就是因为"官府衙门八字开,有理无钱莫进来"的时代一去不复返了。刑事司法文书的说理契合了"正义是从裁判中发声"的法谚,公平正义从来不是抽象的法学概念而应当是具体的价值实现,公平正义经由每一份司法文书得到彰显和实现,刑事司法文书的说理越透彻得当,则越能被普通民众所真正接受,也越能实现我们所追求的情理法融通。刑事司法中的说理当然能够使公平正义以看得见的方式实现,这也是说理的根本目的。于司法者而言,刑事司法的说理是司法者将自由心证的过程予以公开的方式,说理也是司法者说服自己的过程,这也要求了刑事司法的结果必须有充分的说理,如果司法者连自己都无法说服又如何去说服普通民众,特别是

---

[1] 叶竹盛:"'伟大的判决书'是怎样炼成的",载通润律师事务所网,http://www.tongrunlawyer.com/? p = 20&a = view&r = 2123,最后访问日期:2020 年 12 月 22 日。

在疑难复杂的个案中，司法者在论证裁判理由的时候，实际上也是寻找公平正义的过程，若司法者在刑事司法中实现情理法融通时缺乏说理，其当然难言裁判的正当化，甚至有"法官在闪烁其词间就剥夺了一个人的长期自由乃至生命的判决书，不论判决结果是否经得起推敲，首先便感到这样的法官无异于蛮横抢夺的强盗"[1]的感觉。于刑事司法中的当事人而言，说理也是定争止纷、息讼服判的重要方式，司法者说理得当并充分阐释了裁判的事理法理情理，会使得当事人以直观的方式看到定罪量刑的依据，当事人主动的息讼服判也是实现公平正义的一种表现。于社会全体民众而言，刑事司法的说理也能使司法结果经得住各方质疑。特别是在传播方式发生了根本性变革的今天，每一个个案都可能引发舆情、引起广泛的关注，在这样的案件中司法者的说理能够直接回应普通民众的质疑和不信任，刑事司法中的充分说理规范了自由裁量，防止了司法专横，实现了公平正义。

在刑事司法的各个环节和不同程序中，说理都是为了使得普通民众感受并获得公平正义。司法实践中，不可能存在一模一样的个案，在案情和难易程度不同的案件中，说理的方式当然也存在差异。对于事实清楚、争议不大的案件，司法者及时高效地推进诉讼程序就是实现了公平正义，对于疑难复杂的案件，司法者只有坚守证明标准以及坚持庭审实质化，高度重视说理，才能更好地发现或者实现刑事司法中的公平正义。"'说理支出'不是广洒'胡椒面'，而是有重点地聚焦，真正

---

〔1〕 叶竹盛："'伟大的判决书'是怎样炼成的"，载通润律师事务所网，http://www.tongrunlawyer.com/? p=20&a=view&r=2123，最后访问日期：2020年12月22日。

地把需要说的理说透讲明，不需要说的理绝不无病呻吟，不断地提升裁判文书对不同受众的说服效果，切实'让人民群众在每一个司法案件中感受到公平正义'。"[1]在刑事司法中实现公平正义是说理的根本目的，而情理法的融通又是实现这一目的的具体途径，"细节决定成败，以审判为中心的司法改革不仅需要顶层设计，更需要一份份优质的裁判文书来实现'软着陆'。唯有如此，才能真正让司法同时实现'看得见的正义'和'说得出的正义'。"[2]刑事司法通过说理来说服诉讼主体以及普通民众有关判决的合法合理性，以情理法的融通取得公众认同。公平正义当然是刑事司法中说理的目的，而说理透彻也确实能实现看得见的公平正义。例如，轰动一时的陈水扁案姑且不论其定罪量刑的妥当性，但是其司法文书的说理确实令人惊艳。2009年9月11日，我国台湾地区的陈水扁世纪大案在台北法院宣判，陈水扁的特殊身份当然引发普通民众的极大关注，本案的说理尤其值得称道，可详见相关报导。[3]正如当时郭光东在南方周末上发表的评论所言："尤为震撼且新奇者，乃判词之说理。譬若久不见丽人，一日得见，人面桃花，摇曳生姿，怎不令人惊艳。判词引经据典，古风悠悠，说理圆通，情辞切切，立意高远，大义昭昭，更法理畅达，法相庄严，诚可谓法理、情理、事理、文理'四理并茂'。读之，胸

---

[1] 胡仕浩、刘树德："裁判文书释法说理：原则、目的与价值——《关于加强和规范裁判文书释法说理的指导意见》的理解与适用（上）"，载《人民司法（应用）》2018年第25期。

[2] 雷磊："释法说理成就'说得出的正义'"，载《人民法院报》2018年7月2日，第02版。

[3] "陈水扁案判决书摘录"，载南方周末网，http://www.infzm.com/content/34762，最后访问日期：2020年12月24日。

中焉能不腾起正气。判决何者？法院脸面也，司法权与人民沟通之终极管道也。判决单为正确绝非已足，尚需公正合理，便民领悟，旨在以个案判断而倡导公序良俗，宣示公义法理。我法官岂敢不慎？"[1]

刑事司法裁判的释法说理已成司法公正的重要环节，说理得当的刑事司法裁判文书在很大程度上能消解普通民众对于司法的质疑。"广东于德水案"如果仅仅就判决结果而言，和"许霆案"在刑期上的巨大差异很容易给人司法不公的观感，但是司法者在裁判文书中的说理达到了一锤定音的效果，这样的"国法""天理""人情"相互交融辉映的裁判文书说理透彻、情理融通，不论是法律职业共同体还是普通民众都没有人怀疑司法的公正性和权威性，反而盛赞其是"伟大的判决"。这说明了弘扬体现先进、文明的价值取向的说理自然能得到全体普通民众的认同和拥戴。在裁判文书价值体系中当然也应当体现出符合中国法治传统的内容，通过刑事司法文书凝练出现契合"国法""天理""人情"的表达方式，用一种理性和温情相结合的方式倡言正确的价值取向以实现公平正义。"以儒家文化为代表的中华传统文化对人们的思想和行为有着潜移默化的影响，积淀了中华民族最深沉的精神追求，包含着中华民族最根本的精神基因，是中华民族生生不息发展壮大的丰厚滋养。"[2]当代中国的司法实践当然与传统司法有着本质区别，但是传统儒家文化中的情理因素对于当代中国刑事司法而言也有

---

[1] "扁案判词令人惊艳"，载南方周末网，http://www.infzm.com/content/34777，最后访问日期：2020年12月24日。
[2] 参见王利明：《法治：良法与善治》，北京大学出版社2015年版，第27~28页。

值得镜鉴的地方。

二、公众认同是说理的基本要求

所谓的认同是指"人们在一定的社会生活和社会联系中确定自己的身份，并自觉地以此组织并规范自己行为的社会认知活动。"[1]而刑事司法层面的公众认同是指普通民众对于刑事司法的过程和结果的认同，普通民众基于自己的生活经验和情理认知对刑事司法自有判断，这种判断决定了普通民众尊重和认可司法的程度。"法律并不单纯以国家机器和强制力为后盾，法律的权威也并非以强制力迫使民众遵从的'压制型权威'。释法说理能够让民众清晰知悉为什么法律支持这种而非那种裁判，从而呈现出'以理服人'的司法本性，使得法律成为一种'说服型权威'，进而实现法律效果和社会效果的有机统一。"[2]公众认同包括立法和司法两个层面，"立法的社会认同的关键在于立法是否已经表达了民意，而司法的社会认同首先要解决的就是当事人是否满意。当然，当事人的满意不是要让法官枉法裁判，迁就当事人，而是要求法官必须依法裁判、执法如山。"[3]刑事司法中，法官依法裁判是公众认同的前提，但是司法活动又具有高度的专业性，普通民众可能认为："法律被一套复杂的行业语言所垄断，被法官们高高在上的面相所幻化。以至于，普通的民众每天在各种各样的法律中生活，却似乎又感到法律

---

[1] 王成兵：《当代认同危机的人学解读》，中国社会科学出版社2004年版，第16页。

[2] 雷磊："释法说理成就'说得出的正义'"，载《人民法院报》2018年7月2日，第02版。

[3] 谢晖："法律认同和社会认同"，载《检察日报》2008年9月4日。

离他们的生活愈来愈遥远，愈来愈变得令人难以理喻，愈来愈失去可触及性和亲近感。"[1]背离了普通民众所理解的"天理""人情"就难以为普通民众所真正认同，在刑事司法中，司法者的依法裁判和公众认同之间并非二元对立的关系，司法者不能基于智识上的优势天然地把裁判思路局限于专业领域而忽视基本的"天理""人情"，不能只看到法律规则而无视背后的法律精神以及普通民众的情理观，恰恰是规则之后的法律精神以及情理观是司法者与普通民众进行对话的桥梁。司法者经受了专业的法律职业训练，对于法学理论和法律规定熟稔于心，但是这并不意味着司法者基于以上要素所作出的判决一定就是被普通民众所认同的，而为了提高公众认同，刑事司法中的说理亦要结合其他的材料和资源，最高人民法院颁行的《关于加强和规范裁判文书释法说理的指导意见》第十三条规定："除依据法律法规、司法解释的规定外，法官可以运用下列论据论证裁判理由，以提高裁判结论的正当性和可接受性：最高人民法院发布的指导性案例；最高人民法院发布的非司法解释类审判业务规范性文件；公理、情理、经验法则、交易惯例、民间规约、职业伦理；立法说明等立法材料；采取历史、体系、比较等法律解释方法时使用的材料；法理及通行学术观点；与法律、司法解释等规范性法律文件不相冲突的其他论据。"[2]显然，以上这些裁判中可以运用的材料并非正式的法律渊源，在司法中运用以上论据也并非司法者的法定义务，但是说理中对这些法律资源加以运用无疑会增强司法的公众认同。

---

[1] 舒国滢：《在法律的边缘》，中国法制出版社2000年版，第96页。
[2] 参见《关于加强和规范裁判文书释法说理的指导意见》第十三条之规定。

第五章 刑事司法中情理法融通的实践路径

普通民众对于刑事司法的不认同，有时是出于认识上的差异，也有因为信息不对称的原因造成了普通民众的猜测与误解。若刑事司法的程序、过程和结果都能依法依规地为普通民众所知悉，当然有利于刑事司法实现公众认同。最高人民法院在中国裁判文书网上公开司法文书，中国庭审直播网公开直播案件审理，这些努力都是为了让普通民众能够以看得见的方式感知刑事司法。正如本书此前所提到的薄熙来案，虽然我们对于这样一个具有重大影响力的案件，对于一审法院通过微博公开庭审过程以及召开发布会的方式表示赞许，但是其实一审法院的说理更为我们所称道，特别是在薄熙来否定指控的情况下，一审法院"针对被告人薄熙来及其辩护人提出的辩解和辩护意见归纳出20个问题，根据案件查明的事实和经庭审查证属实的证据，逐一进行了合法、合理的评判，从而使得本案的法理根据扎实，而且也必然会增强社会的认同感。"[1] 庭审之后，普通民众怀疑法院能否公正审判的声音小了许多，特别是司法文书鞭辟入里的说理取得了公众认同。普通民众往往对于重大案件极为关注，而这些重大案件的司法结果对于普通民众评价司法有着极为重要的指引作用，重大案件的透彻说理无疑能够提升普通民众对于司法的认同感和信任感，特别是在集聚了各方关注的知名高官巨富等案件中，刑事司法的说理会使得正义的形象变得具体，会让怀疑司法的声音偃旗息鼓，会让普通民众从惧法怕法转向尊法崇法。

刑事司法中的说理分为定罪和量刑两个方面，于普通民众而言，其一般关注的是量刑是否得当，对于复杂而专业的犯罪

---

[1] 赵秉志："试析薄熙来案件的定罪量刑问题"，载《法制日报》2013年9月26日，第6版。

构成要件的分析往往并不是普通民众所关注的重点。"许霆案"中普通民众对于许霆行为触犯了法律以及具有社会危害性是有着基本的共识的,只不过是许霆获利十余万元所对应的无期徒刑不符合普通民众对"天理""人情"的认知。普通民众对刑事司法进行评判的角度更多的是手段是否极其残忍、被告人是否认罪悔罪以及被害人是否得到了赔偿等方面,这些也是公众认同的基础所在,普通民众的关注点或许仅仅只是基于"天理""人情",但是这样的公众认同在司法中也能找到对应的依据,根据《最高人民法院关于常见犯罪的量刑指导意见》(法发〔2017〕7号),社会危害程度以及是否得到了谅解等也确实是司法者在裁判时应当考虑的情节并规定了具体的从轻处罚幅度。普通民众的公众认同和刑事司法出现了高度的一致性,刑事司法中的说理将公众认同作为基本要求也就有了法理上的基础。刑事司法的说理涉及事实认定和裁判理由的阐释,刑事司法的结果当然是在事实认定的基础上的法律正确适用。"作为'情理'的两个维度,事实裁判是法律裁判的前提和基础。"[1]刑事司法的说理既能契合民众对于"天理""人情"的理解,也能通过说理将现代刑事司法运行的内在逻辑予以客观展现,这些无疑都能提高刑事司法说理的公众认同,除了不证自明的生活常识或者自然规律,刑事司法中的事实认定都应当结合相关举证、质证、认证的过程,事实认定和证据分析以及裁判结果之间的粘合剂就是说理,一份司法文书中的理性说理能极大地增强司法权威和公众认同。实际上,相较于刑事司法,说理中的情理法融通在婚姻家庭案件中适用的范围更广,2016年重庆市

---

〔1〕 汪雄涛:"明清判牍中的'情理'",载《法学评论》2010年第1期。

第五章　刑事司法中情理法融通的实践路径

巴南区人民法院作出的赵某与唐某离婚纠纷一审民事判决书在其说理部分颇为值得称道〔1〕，司法者在判决之时用情理说理的方式取代了冰冷的"本院认为"，体现了公众认同是说理的基本要求，让人民群众感受到"天理""人情"绝非仅仅局限于法律层面，而是在人民群众能够理解并接受的情理之中。法律面前人人平等是刑事司法的基本原则之一，即司法机关对于同样的情况应当作出同样的认定，同时对于刑事司法的理由进行详尽的论证，至少在普通民众有所怀疑的时候能够通过说理提高

---

〔1〕参见重庆市巴南区人民法院（2015）巴法民初字第09430号民事判决书的说理部分。本院认为，良好的夫妻感情是婚姻关系得以维持和存续的基础。《婚姻法》第四条规定：夫妻应当互相忠实，互相尊重；家庭成员间应当敬老爱幼，互相帮助，维护平等、和睦、文明的婚姻家庭关系。本案中，原告赵某与被告唐某先后两次登记结婚，且在前次婚姻关系存续期间共同生育了两个儿子，彼此之间应有充分的了解，存在着坚实的感情基础。虽然原、被告在复婚后的共同生活中存在一些矛盾，但也属正常现象。"夫妻本是小冤家，离得开，离不了"，是对本案原、被告婚姻生活状况的真实写照。时间是一杯毒药，足以冲淡任何浓情蜜意。我们许多人都做了岁月的奴隶，匆匆地跟在时光背后，迷失了自我，岂不知夫妻白头偕老、相敬如宾，守着一段冷暖交织的光阴慢慢变老，亦是幸福。我们很难想象在先后经历两次婚姻，经历生养子女，在不惑之年破镜重圆的两口子能够完全找回他们在青春年代初次结婚时的幸福和甜蜜。幸福美满的婚姻生活并非不存在任何矛盾，夫、妻更应懂得以互谅互让、相互包容的态度，用恰当的方法去化解矛盾，以共同守护婚姻关系。原、被告在婚姻生活中出现问题，系由彼此缺乏包容理解和有效沟通所致，夫妻感情并未达到完全破裂的程度。作为丈夫、父亲，原告赵某更应当以大丈夫的胸怀包容妻子唐某的不足之处，凡事谦让，互相尊重，理应承担起爱护妻子的家庭责任。作为妻子、母亲，被告唐某应当包容、理解丈夫赵某性格上的缺点，凡事忍耐，理应承担起相夫教子的家庭责任。家和万事兴。在婚姻里，如果我们一味地自私自利，不用心去看对方的优点，一味挑剔对方的缺点而强加以改正，即使离婚后重新与他人结婚，同样的矛盾还会接踵而至，依然不会拥有幸福的婚姻。"为什么看到你弟兄眼中有刺，却不想自己眼中有梁木呢。你自己眼中有梁木，怎能对你兄弟说，容我去掉你眼中的刺呢。你这假冒伪善的人，先去掉自己眼中的梁木，然后才能看得清楚，以去掉你兄弟眼中的刺。"——《圣经·马太福音》。正人先正己。人在追求美好婚姻生活的同时，要更多看到自身的缺点和不足，才不至于觉得自己完全正确。原、被告通过深刻自我批评和彼此有效沟通，使得夫妻感情和好如初、家庭生活和美美存在高度可能性。

判决的认同性,一个公众认同的司法结果"意味着合理的、由好的理由所支持的可接受性。确定一个判断之有效性,当然是它的有效条件被满足这个事实。但是,要澄清这些条件是不是被满足,不可能通过直接诉诸经验证据和理想直觉中提供的事实,而只能以商谈的方式,确切地说通过以论辩的方式而实施的论证过程。"[1]

三、以暖慰人心的情理进行说理

刑事司法中的说理有着基本的方法与规范,而这些方法与规范固然是司法者应当遵循的基本说理思路,但是这恰恰也是司法者"固步自封"的原因之一。根据《最高人民法院关于全面深化人民法院改革的意见——人民法院第四个五年改革纲要(2014—2018)》中的"推动裁判文书说理改革"条目:"根据不同审级和案件类型,实现裁判文书的繁简分流,加强对当事人争议较大、法律关系复杂、社会关注度较高的一审案件,以及所有的二审案件、再审案件、审判委员会讨论决定案件裁判文书的说理性。对事实清楚、权利义务关系明确、当事人争议不大的一审民商事案件和事实清楚、证据确实充分、被告人认罪的一审轻微刑事案件,使用简化的裁判文书,通过填充要素、简化格式,提高裁判效率。重视律师辩护代理意见,对于律师依法提出的辩护代理意见未予采纳的,应当在裁判文书中说明理由。完善裁判文书说理的刚性约束机制和激励机制,建立裁判文书说理的评价体系,将裁判文书的说理水平作为法官业绩

---

[1] [德]哈贝马斯:《在事实与规范之间:关于法律和民主法治国的商谈理论》,童世骏译,生活·读书·新知三联书店2003年版,第278页。

评价和晋级、选升的重要因素"。[1]而最高人民法院于2018年6月1日发布的《最高人民法院关于加强和规范裁判文书释法说理的指导意见》主要包括以下内容:"裁判文书释法说理应当遵守的基本原则;裁判文书释法说理的四个方面即证据采信说理、事实认定说理、法律适用说理、自由裁量权说理;裁判文书释法说理的繁简分流;裁判文书遵循的技术规范、法律引用、裁判辅助论据、表达方式、语言规范;裁判文书释法说理应当健全的配套机制,包括指导机制、考核机制、评估监督机制、评查机制。"[2]我们发现,在裁判说理的原则中几乎都是技术性内容,这其实是刑事司法说理中的一个隐忧,司法实践中的判决文书大多是在罗列完控辩双方的证据后径直根据实体法的具体条文认定被告人构成何罪以及具体刑期,这样的忽视了说理的刑事司法在认罪认罚的案件中当然没有问题,但是在疑难复杂的案件中,这样缺乏过渡的直接得出的结果很容易造成普通民众对于司法结果的误解。从普通民众的角度出发,其对司法结果进行评判的第一标准是司法结果是否"合情合理",司法者在基本规则之内以暖慰人心的情理作为说理的依据之一会使得司法能够真正走进普通民众的内心。"于德水案"中的司法者在查明案件事实以及列明证据之后说:"被告人于德水的父母早已病亡,其与几个姊妹相依为命,生活困苦,不然,他也不会早早辍学外出打工谋生。以他的初小学历和人生经历,可以肯定,他

---

[1] 参见《最高人民法院关于全面深化人民法院改革的意见——人民法院第四个五年改革纲要(2014—2018)》第三十四条之规定。
[2] 胡仕浩、刘树德:"裁判文书释法说理:原则、目的与价值——《关于加强和规范裁判文书释法说理的指导意见》的理解与适用(上)",载《人民司法(应用)》2018年第25期。

对法律及其行为后果不会有高度清楚的认识,更不可能对这一法律界都存在争议的案件会自认为是盗窃犯罪。既然他不可能明确辨认自己的行为及其后果,我们也可以想象,对于一个穷孩子来说,几乎是从天而降的钱财对他意味着什么?!我们不能苛求每一个公民都具有同等的道德水平和觉悟。"[1]在当代中国的刑事司法实践中,司法者用这样的方式进行说理并作出这样的判决结果是需要勇气的,因为刑事司法的说理有着固定的范式,司法者习惯了从证据分析直接到判决结果的裁判方式,以暖慰人心的情理作为判决依据当然具有法理上的根据,但是却缺乏法律上的依据。而且客观地说,以情理作为说理的依据并没有成为司法的主流,"广东于德水案"的合议庭成员也提到:"对复杂的新类型案件作出正确的司法判断是件非常困难的事,对法官的各项能力甚至抗压能力要求都非常高,因为法律毕竟是一门应对社会的科学,司法判断面临的是纷繁复杂、日新月异的世界,面临的是利益交织、千差万别的社会矛盾和价值取向,面临的是当事人、公众、媒体、专业人士等的挑剔眼光和评价。"[2]但是,"于德水案"一审判决生效后,当事人未上诉、公诉机关未抗诉亦能说明这样的说理方式以及司法结果是得到了一致认可的。司法者从"国法""天理""人情"相融通的角度,以暖慰人心的情理进行说理,一方面提高了刑事司法的公信力,另一方面得到了普通民众以及法律职业共同体的一致认可,这不仅是对本已紧张的司法资源的节约,是对法律效果和社会效果结合的

---

〔1〕 参见广东省惠州市惠阳区人民法院(2014)惠阳法刑二初字第83号刑事判决书。

〔2〕 参见广东省惠州市惠阳区人民法院(2014)惠阳法刑二初字第83号刑事判决书。

最好诠释,更是为刑事司法的说理指明了新的路径。

刑事司法中的说理实际上更多的是"说服","说服"当事人、法律职业共同体以及普通民众,因此司法者通过照搬法条停留在论证"法律是什么"的层面显然不够,更要对于"法律应当是什么"进行说理,着眼于法律背后的常识常理常情。以暖慰人心的情理进行说理当然还是要回归到法律视野内,情理作为说理的资源不能绕过法律规定而直接适用于具体个案,其在刑事司法的说理中应构成一种衡量定罪量刑妥当性的指引,这样的说理方式当然还是要以法理作为外在支撑。本书认为,刑事司法中以暖慰人心的情理进行说理可从以下几个方面努力。其一可以由最高人民法院统一编纂刑事司法说理指引。《最高人民法院关于加强和规范裁判文书释法说理的指导意见》明确要求裁判文书释法说理要阐明事理,要释明法理,要讲明情理,体现法理情相协调。[1]但是这样的要求显然是原则性和框架性的,其对于司法者到底应当如何运用情理予以说理没有明确的规则可循,当然这也和情理本身的特点有关,情理并没有一个确定无疑的概念和标准,司法者也不敢轻易绕过现行法律而适用情理进行说理,但是最高人民法院可以主导编纂作为说理指引的指导性案例,或者专门颁行一批关于在刑事司法说理中融入情理的指导性案例,有了指导性案例,司法者在适用情理进行说理的时候便有了参照也更有底气。美国联邦中心于1991年编著了《法官裁判文书写作指南》,并于2013年进行修订,该指南从准备工作、写作要点、司法伦理、说理技巧等方面对司法者书写裁判文书作

---

〔1〕 参见《最高人民法院关于加强和规范裁判文书释法说理的指导意见》第二条之规定。

出了指引，无疑这是我们可资借鉴的他山之石。其二要培养司法者在说理时注重情理的思维方式。司法者在形式正义的原则之下严格依法裁判无可厚非，但是这也导致了司法者的说理仅仅依托于法理，而情理因素并不被司法者所重视和引用，但是情理却又深深根植于每一个中国人的内心深处并有着广泛的认同基础，刑事司法追求公平正义的过程也是惩恶扬善的过程，法治思维之下对实质正义的追求也应当将情理、道德等因素包含在内。司法者在说理的过程中，将情理作为说理的有益补充，并在案件裁判过程中适用三段论得出司法结果之后，至少也要形成用暖慰人心的情理去衡量定罪量刑结果的思维，久之在刑事司法说理中融入情理才会成为一种可能。其三要借助法律解释将情理融入说理。刑事司法的说理是常识、常理、常情的有机统一，在日常生活中，社会公众只可能根据以社会上一般人承认的人的良心为基础的常识、常理、常情（最基本的伦理规范或曰文化规范）作为自己的行为准则。常识、常理、常情面向日常生活世界，体现了社会公众、社会共同体一致的经验与价值，蕴含着大家公认的"理"，即常理、情理、事理，刑事立法即是把这些属于实际运行规范的"理"具化为刑法规范的"理"。[1]从文化规范到运行规范再到刑法规范表明了情理与法理之间的关系，而对于这种关系的适应与调整则有赖于法律的解释，刑事司法的说理就是论证和解释法律的过程，而对于这种论证和解释也有学者表示担心："将常理、情理、事理之类置于刑法规范之上，就会具有高度不确定性，进而会导致判决者翻云覆雨。"[2] 但是"某种准则既被

---

[1] 参见[日]大冢仁：《犯罪论的基本问题》，冯军译，中国政法大学出版社1993年版，第19页。

[2] 贺卫方："《法律人丛书》总序"，载《学术界》2003年第6期。

认为合乎'天理'、'人情'可见必定是为多数人共同认可的，可以由一般有常识、理智的人加以验证确认的所以常言道'天理自在人心'。当然它也可能被滥用，但滥用的过程和结果都可以很容易地被一般人看出来，所以其滥用反而比较困难。因此，泛泛地说天理人情有高度的不确定性，因而必然会导致裁决者翻云覆雨是不确当的。"[1]借助法律的解释将情理融入说理弥补了抽象的规范和具体的个案之间的鸿沟，"刑法解释本身所蕴含的经验性、价值性、前见性，意味着刑法解释的开放性、无限性，同时也极可能走向不受限制的自由裁量性，最终导致刑法解释的虚无性。因而，必须对之加以合理性限制。限制不是为了否定经验和价值的前提性作用，而是使之限制在共同经验、共同价值的'底线'之内。"[2]而刑事司法中的法律解释将情理融入说理应当有着"共同经验、共同价值的底线"，这就是我们一再强调的刑事司法之内的常识、常理、常情。

---

[1] 张伟仁："中国传统的司法和法学"，载《现代法学》2006年第5期。
[2] 邓多文："论刑法的合理性解释"，西南政法大学2010年博士学位论文。

结　论

　　刑事司法中如何实现情理法的融通是当代中国司法必须直面的问题，这不仅是司法理念的科学更迭，更是司法取信于民和建立司法权威的必然要求。随着信息时代的进一步发展，还可能会有违背了"天理""人情"的个案再一次引发全民的关注与讨论，这势必也对刑事司法提出了更高的要求。情理作为中国传统司法中的裁判思路与裁判依据，在中国法治文化中占据着举足轻重的地位，这也对当代的刑事司法产生着潜移默化的影响，这种影响构成了普通民众评价刑事司法的价值观念基础。

　　情理法融通的实质，"就是从中国传统的法道德原理出发，用符合中华族群民族特色的法思维来思考中国的现实问题和中国的人生问题，安排好中国的人生秩序，建构'道德人文型法治'模式，顺利实现以'良法善治'为表征的'和谐'法理想。"[1]就中国的司法传统而言，情理法融通作为一种文化基因已经深深镌刻在了中国人的内心深处。在当代中国的刑事司法实践中，传统法律理念与现代司法理念长期融汇交错，形式正

---

[1] 杨秋生："当代中国法学学者情理法观的文化思考"，吉林大学2018年博士学位论文。

义与实质正义的争论在短期内难有定论,在疑难复杂的情理型案件中,用具有传统民族特色的法律思维进行思考有利于实现本书所追求的良法善治。

在刑事司法中,情理法融通视野下的"人情"应当首先根植于人的天性并取得了绝大多数民众的主动接纳,"人情"也应当是凝聚着普通民众普遍共识的人之常情。"天理"则是代表着最高理性的自然法则,是不证自明的常理与常识,也是一种约定俗成的公共认识。"国法"是以权利义务为核心的规范,它的外在特征表现为严谨的逻辑和形式,形式理性是它的主要特征。情理法融通则要求我们在尊重"国法"的前提之下,运用开放思维和司法解释等多种方法,杜绝僵化司法或者机械司法的结果出现。刑事司法一方面是对法律规范的恪守,另一方面也适时地关注了司法者和普通民众的情感和良知。刚性法律规范的完善非朝夕之功,情理法的融通能够达到个案中的暖慰人心的效果。在当代中国的刑事司法实践中,情理和法律之间的吸纳和融通,更能够将合法性与合正义性结合起来,法律规范在"天理"和"人情"之间还具有了正义价值。

刑事司法中的情理法融通要遵循基本的法理,特别是在"形式正义"和"实质正义"难以统一的疑难复杂个案中,透彻的法理阐释不仅有益于个案的定争止纷,更能体现和树立社会的正确价值观念。刑事司法情理法融通中所援引的法理必须基于普通民众所共同认可的常识、常理、常情,法理的援引有益于弥补法律规定的缺陷,增强司法裁判的可接受性。我们必须承认的是,刑事司法实践中有着传统理念和现代司法原则的冲突,也有着法律效果和社会效果难以平衡的现状,还有着社会舆论与判决结果的争论。显然,我们如果仅仅寄希望于专业的刑事司法去建立我们理想中的法治是不够的，刑事司法尊重和理解各方诉求，平衡和调和不同的利益关系，吸纳和中和各种理性因素，从舆论与刑事司法的互动以及我们对于同案同判的期待等角度而言，刑事司法中情理法融通的挑战确实存在，直面这些挑战的过程不仅需要协调"国法""天理""人情"的关系，更考验着司法者的司法智慧，在独立审判的原则之下司法者既要尊重法律规定又要适当考虑司法过程中的情理因素，这当然是刑事司法进步的表现之一。本书认为，刑事司法中情理法融通的路径探索可以从对社会主义核心价值观的强调、基本规则之确立以及说理应有的姿态等方面展开。

　　社会主义核心价值观已经为我国《宪法》所确认，将其融入刑事司法中当然具有作为裁判依据的正当性，当代中国刑事司法中的情理法融通自然也要符合"富强、民主、文明、和谐，自由、平等、公正、法治，爱国、敬业、诚信、友善"的要求，将社会主义核心价值观融入刑事司法的前提是遵循法治思维。在当下的转型时期，司法裁判应当以稳定性作为追求，社会主义核心价值观融入刑事司法应当遵循的法治思维也意味着法律规则优先。社会主义核心价值观融入刑事司法还可以借助对法律解释的运用，由于社会主义核心价值观以及刑事司法中的情理具有原则性和开放性，而法律解释具有的逻辑和其遵循的方法恰恰可以补强这样的不确定，这也能提高刑事司法结果的正当性和接受度。社会主义核心价值观融入刑事司法还应当注重价值引领，刑事司法中的情理法融通本身就是在"国法""天理""人情"三者之间的价值平衡和取舍，当司法者在刑事司法过程中适用法律规范时遇到了困难。而当法律解释的方法也无法实现个案的实质正义之时，我们对于法律规范背后的价值理念的发掘或许是一条新的路径。

　　本书认为,刑事司法的情理法融通还应当确立基本的规则。确立情理法融通的标准是基本规则之一,这样的标准包括对情理适用的适当限制,对于事实清楚、证据确实充分的案件当然要遵从罪刑法定原则进行依法裁判,只有在适用现行法律会导致显失公平的裁判结果时,司法者才可以考虑适用情理法融通。刑事司法中的情理法融通应当遵循常识、常理、常情的标准。常识、常理、常情凝聚着我们对于客观规律的认识和总结,也是一个社会的价值观和善恶观的集中体现。刑事司法中的情理法融通遵循常识、常理、常情的标准,能更好地实现司法"定争止纷"的作用,只有作为普通民众所共同认可的常理、常识、常情在刑事司法中得到遵守,法律才能得到普通民众的内心认同。刑事司法情理法融通的标准还包括可普遍化证成。刑事司法中的情理如果成为裁判依据,其应当是一种可普遍化的标准,情理法的融通也应当普遍地适用于类似的案件,这也是情理法融通作为一种司法方法的基本要求。发布指导性案例也是刑事司法中实现情理法融通的可行路径。从指导性案例凝练出的法律适用准则,将刑事司法过程中的定罪量刑的理由进行充分说理论证,特别是对疑难复杂案件中的情理法融通进行充分阐释,既为后来的司法者提供了裁判依据也为可能存在的裁量失当树立了参考尺度。刑事司法中的情理法融通还应当着眼于法律职业共同体之培育。法律职业共同体成员有着基本同样的职业经历和职业伦理,彼此也有着基本的职业认同,对于刑事司法中的情理法有着基本一致的理性认知,也唯有如此,司法共识的形成才有可能。

　　刑事司法中说理应有的姿态也是实现情理法融通的重要方

面。司法实践中背离了"天理""人情"的个案不仅是法律规范的适用问题，亦有着说理不够充分的原因，刑事司法的情理法融通经由说理得当的刑事司法文书加以实现自然会得到全体社会公民的认同。在刑事司法的说理中要秉持公平正义的根本目的，在情理型的疑难复杂个案中将公平正义的价值观念引入司法裁判，将情理作为说理的补充和借鉴是增强刑事司法说服力的要求之一。刑事司法中的说理也要将公众认同作为基本要求，普通民众基于自己的生活经验对刑事司法中的天理人情自有判断，这种判断也决定了普通民众尊重和认可司法的程度。刑事司法中的情理法融通更要用暖慰人心的情理进行说理，司法者基于进行情理法融通的考量，以暖慰人心的情理进行说理，会使得普通民众以及法律职业共同体对于司法结果有着发自内心的认可，这一方面节约了司法资源，另一方面实现了对法律效果和社会效果统一的追求，更是为刑事司法中的情理法融通提供了新的思路。

参考文献

一、著作类

(一) 中文古籍文献

1. 《春秋繁露·基义》。
2. 《管子·形势解》。
3. 《管子·牧民》。
4. 《汉书·爰盎晁错传》。
5. 《汉书·薛宣朱博传》。
6. 《汉书·刑法志》。
7. 《汉书·董仲舒传》。
8. 《晋书·刑法志》。
9. 《礼记·中庸》。
10. 《论语·颜渊》。
11. 《名公书判清明集》。
12. 《清末筹备立宪档案史料》。
13. 《商君书·算地》。
14. 《商君书·壹言》。
15. 《慎子·逸文》。

16. 《唐律疏议·名例卷》。

17. 《唐律疏议·断狱卷》

18. 《盐铁论》。

19. 《周易·系辞上传》

20. 《朱子大全·学校贡举私议》。

21. 《朱子大全·答曾择之》。

22. 《朱子集注》。

23. （宋）真德秀：《西山政训》。

24. （明）薛瑄：《要语》。

25. （明）刘惟谦：《进明律表》。

26. （清）陈宏谋：《从政遗规》。

27. （清）蒲松龄：《聊斋志异·冤狱》。

28. （清）沈家本：《历代刑法考》。

29. （清）凌曙注：《春秋繁露》卷十二《基义》。

30. （清）汪辉祖：《学治臆说》。

31. （清）段玉裁：《说文解字注·玉部》。

32. （清）徐灏：《说文解字注笺·玉部》，续修四库全书本。

(二) 中文专著文献

1. 卞建林、焦洪昌等：《传媒与司法》，中国人民公安大学出版社2006年版。

2. 陈顾远：《中国法制史概要》，商务印书馆2017年版。

3. 陈林林：《裁判的进路与方法——司法论证理论导论》，中国政法大学出版社2007年版。

4. 陈瑞华：《问题与主义之间——刑事诉讼基本问题研

究》，中国人民公安大学出版社 2003 年版。

5. 陈瑞华：《刑事审判原理论》，北京大学出版社 1997 年版。

6. 陈兴良：《刑法的人性基础》，中国方正出版社 1996 年版。

7. 程树德：《论语集释》，中华书局 1990 年版。

8. 崔明石：《话语与叙事：文化视域下的情理法》，法律出版社 2017 年版。

9. 邓勇：《试论中华法系的核心文化精神及其历史运行——兼析古人法律生活中的"情理"模式》，法律出版社 2010 年版。

10. 范忠信、郑定、詹学农：《情理法与中国人》，北京大学出版社 2011 年版。

11. 范忠信、郑定、詹学农：《情理法与中国人——中国传统法律文化探微》，中国人民大学出版社 1992 年版。

12. 范忠信："法律史研究的'文化解释'使命"，载倪正茂主编：《批判与重建：中国法律史研究反拨》，法律出版社 2002 年版。

13. 范忠信、尤陈俊、翟文喆编校：《中国文化与中国法系——陈顾远法律史论集》，中国政法大学出版社 2006 年版。

14. 冯象：《政法笔记》，江苏人民出版社 2004 年版。

15. 费孝通：《乡土中国》，人民出版社 2008 年版。

16. 顾元：《衡平司法与中国法律传统秩序：兼与英国衡平法相比较》，中国政法大学出版社 2006 年版。

17. 贺卫方："《法律人丛书》总序"，载《学术界》2003 年第 6 期。

18. 黄舒芃：《变迁社会中的法学方法》，元照出版有限公司

2009 年版。

19. 孔祥俊：《司法哲学》，中国法制出版社 2017 年版。

20. 李学灯：《证据法比较研究》，五南图书出版公司 1992 年版。

21. 梁慧星：《裁判的方法》，法律出版社 2003 年版。

22. 梁慧星：《民法解释学》，中国政法大学出版社 1995 年版。

23. 梁漱溟：《中国文化要义》，上海人民出版社 2005 年版。

24. 梁治平：《法意与人情》，中国法制出版社 2004 年版。

25. 梁治平：《寻求自然秩序中的和谐》，中国政法大学出版社 2002 年版。

26. 林端：《韦伯论中国传统法律：韦伯比较社会学的批判》，中国政法大学出版社 2014 年版。

27. 刘政：《民事诉讼理论探讨与制度创新——基于能动司法的视角》，中国法制出版社 2015 年版。

28. 吕世伦主编：《现代西方法学流派》（上卷），中国大百科全书出版社 2000 年版。

29. 蒙培元：《情感与理性》，中国人民大学出版社 2009 年版。

30. 钱穆：《晚学盲言（下）》，生活·读书·新知三联书店 2010 年版。

31. 邱兴隆：《刑罚的哲理与法理》，法律出版社 2003 年版。

32. 曲新久：《刑事政策的权力分析》，中国政法大学出版社 2002 年版。

33. 沈宗灵：《比较法研究》，北京大学出版社 1998 年版。

34. 沈宗灵：《现代西方法理学》，北京大学出版社 1992

年版。

35. 舒国滢：《法哲学：立场与方法》，北京大学出版社 2010 年版。

36. 舒国滢：《在法律的边缘》，中国法制出版社 2000 年版。

37. 舒国滢、王夏昊、雷磊：《法学方法论》，中国政法大学出版社 2018 年版。

38. 苏力：《法治及其本土资源》，北京大学出版社 2015 年版。

39. 苏力：《送法下乡》，中国政法大学出版社 2000 年版。

40. 孙正聿：《哲学通论》，人民出版社 2010 年版。

41. 王成兵：《当代认同危机的人学解读》，中国社会科学出版社 2004 年版。

42. 王利明：《法治：良法与善治》，北京大学出版社 2015 年版。

43. 王人博、程燎原：《法治论》，山东人民出版社 1989 年版。

44. 王泽鉴：《法律思维与民法实例》，中国政法大学出版社 2001 年版。

45. 吴经熊：《法律哲学研究》，上海会文堂新记书局 1937 年版。

46. 武建敏：《传统司法行为及其合理性》，中国传媒大学出版社 2006 年版。

47. 徐国栋：《民法基本原则解释——成文法局限性之克服》，中国政法大学出版社 2001 年版。

48. 许章润：《法学家的智慧：关于法律的知识品格与人文类型》，清华大学出版社 2004 年版。

49. 严存生主编：《西方法律思想史》，法律出版社 2004 年版。

50. 杨奕华：《法律人本主义——法理学研究诠论》，汉兴书局有限公司 1997 年版。

51. 张晋藩：《中国法律的传统与近代转型》，法律出版社 2005 年版。

52. 张明楷：《刑法分则的解释原理》，中国人民大学出版社 2004 年版。

53. 张明楷：《刑法学》，法律出版社 2003 年版。

54. 张文显：《二十世纪西方法哲学思潮研究》，法律出版社 2006 年版。

55. 张文显主编：《法理学》，高等教育出版社、北京大学出版社 2007 年版。

56. 张文显、信春鹰、孙谦主编：《司法改革报告：法律职业共同体研究》，法律出版社 2003 年版。

57. 张永红：《我国刑法第 13 条但书研究》，法律出版社 2004 年版。

58. 赵晓耕主编：《观念与制度：中国传统文化下的法律变迁》，湘潭大学出版社 2012 年版。

59. 中共中央文献研究室编：《十八大以来重要文献选编（上册）》，中央文献出版社 2014 年版。

60. 周国文：《刑罚的界限——Joel Feinberg 的"道德界限"与超越》，中国检察出版社 2008 年版。

61. 卓泽渊：《法学导论》，法律出版社 2015 年版。

62. 邹碧华：《要件审判九步法》，法律出版社 2010 年版。

63. 瞿同祖：《瞿同祖法学论著集》，中国政法大学出版社

1998 年版。

（三）中文译注文献

1. ［德］H. 科殷：《法哲学》，林荣远译，华夏出版社 2002 年版。

2. ［德］阿图尔·考夫曼、温弗里德·哈斯默尔主编：《当代法哲学和法律理论导论》，郑永流译，法律出版社 2002 年版。

3. ［德］考夫曼：《法律哲学》，刘幸义等译，法律出版社 2004 年版。

4. ［德］古斯塔夫·拉德布鲁赫："法律的不法与超法律的法"，舒国滢译，载郑永流主编：《法哲学与法社会学论丛（四）》，中国政法大学出版社 2001 年版。

5. ［德］古斯塔夫·拉德布鲁赫：《法律智慧警句集》，舒国滢译，中国法制出版社 2016 年版。

6. ［德］哈贝马斯：《在事实与规范之间：关于法律和民主法治国的商谈理论》，童世骏译，生活·读书·新知三联书店 2003 年版。

7. ［德］赫克：《利益法学》，津田利治译，庆应大学法学研究会 1985 年版。

8. ［德］卡尔·拉伦茨：《法学方法论》，陈爱娥译，商务印书馆 2003 年版。

9. ［德］罗伯特·阿列克西：《法律论证理论——作为法律证立理论的理性论辩理论》，舒国滢译，中国法制出版社 2002 年版。

10. ［德］马克思："论离婚法草案"，载中共中央马克思恩格斯列宁斯大林著作编译局编译：《马克思恩格斯全集》（第一卷），人民出版社1995年版。

11. ［德］马克斯·韦伯：《儒教与道教》，洪天富译，江苏人民出版社2010年版。

12. ［德］马克斯·韦伯：《经济与社会（下卷）》，林荣远译，商务印书馆1997年版。

13. ［德］费里德里希·卡尔·冯·萨维尼：《论立法与法学的当代使命》，许章润译，中国法制出版社2001年版。

14. ［法］古斯塔夫·勒庞：《乌合之众：大众心理研究》，冯克利译，中央编译出版社2017年版。

15. ［法］卢梭：《社会契约论》，何兆武译，商务印书馆1980年版。

16. ［法］托克维尔：《论美国的民主（上卷）》，董果良译，商务印书馆1988年版。

17. ［古希腊］亚里士多德：《政治学》，吴寿彭译，商务印书馆1965年版。

18. ［荷］格劳秀斯："战争与和平法"，转引自《西方法律思想史编写组》编：《西方法律思想史资料选编》，北京大学出版社1983年版。

19. ［荷］伊芙琳·T. 菲特丽丝：《法律论证原理——司法裁决之证立理论概览》，张其山、焦宝乾、夏贞鹏译，商务印书馆2005年版。

20. ［美］昂格尔：《现代社会中的法律》，吴玉章、周汉华译，中国政法大学出版社1994年版。

21. ［美］小奥利弗·温德尔·霍姆斯：《普通法》，冉昊、姚中秋译，中国政法大学出版社2006年版。

22. ［美］本杰明·卡多佐：《司法过程的性质》，苏力译，商务印书馆 2009 年版。

23. ［美］富勒：《法律的道德性》，郑戈译，商务印书馆 2005 年版。

24. ［美］哈罗德·J. 伯尔曼：《法律与宗教》，梁治平译，生活·读书·新知三联书店 1991 年版。

25. ［美］卡罗尔·S. 斯泰克编：《刑事程序故事》，吴宏耀等译，中国人民大学出版社 2012 年版。

26. ［美］劳伦斯·罗森：《法律与文化：一位法律人类学家的邀请》，彭艳崇译，法律出版社 2011 年版。

27. ［美］理查德·A. 波斯纳：《法理学问题》，苏力译，中国政法大学出版社 2002 年版。

28. ［美］理查德·A. 波斯纳，《法官如何思考》，苏力译，北京大学出版社 2009 年版。

29. ［美］罗伯特·S. 萨默斯：《美国实用工具主义法学》，柯华庆译，中国法制出版社 2010 年版。

30. ［美］罗纳德·德沃金：《法律帝国》，许杨勇译，上海三联书店 2016 年版。

31. ［美］罗纳德·德沃金：《认真对待权利》，信春鹰、吴玉章译，中国大百科全书出版社 2002 年版。

32. ［美］欧文·费斯：《如法所能》，师帅译，中国政法大学出版社 2008 年版。

33. ［美］罗·庞德：《通过法律的社会控制——法律的任务》，沈宗灵、董世忠译，商务印书馆 1984 年版。

34. ［美］约翰·罗尔斯：《正义论》，何怀宏、何包钢、廖申白译，中国社会科学出版社 1988 年版。

35. ［美］约翰·罗尔斯：《作为公平的正义：正义新论》，

姚大志译，上海三联书店 2002 年版。

36. ［日］川岛武宜：《现代化与法》，申政武等译，中国政法大学出版社 2004 年版。

37. ［日］大冢仁：《犯罪论的基本问题》，冯军译，中国政法大学出版社 1993 年版。

38. ［日］山口厚：《刑法总论》，付立庆译，中国人民大学出版社 2011 年版。

39. ［日］寺田浩明："日本的清代司法制度研究与对'法'的理解"，载［日］滋贺秀三等著，王亚新、范愉、陈少峰译：《明清时期的民事审判与民间契约》，法律出版社 1998 年版。

40. ［日］滋贺秀三等：《明清时期的民事审判与民间契约》，王亚新、范愉、陈少峰译，法律出版社 1998 年版。

41. ［英］彼得·斯坦、约翰·香德：《西方社会的法律价值》，王献平译，中国人民公安大学出版社 1990 年版。

42. ［英］丹宁勋爵：《法律的训诫》，杨百揆、刘庸安、丁健译，群众出版社 1985 年版。

43. ［英］H. L. A. 哈特：《法律的概念》，许家馨、李冠宜译，法律出版社 2006 年版。

44. ［英］弗·培根：《培根论说文集》，水天同译，商务印书馆 1983 年版。

45. ［英］休谟：《人性论（上册）》，关文运译，商务印书馆 1980 年版。

46. ［英］丹尼斯·罗伊德：《法律的理念》，张茂柏译，台北联经出版事业公司 1984 年版。

47. ［意］登特列夫：《自然法——法律哲学导论》，李日章译，台北联经出版事业公司 1984 年版。

二、论文期刊类

1. 蔡虹、夏先华："情与法的交融：司法裁判中适用情理研究"，载《山东科技大学学报（社会科学版）》2018 年第 1 期。

2. 曹德成："中国法系研究发微：研究的对象与任务"，载《中华法学杂志》1948 年第 4 期。

3. 曾睿："生态恢复性司法的实践创新与制度完善——以福建省为例"，载《理论月刊》2019 年第 2 期。

4. 常艳、温辉："法律职业共同体伦理问题研究"，载《河南社会科学》2012 年第 2 期。

5. 陈诚："司法判决应求之于情理——法意与人情二元结构对立之悖论的思考"，载《中国发展观察》2006 年第 8 期。

6. 陈光中："公正与真相：现代刑事诉讼的核心价值观"，载《检察日报》2016 年 6 月 16 日，第 03 版。

7. 陈洪杰："民意如何审判：一个方法论上的追问"，载《法律科学（西北政法大学学报）》2015 年第 6 期。

8. 陈金钊："'社会主义核心价值观融入法治建设'的方法论诠释"，载《当代世界与社会主义》2017 年第 4 期。

9. 陈金钊："被社会效果所异化的法律效果及其克服——对两个效果统一论的反思"，载《东方法学》2012 年第 6 期。

10. 陈金钊："法律如何调整变化的社会——对'持法达变'思维模式的诠释"，载《清华法学》2018 年第 6 期。

11. 陈金钊："法律渊源：司法视角的定位"，载《甘肃政法学院学报》2005 年第 6 期。

12. 陈金钊："魅力法治所衍生的苦恋——对形式法治和实

质法治思维方向的反思",载《河南大学学报（社会科学版）》2012年第5期。

13. 陈林林、王云清："论情理裁判的可普遍化证成",载《现代法学》2014年第1期。

14. 四川省高级人民法院、四川大学联合课题组、陈明国、左卫民："中国特色案例指导制度的发展与完善",载《中国法学》2013年第3期。

15. 陈瑞华："现代审判独立原则的最低标准",载《中国律师》1996年第3期。

16. 陈兴良："刑法教义学的逻辑方法：形式逻辑与实体逻辑",载《政法论坛》2017年第5期。

17. 陈忠林："'恶法'非法——对传统法学理论的反思",载《社会科学家》2009年第2期。

18. 宣海林："法应当向民众认同的常识、常理、常情靠拢——访十一届全国人大代表、重庆大学法学院院长陈忠林教授",载《中国审判新闻月刊》2011年第11期。

19. 楚望台："许霆案改判是司法的胜利",载《新快报》2008年4月1日版。

20. 樊崇义："促进刑事司法的公众认同 努力构建和谐社会——评《刑事判决的合法性研究》",载《中国司法》2010年第4期。

21. 范进学："论法解释的情理性与客观性",载《法学论坛》2002年第6期。

22. 方乐："司法参与公共治理的方式、风险与规避——以公共政策司法为例",载《浙江社会科学》2018年第1期。

23. 冯念学："法律人要追求'真善美'",载《法制日报》

2012年10月31日，第010版。

24. 高铭暄："于欢案审理对正当防卫条款适用的指导意义"，载《人民法院报》2017年6月24日，第02版。

25. 高全喜："略论当代中国法理学的几个基本问题"，载《环球法律评论》2010年第6期。

26. 顾培东："当代中国法治共识的形成及法治再启蒙"，载《法学研究》2017年第1期。

27. 顾元："中国衡平司法传统论纲"，载《政法论坛》2004年第2期。

28. 郭百顺："从形式到实质：论刑事判决的合情理性"，载万鄂湘主编：《建设公平正义社会与刑事法律适用问题研究——全国法院第24届学术讨论会获奖论文集（上册）》，人民法院出版社2012年版。

29. 郭百顺："刑事司法裁判合情理性与司法公信力"，载《福建法学》2014年第1期。

30. 郭忠："法理和情理"，载《法律科学（西北政法学院学报）》2007年第2期。

31. 韩轶："司法公正的实现与情理法之融合"，载《人民法院报》2019年5月27日，第02版。

32. 何海波："行政行为对民事审判的拘束力"，载《中国法学》2008年第2期。

33. 何家弘："司法公正论"，载《中国法学》1999年第2期。

34. 何勤华："清代法律渊源考"，载《中国社会科学》2001年第2期。

35. 贺卫方："中国古代司法的三大传统及其对当代的影

响",载《河南省政法管理干部学院学报》2005 年第 3 期。

36. 洪良友:"论司法的社会效果——由张明宝案引发的思考",载《成都理工大学学报(社会科学版)》2010 年第 3 期。

37. 胡仕浩、刘树德:"裁判文书释法说理:原则、目的与价值——《关于加强和规范裁判文书释法说理的指导意见》的理解与适用(上)",载《人民司法》2018 年第 25 期。

38. 胡岩:"司法解释的前生后世",载《政法论坛》2015 年第 3 期。

39. 胡云腾:"从规范法治到案例法治——论法治建设的路径选择",载《法治现代化研究》2020 年第 5 期。

40. 胡云腾:"关于参照指导性案例的几个问题",载《人民法院报》2018 年 8 月 1 日,第 005 版。

41. 黄风:"学说汇纂(书译)",载《政法论坛》1990 年第 3 期。

42. 霍存福:"沈家本'情理法'观所代表的近代转捩——与薛允升、樊增祥的比较",载《华东政法大学学报》2018 年第 6 期。

43. 霍存福:"中国传统法文化的文化性状与文化追寻——情理法的发生、发展及其命运",载《法制与社会发展》2001 年第 3 期。

44. 季卫东:"'舆论审判'的陷阱",载《浙江人大》2011 年第 12 期。

45. 江必新:"良善司法的要义",载《光明日报》2008 年 10 月 20 日,第 009 版。

46. 江必新:"严格依法办事:经由形式正义的实质法治观",载《法学研究》2013 年第 6 期。

47. 江必新："在法律之内寻求社会效果"，载《中国法学》2009 年第 3 期。

48. 江国华："审判的社会效果寓于其法律效果之中"，载《湖南社会科学》2011 年第 4 期。

49. 蒋楠楠："法律与伦理之间：传统中国复仇行为的正当性及限度"，载《法学评论》2018 年第 4 期。

50. 金果："超越正义的宽恕：反思规范之下审判阶段的恢复性司法"，载《华东师范大学学报（哲学社会科学版）》2016 年第 5 期。

51. 孔繁灵："'同案同判'与'同案不同判'"，载《人民法院报》2014 年 2 月 15 日，第 02 版。

52. 雷磊："法教义学与法治：法教义学的治理意义"，载《法学研究》2018 年第 5 期。

53. 雷磊："释法说理成就'说得出的正义'"，载《人民法院报》2018 年 7 月 2 日，第 02 版。

54. 李步云："良法之'真善美'"，载《人民日报》2015 年 5 月 25 日，第 16 版。

55. 李德顺："从价值观到公民道德"，载《理论学刊》2012 年第 9 期。

56. 李德顺："价值思维的主体性原则及其意义"，载《湖北大学学报（哲学社会科学版）》2013 年第 4 期。

57. 李德顺："让民主法治成为我们的政治文明"，载《学习与探索》2013 年第 7 期。

58. 李德顺："谈社会主义核心价值'公正'"，载《中国特色社会主义研究》2015 年第 2 期。

59. 李佳欣："刑法解释的功能性考察"，载《当代法学》

2014 年第 6 期。

60. 李树忠："迈向'实质法治'——历史进程中的十八届四中全会《决定》",载《当代法学》2015 年第 1 期。

61. 李拥军："合法律还是合情理：'掏鸟窝案'背后的司法冲突与调和",载《法学》2017 年第 11 期。

62. 李拥军："中国法治主体性的文化向度",载《中国法学》2018 年第 5 期。

63. 李挚萍："生态环境修复责任法律性质辨析",载《中国地质大学学报（社会科学版）》2018 年第 2 期。

64. 梁根林："死刑案件被刑事和解的十大证伪",载《法学》2010 年第 4 期。

65. 梁根林："罪刑法定原则：挑战、重申与重述——刑事影响力案件引发的思考与检讨",载《清华法学》2019 年第 6 期。

66. 廖永安、王聪："路径与目标：社会主义核心价值观如何融入司法——基于 352 份裁判文书的实证分析",载《新疆师范大学学报（哲学社会科学版）》2019 年第 1 期。

67. 刘斌："'亲亲相隐'与'大义灭亲'",载《社会科学论坛（学术评论卷）》2008 年第 9 期。

68. 刘斌："当代法治文化的理论构想",载《中国政法大学学报》2007 年第 1 期。

69. 刘斌："法治的人性基础",载《中国政法大学学报》2008 年第 2 期。

70. 刘春园："论舆论监督、媒体审判与刑事司法独立关系",载《南京师大学报（社会科学版）》2016 年第 5 期。

71. 刘道纪："法律内的天理人情",载《政法论坛》2011 年第 5 期。

72. 刘奇英："社会主义核心价值观入法入规与惩罚性赔偿制度——以自由价值观为分析中心",载《云南社会科学》2018年第2期。

73. 刘树德："刑事司法语境下的'同案同判'",载《中国法学》2011年第1期。

74. 刘晓林："《唐律疏议》中的'情'考辨",载《上海师范大学学报（哲学社会科学版）》2017年第1期。

75. 刘晓源："法律解释的难题——关于形式合理性与实质正义的取舍",载《东岳论丛》2009年第12期。

76. 刘峥："司法裁判中的法律效果与社会效果",载《人民法院报》2018年1月8日，第02版。

77. 刘作翔、刘振宇："对法律职业共同体的认识和理解——兼论中国式法律职业共同体的角色隐喻及其现状",载《法学杂志》2013年第4期。

78. 刘作翔："案例指导制度的定位及相关问题",载《苏州大学学报（哲学社会科学版）》2011年第4期。

79. 马凤岗："主流价值观融入刑事裁判思维的路径——以情理型疑难刑事案件为研究对象",载《山东法官培训学院学报》2019年第5期。

80. 马荣春："刑法司法公信力：从基础到进退",载《现代法学》2013年第2期。

81. 马小红："'软法'定义：从传统的'礼法合治'中寻求法的共识",载《政法论坛》2017年第1期。

82. 彭新林："社会主义核心价值观融入刑事立法的典范——从最新《刑事诉讼法》修正说开去",载《知与行》2018年第4期。

83. 亓同惠:"法治中国背景下的'契约式身份':从理性规制到德性认同",载《法学家》2015年第3期。

84. 寿媛君:"论司法裁判法律效果与社会效果的统一路径——以刑事司法裁判为例",载《法律科学(西北政法大学学报)》2020年第4期。

85. 宋高初:"论刑事司法的合情理性",载《中国刑事法杂志》2010年第1期。

86. 宋英辉:"国外裁量不起诉制度评介",载《人民检察》2007年第24期。

87. 苏力:"法律人思维?",载《北大法律评论》2013年第2期。

88. 孙海波:"司法义务理论之构造",载《清华法学》2017年第3期。

89. 孙笑侠:"法的形式正义与实质正义",载《浙江大学学报(人文社会科学版)》1999年第5期。

90. 孙笑侠:"法律人思维的二元论兼与苏力商榷",载《中外法学》2013年第6期。

91. 孙笑侠、熊静波:"判决与民意——兼比较考察中美法官如何对待民意",载《政法论坛》2005年第5期。

92. 谭丽丽:"作为一种民间资源的情理——其进入当代中国司法的途径与技术",载《甘肃政法学院学报》2009年第3期。

93. 谭鹏:"每起案件的办理都应在法治进程中发挥滴水穿石的力量",载《中国检察官》2019年第14期。

94. 谭义军:"论司法正义之供需关系及其模式转换",载《求索》2010年第12期。

95. 唐芳:"恢复性司法的困境及其超越",载《法律科学

（西北政法大学学报）》2006 年第 4 期。

96. 汪习根、王康敏："论情理法关系的理性定位"，载《河南社会科学》2012 年第 2 期。

97. 汪雄涛："明清判牍中的'情理'"，载《法学评论》2010 年第 1 期。

98. 王国龙："从难办案件透视当下中国司法权的运行逻辑"，载《法学》2013 年第 7 期。

99. 王利明："成文法传统中的创新——怎么看案例指导制度"，载《人民法院报》2012 年 2 月 20 日，第 02 版。

100. 王利明："天理 国法 人情"，载《法制日报》2012 年 8 月 1 日，第 010 版。

101. 王平："恢复性司法在中国的发展"，载《北京联合大学学报（人文社会科学版）》2016 年第 4 期。

102. 王志强："南宋司法裁判中的价值取向——南宋书判初探"，载《中国社会科学》1998 年第 6 期。

103. 吴建功："法律适用方法的正当性标准与实践性要求"，载《求索》2012 年第 10 期。

104. 吴情树、陈柳清："'河南掏鸟案重判'引发争议的多维透视"，载《法治社会》2016 年第 2 期。

105. 武树臣："激活判例机制 提升司法权威"，载《河北法学》2011 年第 3 期。

106. 习近平："青年要自觉践行社会主义核心价值观——在北京大学师生座谈会上的讲话（2014 年 5 月 4 日）"，载《人民日报》2014 年 5 月 5 日，第 02 版。

107. 夏克勤："释法说理：彰显新时代司法裁判核心价值"，载《人民法院报》2018 年 8 月 19 日，第 02 版。

108. 肖群忠:"论中国文化的情理精神",载《伦理学研究》2003 年第 2 期。

109. 肖扬:"中国司法:挑战与改革",载《人民司法》2005 年第 1 期。

110. 谢晖:"法治思维中的情理和法理",载《重庆理工大学学报(社会科学)》2015 年第 9 期。

111. 谢进杰、邓慧筠:"刑事司法如何回应'同案不同判'",载《法治论坛》2019 年第 1 期。

112. 徐小飞:"司法的'真善美'",载《人民法院报》2014 年 1 月 17 日,第 07 版。

113. 徐阳:"'舆情再审':司法决策的困境与出路",载《中国法学》2012 年第 2 期。

114. 许身健:"这次我给苏力点赞",载《检察日报》2019 年 7 月 24 日,第 07 版。

115. 杨琰珂、荆红琴:"存天理释法理晓情理",载《人民法院报》2019 年 5 月 26 日,第 02 版。

116. 叶良芳:"'套路贷'司法犯罪化:政策背景、适用难题与治理对策",载《理论探索》2020 年第 5 期。

117. 于改之:"我国当前刑事立法中的犯罪化与非犯罪化——严重脱逸社会相当性理论之提倡",载《法学家》2007 年第 4 期。

118. 俞荣根:"天理、国法、人情的冲突与整合——儒家之法的内在精神及现代法治的传统资源",载《中华文化论坛》1998 年第 4 期。

119. 袁林:"公众认同与刑法解释范式的择向",载《法学》2011 年第 5 期。

120. 张军成、赵龙:"以人为本:刑事法治核心价值观的应然性选择",载《前沿》2013年第1期。

121. 张鹭、侯明明:"案中隐性社会结构对司法裁判的影响及其调和——以张扣扣案为素材的实证分析",载《甘肃政法学院学报》2020年第2期。

122. 张明楷:"刑法学研究中的十关系论",载《政法论坛》2006年第2期。

123. 张骐:"论类似案件应当类似审判",载《环球法律评论》2014年第3期。

124. 张伟仁:"中国传统的司法和法学",载《现代法学》2006年第5期。

125. 张文显、卢学英:"法律职业共同体引论",载《法制与社会发展》2002年第6期。

126. 张翔:"形式法治与法教义学",载《法学研究》2012年第6期。

127. 张珍芳:"法意与民情",载《江苏警官学院学报》2009年第3期。

128. 张志铭:"中国法院案例指导制度价值功能之认知",载《学习与探索》2012年第3期。

129. 张中秋:"中国传统法理学的精髓及其当代意义",载《法律科学(西北政法大学学报)》2019年第1期。

130. 赵秉志:"和谐社会构建与宽严相济刑事政策的贯彻",载《吉林大学社会科学学报》2008年第1期。

131. 赵秉志:"试析薄熙来案件的定罪量刑问题",载《法制日报》2013年9月26日,第6版。

132. 赵华军:"积极回应民众需求 注重司法社会效果",载

《人民法院报》2011年9月1日,第02版。

133. 赵晓力:"基层司法的反司法理论?——评苏力《送法下乡》",载《社会学研究》2005年第2期。

134. 赵宇峰:"以法治共识形塑'法治中国'",载《人民论坛·学术前沿》2020年第10期。

135. 郑祥福、徐正铨:"论罗尔斯正义理论中的实质正义诉求",载《浙江社会科学》2014年第3期。

136. 周光权:"论刑法的公众认同",载《中国法学》2003年第1期。

137. 周强:"最高人民法院工作报告——2018年3月9日在第十三届全国人民代表大会第一次会议上",载《人民法院报》2018年3月26日第1版。

138. 周少华:"同案同判:一个虚构的法治神话",载《法学》2015年第11期。

139. 周少华:"刑事案件的差异化判决及其合理性",载《中国法学》2019年第4期。

140. 卓泽渊:"法律人的价值精神、法律信仰和法律理性——法律职业共同体的观念基础",载《中国法律评论》2014年第3期。

141. 邹积超:"论'恢复性司法'应该缓行",载《华东政法学院学报》2004年第6期。

三、学位论文类

1. 陈旗:"法治视野下的法官自由裁量权研究",武汉大学2013年博士学位论文。

2. 崔明石:"话语与叙事:文化视域下的情理法",吉林大学 2011 年博士学位论文。

3. 邓多文："论刑法的合理性解释"，西南政法大学 2010 年博士学位论文。

4. 刘沛谞："宽严相济刑事政策研究"，西南政法大学 2009 年博士学位论文。

5. 毛煜焕："修复性刑事责任的价值与实现"，华东政法大学 2015 年博士学位论文。

6. 肖晖："中国判决理由的传统与现代转型——以民事判决为中心"，西南政法大学 2005 年博士学位论文。

7. 谢晖："中国古典法律解释的哲学向度"，山东大学 2004 年博士学位论文。

8. 杨秋生："当代中国法学学者情理法观的文化思考"，吉林大学 2018 年博士学位论文。

9. 周芳芳："我国刑事判决说理的场域视角研究"，吉林大学 2018 年博士学位论文。

10. 张明敏："中国传统司法审判制度法文化内涵研究"，山东大学 2009 年博士学位论文。

四、法律法规文件判决类

1.《中华人民共和国刑法》。
2.《中华人民共和国刑事诉讼法》。
3.《中华人民共和国法官职业道德基本准则》。
4.《法官行为规范》。
5. 最高人民法院《关于贯彻宽严相济刑事政策的若干意见》。
6. 最高人民法院《关于加强和规范裁判文书释法说理的指导意见》。

7. 最高人民法院《关于案例指导工作的规定》。

8. 最高人民法院《关于人民法院接受新闻媒体舆论监督的若干规定》。

9. 最高人民法院《关于全面深化人民法院改革的意见——人民法院第四个五年改革纲要（2014—2018）》。

10. 最高人民法院、最高人民检察院《关于办理盗窃刑事案件适用法律若干问题的解释》。

11. 最高人民法院、最高人民检察院《关于涉以压缩气体为动力的枪支、气枪铅弹刑事案件定罪量刑问题的批复》。

五、网络文献类

1. "法院谈射击摊大妈获刑：判决时从情理上考虑得不多"，载中国日报中文网，http://cnews.chinadaily.com.cn/2017-01/18/content_27993029_2.htm。

2. "7.14 河南大学生掏鸟案"，载百度百科，https://baike.baidu.com/item/7.14%E6%B2%B3%E5%8D%97%E5%A4%A7%E5%AD%A6%E7%94%9F%E6%8E%8F%E9%B8%9F%E6%A1%88/19664492?fr=aladdin。

3. "最高人民检察院、公安部联合督导组通报鲍某某涉嫌性侵案调查情况"，载中华人民共和国最高人民检察院网，https://www.spp.gov.cn/spp/qwfb/202009/t20200917_480227.shtml。

4. "许霆案"，载百度百科，https://baike.baidu.com/item/%E8%AE%B8%E9%9C%86%E6%A1%88/488723?fr=aladdin。

5. "习近平治国理政'100句话'之：公正司法是维护社会公平正义的最后一道防线"，载手机央广网，http://m.cnr.cn/news/djnews/20160224/t20160224_521451857.html。

6. "检察机关依法纠正赵宇案处理决定",载中华人民共和国最高人民检察院网,https:∥www.spp.gov.cn/spp/zdgz/201903/t20190301_410012.shtml。

7. "加强裁判文书释法说理 促进司法理性公正权威——最高人民法院司改办负责人答记者问",载中国法院网,https:∥www.chinacourt.org/article/detail/2018/06/id/3335892.shtml。

8. "张军:牢固树立可捕可不捕的不捕、疑罪从无等检察观念",载沪法网,https:∥www.sohu.com/a/309143502_120051695。

9. "最高检发布2020年1月至9月全国检察机关主要办案数据 多个反映办案质量数据呈现积极变化",载中华人民共和国最高人民检察院网,https:∥www.spp.gov.cn/xwfbh/wsfbt/202010/t20201019_482434.shtml。

10. "耽美小说'天一案'中的罪与罚",载新京报电子报,http:∥epaper.bjnews.com.cn/html/2019-01/05/content_743582.htm?div=-1。

11. 李辉远:"法庭不需要煽情的辩护词",载民主与法制网,http:∥www.mzyfz.com/cms/benwangzhuanfang/xinwenzhongxin/zuixinbaodao/html/1040/2020-05-13/content-1426462.html。

12. 《最高人民法院关于加强和规范裁判文书释法说理的指导意见》,载中国法院网,https:∥www.chinacourt.org/article/detail/2018/06/id/3335921.shtml。

13. 《中共中央办公厅 国务院办公厅印发〈关于进一步把社会主义核心价值观融入法治建设的指导意见〉》,载中华人民共和国中央人民政府网,http:∥www.gov.cn/xinwen/2016-12/25/content_5152713.htm。

14. "陈水扁案判决书摘录",载南方周末网,http:∥www.

infzm. com/content/34762。

15. "扁案判词令人惊艳",载南方周末网,http:∥www. infzm. com/content/34777。

16. 《中共中央办公厅 国务院办公厅印发〈关于进一步把社会主义核心价值观融入法治建设的指导意见〉》,载中华人民共和国中央人民政府网,http:∥www. gov. cn/xinwen/2016 – 12/25/content_5152713. htm。

17. 叶竹盛:"'伟大的判决'是怎样炼成的",载通润律师事务所网,http:∥www. tongrunlawyer. com/? p = 20&a = view&r = 2123。

18. "最高检第一检察厅:羁押率创历史新低,扩大适用取保候审制度",载澎湃网,http:∥m. thepaper. cn/quickApp_jump. jsp? contid = 11495704。

19. "'惠州许霆案'审判长:让他坐牢我良心上过不去",载搜狐网,https:∥www. sohu. com/a/285428186_120078003。

20. 中国网,http:∥www. china. com. cn/legal/2017 – 04/06/content_40566032. htm。

六、外文文献类

1. Shepherd vs State of Florida, U. S. 50(1951).

2. Tony F. Marshall. *Restorative Justice:An Overview*, Home Office, 1999.

3. Larry Alwxander, Emily Sherwin, *Demystifying Legal Reasoning*, Cambridge University Press, 2008.

4. Kent Greenawalt, "How Empty Is the Idea of Equality?", *Columbia Law Review*, Vol. 83, No. 5., 1983.